虐待を経験した家族が癒される家
シダーハウス

―児童虐待治療プログラム―

著　者

ボビー・ケンディッグ

クララ・ローリー

訳　者

内田　江里

谷口　美喜

星　和　書　店

Seiwa Shoten Publishers

2-5 Kamitakaido 1-Chome

Suginamiku Tokyo 168-0074, Japan

Cedar House

A Model Child Abuse Treatment Program

by

Bobbi Kendig

Clara Lowry

Translated from English by

Eri Uchida

Miki Taniguchi

Translation rights arranged with the permission of The Haworth Press, Inc.

著者紹介

ボビー・ケンディッグ（ＭＳＷ（訳者注）、ＬＣＳＷ（訳者注））とクララ・ローリー（ＭＳＷ、ＡＣＳＷ（訳者注）、ＬＣＳＷ）は、ローリーが親を、ケンディッグが子どもを担当し、カリフォルニアのロングビーチの個人開業でチームで仕事をしている。彼女たちは二十年以上にわたって一緒にカウンセリングで力を合わせ、仕事をしている。

一九七五年、二人はカリフォルニアのロングビーチにおいて、児童虐待と児童放任の予防と治療のためのプログラムである「シダーハウス」の創設者となった。一九七九年にシダーハウスがロサンジェルス郡近隣ファミリーセンターネットワークの模範プログラムに選ばれたあと、二人はセンターや私的資金集めの一部門である児童虐待と放任におけるロサンジェルス郡協議会（ＩＣＡＮ）の顧問となった。

一九八四年には、二人は性的虐待の幼い子どもと家族の治療プログラムを行う「サラセンター」をロングビーチに創立した。

また、二人は一九九一年から一九九三年にかけて、囚人や仮出所者、そしてその家族のためのプログラムである「外の友達」の顧問を勤めた。「外の友達」主催下で、二人は獄中の家族のための治療プログラムを打ち立て、大人と子どもの両方に個人療法と集団療法を提供している。

（訳者注）MSW: Medical Social Worker
LCSW: Licensed Clinical Social Worker
ACSW: Academy of Certified Social Worker

謝辞

私たちを支えてくれた皆様に、心から感謝の意を捧げます。ローランド・サミットは、私たちがこの仕事を始める勇気を与えてくれました。そしてこの本ができあがるまでの長い期間、私たちをずっと支えてくれました。初期の頃の彼自身の記憶も思い出し、付け加えてくれました。ロサンジェルス児童虐待と放任委員会のミカエル・ダーフィーとダニー・ティルソン・ダーフィーは、長年にわたって私たちの活動をサポートしてくれました。そして、執筆に当たって、シダーハウスでの記憶を一緒に思い出してくれたことに感謝します。UCLA神経精神学会のクリスティナ・クローフォードとモリス・ポールソンに感謝します。長い期間にわたって、私たちにシダーハウスについて本を書くように勧めてくれ、今それが実を結びました。小児科医のマーク・グッドソンは、ちょうどいい時期にこの本を書くことを勧めてくれました。ボンド・ジョンソンとエリザベス・クラフトは、シダーハウスを始める許可を与えてくれました。アーサー・クラフトは、この本の内容、そして文体や書き方についても、とても貴重なアドバイスをしてくれました。私の息子のデヴィッド・ケンディッグと娘のリサ・ブラックは、コンピューターの使い方をいろいろ教えてくれました。そして、多くの人々に感謝しています。スタッフ、クライエント、ボランティア、シダーハウスを訪れてくれた人やサポーター、政治家や名士の方々、そして名前をあげられないくらいの多くの人々に。お金持ちの人も貧乏な人もいました。いろいろな人種やタイプ、さまざまな社会階級の人、そして、多くの人がシダーハウスにやってきて、痕跡を残していってくれました。それらすべての方々に心から感謝の気持ちでいっぱいです。

最後に、夫エド、デビッド、スーザン、リサの三人の子どもたちに。ありがとう。あなたたちの忍耐と愛で、これまでの私の仕事はずっと支えられてきました。いつも前を見て、くじけずにやっていく大きな助けとなってくれました。

目次

著者紹介 iii
謝辞 v
まえがき xi

1章 私たちの基本理念 …… 1
2章 スタッフ …… 7
3章 セッティング（設置背景） …… 17
4章 チームインテーク（チーム初回面接） …… 27
5章 親たち …… 39
6章 親たちのグループセラピー …… 51

7章　親たちの個別セラピー……71
8章　子どもたち……83
9章　子どもたちのグループセラピー……95
10章　子どもたちの個別セラピー……105
11章　性的虐待……119
12章　さまざまなアプローチ……139
13章　ある家族のケース研究……153
14章　危機介入……169
15章　キャロライン……185
16章　家庭訪問と、そのほかの援助……201

17章 交通手段 …… 211
18章 付き添い …… 219
19章 社会化とエンパワメント …… 231
20章 親業クラス …… 245
21章 ボランティア …… 253
22章 治療の段階 …… 265
23章 怒り――暴力を生みだす素地となるもの …… 283
24章 償いと許し …… 303
25章 からっぽのコップ …… 321
26章 守秘義務 …… 335

27章　地域ネットワークの形成……345

28章　財政とその影響……359

29章　プログラムへの意見とクライエントの最新情報……369

30章　あなたはプログラムを始めたいですか……391

31章　シダーハウスのプログラムの応用……409

32章　今ならどのようにするか……421

33章　ふり返り……433

訳者あとがき　445

索　引　451

まえがき

クララ・ローリー、マリリン・ジョンソン、そして私の三人は、児童虐待の家族への援助プログラムであるシダーハウスを始めるに当たって、児童虐待について、特別な考えや知識があったわけではありませんでした。でもそれはかえっていいことでした。なぜなら、もしいろんなことがわかっていたとしたら、果たしてその領域の援助に入っていく勇気をもてたかどうか、疑わしいと思えるからです。

一九七四年、ソーシャルワーカーとして働いていたクララと私（その当時はまだ資格がありませんでした）がある会話をしたことが、このはらはらする旅の始まりでした。そのとき、クララは、母親が二人の子どものうち一人を殺してしまった家族の援助に関わっていました。母親は刑務所に入る宣告を受けており、残ったもう一人の子どもは里親のところに養子に出されることになっていました。「もし母親にもっと精神的なサポートがあったなら、こんな悲劇は避けることができたかもしれないと思うのよ」と、クララは私に話しました。

一方、私は子どものためのセラピーというクラスをもち、母親が自分の子どもに対して行うプレイセラピーを教えていました。そのクラスは、ロングビーチ学校区全域を対象に心理学者のドクター・オーター・クラフトの指導のもとに行われており、そういったクラスが、親が子どもの世界を学ぶのにとても役に立つものだと、私は考えていました。私がこのクラスのすばらしさを話すと、クララは、子どもに虐待をしてしまった親たちにもそういうクラスを行うことができないかしらと興奮しました。

そのとき、私たちは二人とも、トレイバックロッジ（心理学者ボンド・ジョンソンによって、精神障害を負った青年たちのために行われていた居住施設のあるプログラム）の非常勤のカウンセラーとして働いていました。ドクター・ジョンソンは、家出した青少年に一時的に住まいを提供するために、カリフォルニアのロングビーチに一軒の家を購入していました。専門職ではないマリリン・ジョンソン（ボンド・ジョンソンと親戚関係はありません）がその家のハウスキーパーになる予定でした。

クララは、その家の一部を借りて、虐待をしてしまった親たちのグループを作り、十二週間の子どものためのセラピーのクラスをやってみてはどうかと提案しました。私たちはドクター・エリザベス・クラフトのもとを訪れ（彼女はアシスタントディレクターであると同時にドクター・オーター・クラフトの奥さんでした）、この考えを話しました。それを聞いた彼女は喜んで賛成してくれました。ドクター・ジョンソンの反応は、こうでした、「だめなわけがないじゃない」。お役所にありがちな面倒な手続きもなく、こうして三十分もしないうちに、シダーハウスは始まりました。

マリリンは、急いでパンやクッキーを焼いて、隣人たちのところにもっていき、彼女らしい丁寧なやり方で私たちの計画を話してくれました。彼女はこれまでも、家出した青少年がやってくるのを家で待っていることに喜びを感じていました。この先何年も彼女がエネルギーを使うのが、青少年ではなく児童虐待プログラムであるとは、そのときにはまだ誰も思っていませんでした。クララと私は、これまで働いてきた公立のソーシャルサービス部や、保護観察部、ロングビーチファミリーサービスを訪れ、私たちの計画を話しました。私たちの説明を聞いたベテランのソーシャルワーカーや保護監察官は、これまでのケースのクライエントたちに何かを教えるなんてとんでもない、出席させることさえ難しいのではないかと懐疑的でした。また守秘義務を主張してクライエントの名前を教えたがらない人たちもいました。二人のソーシャルワーカーが進んでそれぞれ一人ずつクライエントを紹介してくれたのは、何カ月もたってからでした。彼らのスーパーバイザーは、あとでこっそり私たちに、「彼らはくずのくずを君たちのところに紹介したんだよ」と言いました。

クライエントは二人とも電話をもっていなかったので（それは珍しいことではないことを私たちはあとで知りました）、私たちは直接彼らを訪問して、クラスに出席してくれるように誘いました。いくらか困惑しながらも、二人は来ることを承知しました。クララが自分のクライエントを一人加え、グループを始める準備が整いました。

最初のグループが始まったのは、一九七五年二月十三日、月曜日の朝でした。三人の母親と三人のスタッフメンバーが一室に集まり、三人の子どもたちは一人のボランティアがついてホールの向こうのプレイルームで遊びました。さあ、こうしていよいよ冒険が始まったのです。

この本は、その冒険の記録です。書き上げるのに何年かかかりました。ほとんどの内容は、私たちが経験してきたプロセスです。クララは私たちのチームの活動を宣伝してくれるスポークスマンです。そして多くのプログラムのリーダーシップをとってくれました。私は書記を担当してきましたが、しかし今まではほとんど、会議に提出するための書類、資料を作ってきただけでした。これまで多くの人が、シダーハウスについて本を書くように勧めてくれました。また、自分が執筆したいと言う人もいました。ＵＣＬＡ神経精神学会のドクター・モリス・ポールソンは、シダーハウスの物語が書かれないのは大いなる悲劇である、とまで言ってくれました。それでもまだ何年もの間、そのへんに書きつけた資料がばらばらになっていただけでした。

そしてとうとう、私たちのこれまで全部の経験をふり返るときがやってきました。クララとマリリン、子どもカウンセラーのパム・シート、そして私の四人はカリフォルニアのベンロモンドにあるクエーカーセンターに集まりました。そして、数日間を一緒に過ごし、それぞれの記憶をたどり、私が書いた内容が正確かどうか確かめ合いました。最初の集まりのあと、もう一度別の日にも、クララとパム、ドクター・ローランド・サミット、私で集まって、もう一度、内容を見直し、記憶を確認し合いました。

プログラムに参加した大人たちは、母親、父親、継父、そのほかの親類、母親のボーイフレンド、父親のガールフレンドなど、また罪を犯した人も犯していない人もいます。子どもの世話は主に母親が行うので（片親もいました）、大人（大人の割合は全体の約六〇％でした）のクライエントの多くが女性から構成されていました。本の内容は、時に女性を反映しているところもあります。しかし、シダーハウスの原理と治療プログラムは、男性、女性両方に適用できます。もちろん、この本で書かれているクライエントの名前は、プライバシー保護のために変えています。

すばらしい時と場所を得て、私はシダーハウスの設立者の一人になる栄誉を得ましたが、シダーハウスのビジョンと育みの精神は、クララ・ローリーが考えたものです。私が執筆するようになってから、私たちは国内や外国のフォーラムにも招待されるようになりました。しかし、私が書いたことの多くは、クララが考え、行ってきたことなのです。彼女がビジョンを立て、それを現実化してきたことにより、最初想像していたよりもずっと多くの人生との触れ合いがもたらされたのです。今日まで、ずっと一緒に歩んできた私たちの旅への感謝を、心からクララに捧げたいと思います。

1章 私たちの基本理念

1 私たちがシダーハウスを始めた理由

一九七四年、クララと私は、トレイバックロッジとロングビーチファミリーサービスの二カ所で、非常勤として働いていました。そこで私たちが関わっていたクライエントは、人間としての尊厳をもって家庭を維持していくことに押しつぶされそうになって苦しんでいる親たちでした。彼らは家族や友達、地域からのサポートを全くといっていいほど受けていませんでした。私たちは、子どもを育てるときのさまざまな葛藤によって家庭に緊張が生まれることを理解していました。その結果、驚くべきことに、身体に打撲の跡がある子どもを多く見たのです。こういった家族のために、一週間に一時間のセッションだけでなく、それ以上のことを提供できる場が必要だと思いました。

これが私たちがシダーハウスを始めた理由です。やるべきことは、すでに虐待が起こってしまって傷ついている子どもを保護すること、またその可能性のある親が子どもに虐待をすることを防止することでした。私たちはこれまで、家族が別々にされたとき、親も子どもも苦しむようすを見てきたので、子どもの身を守る最低限の線は維持しつつも、できる限り、親子が一緒に暮らしながらサポートできるように試みました。怒りを爆発させる危険性のある親にサポートと避難所を提供しつつ、セラピーも集中的に行うことで、児童虐待の問題を減少させることができると思ったのです。

シダーハウスの理念

こうして、クララと私、そしてもう一人のパートナー、マリリン・ジョンソンの三人はプログラムの中核となる理念を確認し合い、シダーハウスを設立しました。これまでの仕事を通してわかってきたいくつかの前提により、以下の理念を導きだしたのです。

「親は自分の子どもを傷つけたいとは思っていない」

私たちは、家族と関わってきた仕事の経験から、ほとんどの親がよい親になることを望んでいることがわかりました。親たちは激怒したとき、激しく暴力を振るってしまう衝動を抑えることができませんでした。しかし、穏やかなときには、子どもを傷つけた、あるいは傷つけそうになったという事実が、親たちにとって激しく自分を恥じる原因となりました。

「もし家族の中で誰かが傷ついているなら、家族全員が傷ついている」

私たちは非難する必要はありませんでした。家族それぞれのメンバーの痛みに寄り添い、一人一人のどんな行動がその状況を作りだしているのかを理解する必要があるだけでした。

「人は誰でも、そうするための創造的な場が与えられるなら、学び、成長する欲求を自分自身の中にもっている」

私は、親たちの成長を阻害するものを取り除くための、養育的な環境を用意しました。

「問題は解決されうる」

私たちは、明らかに克服できそうにない問題を扱うときも、クライエントと同じように無力感にとらわれないように決めました。多くの状況において、私たちはどうしたらよいのかわかりませんでしたが、何かを見つけられると信じていました。

「家族は自分たちの中に、問題解決のための答えをもっている」

クライエントに、お手本となるものを見せたり、私たちや私たちの知り合いが使って役立った方法を提案してみることはできました。しかし、結局クライエントは、おそらくそれが解決への道となる、自分自身のやり方を見つけました。私たちには思いつかなかったようなやり方でした。私たちはクライエントの能力を信頼し、自分たちの限界を認めていました。

「クライエントが私たちに教えてくれる」

彼らの言葉に充分耳を傾ければ、クライエントは自分に必要なものは何であるかを私たちに話してくれました。

「虐待する親たちは、まわりの人々から孤立する傾向がある」

私たちの仕事の一つは、親たちを地域の中（シダーハウスの中、あるいはできるならばもっと広い地域）に参加させることでした。こうすることで、虐待の危険を減らすことができたのです。

「人は、自分に愛情を感じてくれる人たちによって、最も助けられる」

虐待家族の人たちは、自分たちが価値のない人間だと思っていました（そのことは私たちによって再確認されていました）。私たちは、それは彼らが他者からの充分な愛情に欠けているためであると仮定しました。このことは、私たちが、子どもが危険にさらされている事実や、親の機能不全性から目をそらして、しっかりと現実を認識していなかったということではありません。しかしそれでも、私たちは常に彼らの好ましい点を見つけようとしました。

「子どもは、人間として独自の価値をもち、問題に対処する権利をもっている」

これは自明の理と思われるかもしれませんが、現実には子どもはしばしば、プログラムから見落とされていました。親さえ改善されれば、虐待を受けた子どもはすべてよくなると思われていました。しかし、虐待を受けた子どもは、取り扱われなければならない子どもも自身のトラウマを抱えていました。

「児童虐待は地域の問題であり、その解決には地域全体からの協力が必要である」

児童虐待は、複合的な問題を含んでいます。ほかの多くのプログラム、機関、個人が協力して働きかけることなしには、私たちと家族だけでは解決できないことはわかっていました。なわばり争いをしている時間などありませんでした。

以上が、私たちがシダーハウスを始めたときに、心に留めたことです。これらの前提は、長年、虐待家族と関わってきた仕事を通してわかってきたことです。次からの章で、これらの前提がシダーハウスを展開していく上で、私たちの行動にいかに影響を与えたか、そして、私たちの体験が、類似した問題を取り扱っているほかの人たちにも役に立つことが証明できるよう、詳しく述べていこうと思います。

2章 スタッフ

スタッフがお互いに信頼し合うこと

どんなに賢明で精神的に強い人でも、たった一人では、苦難に満ちた家族が必要とするすべての要求に応えることはできません。児童虐待問題（ケース）を援助する仕事の計画には、クライエントだけでなく援助する側にも、ネットワークとサポートシステムを打ち立てることが必要です。

理想的には、お互いを補い合える技能と訓練経験をもった人たちがチームになって、この仕事を行うことが望ましいのです。虐待を受けた子どもの生活を援助していくためには多くの分野が関係してくるので、さまざまな分野での援助技術が子どもたちの役に立ちます。シダーハウスは、最初に二人のソーシャルワーカーと二人の助手で活動が始まり、そしてその後すぐ、相談に乗ってくれる精神科医が一人、ボランティアで活動してくれる心理学者が一人、仲間に加わってくれました。資金が増えた数年後にはスタッフも増え、心理学者、教育学者、結婚カウンセラー、ファミリーカウンセラー、子ども担当のカウンセラー、レクリエーションセラピスト、行政上の指導をしてくれる行政官、聖職者など多くのスタッフがいました。顧問には、精神科医、小児科医、歯科医、そして職業訓練セラピストがいました。ほかにも、看護師のスタッフ、顧問弁護士（私たちがシダーハウスを辞めたあとメンバーに加わりました）、クライエントの経済生活面での相談に乗ってくれる専門家の必要性を強く感じました。

シダーハウスの活動の中でいちばん大切なことは、スタッフがお互いに信頼し合って働くことでした。虐待家庭の多くはこれまでに分裂や崩壊を経験していました。私たちがまたその新たなモデルとなるようなことは避けねばなりませんでした。クララ、マリリン・ジョンソン、パム・シーツ（子ども担当のカウンセラー）と私は、心を一つにして連携して働きました。それは私たち自身が燃え尽きることから自分を守るためにも必要であり、またそれ以上に、より多くのスタッフが関わることが、虐待家庭の人たちにとってより役に立つと確信していたからです。

シダーハウスのスタッフたち

クララは、これまで公的なソーシャルサービスと保護観察の仕事をしてきた、広い視野をもった人でした。最初私たちは、誰が上で誰が下というヒエラルキーの構造の中で自分たちを考えてはいませんでしたが、必然的に、彼女がプログラムの指導をし、グループのリーダーとなってくれました。彼女には深い共感と高いユーモアのセンスがあり、ちゃめっけたっぷりな人でした、そのおかげで、私たちはずいぶん精神的に救われたものです。彼女は、確実に期待できることと限界とを見極めながら、クライエントの存在全部を受容する雰囲気を作りだしました。彼女は常に自分自身の力を信じ、またほかの人たちにも（スタッフにもクライエントにも同じように）自分を信じて前向きにやっていくよう一生懸命励ましてくれました。

マリリンは住み込みで、専門職者ではありませんでしたが、私たちのいろいろな危機を救ってくれる人でした。小柄で謙虚なマリリンは、これまでミネソタ地区でさまざまな地域活動をしてきていました。慈愛に満ちた母親のような人であり、地域のどこに何があり、どこにどんな人がいるかというようなことについてよく知っていました。マリリンは、興奮して自分を抑えられなくなった人を落ち着かせる技術をもっていました。同時にまた、彼女の優しさにつけいる人たちに対しては、はっきりと限度を示すことができる人でした。母親たちを全く防衛的にさせることなく、哺乳瓶に腐ったミルクが残っていることを注意し、哺乳瓶をきれいに洗って新しいミルクの作り方をやってみせて教えることもできました。

私たちが地域のジャーナリスト、フランク・アンダーソンのインタビューを受けたとき、彼は、どのダイナミックなプログラムにも、その本質にパラプロフェショナル性（非専門家性）をみることができると論評しました。私たちのパラプロフェッショナル性…、それこそがマリリンでした。

シダーハウスをやっていく上で、これまで公的ソーシャルサービスでの経験から身につけた、大人の世界で翻弄される子どもへの共感、そしてどんなふうに子どもが大人の世界を受けとっているか見極めるセンスを維持していこうと思いました（しかしまた、私自身も一人の母親として、苦闘している親たちに自分を重ね合わせることもできましたが）。シダーハウスの中で、私は、大人のグループに対し、子どもの擁護者、代弁者として機能していました。クララによると、私は優しくて、ほかのどのメンバーよりもおっとりしており、思慮深いそうです。「直感的に行動を判断しなくてはならないことが多い私たちの仕事のバランスを、あなたがうまくとってくれているのよ」とクララは言ってくれました。

最初のグループが始まるとすぐ、私たちは子どもの世話をしてくれる人を雇うため、資金を出してくれるところを探し始めました。ＣＥＴＡとして知られている政府の職業訓練所を通して、私たちはパム・シーツという女性を雇いました。彼女は人を温かく歓迎する声をもち、とても一生懸命人のために働く人でした。小さい子どもの心に溶け込んで子どもたちを楽しませ、また親たちとも心を通い合わせていく彼女の才能はとても貴重なものでした。パムは、玄関で人々を歓迎するすばらしい技を私に教えてくれたことがあります。「こんにちは、ジミー！　あなたに会えてうれしいわ！」彼女がそう言うとき、まさしくその言葉どおりだったのです。小さなジミーは、プレイルームに入る前に、それでもうすっかり元気いっぱいになるのでした。

シダーハウスを始めた最初の頃は、多くの専門家を雇う資金はありませんでした。クララと私は大学院の修士を出ていましたが、非常勤の労働条件の上に、二人とも給料以上の時間働いていました。助手

のマリリンとパムには私たちが仕事上の訓練をしました。といってもクララと私のほうも同じように、彼女たちから多くのことを学んだのですが。

ともかく、私たち四人と、無償で活動してくれた多くの顧問やボランティア、教師や行政官、サポーターたち、何年かのちに加わったスタッフメンバー、このコンビネーションこそが、のちにロサンジェルス地域で児童虐待モデルプログラムに選ばれるほど、すばらしいものを生みだしたのでした。

チームワークの中から学んだこと

私はこの親密なチームワークから多くのことを学びました。例えば、アンというある母親は、娘に対する接し方が厳しく、ほかの人に対しても荒っぽくて、いつも私を悩ませていました。しかし、マリリンはこの母親とも思いやり深い関係を作りました。マリリンと私の間にある信頼のおかげで、私はまだ見つけていないけれど、アンの中にはきっと何かがあるに違いないと信じることができました。私は、マリリンは共感能力だけでなく、同時に現実を見る目をもっていることも知っていました。だから私はアンを信頼することができたのです。

ある日、その時がやって来ました。マリリンとアンがテーブルで話しているとき、突然私に、アンの冷淡さの影に隠された心の傷が見えました。そのとき以来、私は彼女に対して、これまでよりもずっと思いやりの心をもって接することができたのです。それは、彼女から子どもを離して保護することを主張しているときでも同じでした。マリリンの物事を見る目に対する尊敬がなかったら、私は本当に愛情を感じてアンに接することができたかどうか疑わしいと思っています。

パムは、別のある職場で、家族のインテーク面接に立ち会ったことがありました。そのとき、二人の面接者がお互いの言うことを否定し、相手に対する敵意を隠すこともできずに対立しながら面接を行うのを見て、愕然としたことがあるそうです。そしてその対立は未解決のままだったそうです。そのような対立が起こったとき、スタッフメンバー同士がお互い尊重し合わなかったら、グループで援助を行う意味は逆の効果を生んでしまいます。

しかし、必ずしも対立が起こらないことがよいわけではありません。グループセッションが始まる前のある朝、クララとパムが言い争いをしていました。以前パムが関わったケースで、ある危機が起こったことを聞いたクララは（クララはそのケースには関わっていませんでした）ほかにもっと違った関わり方ができたはずだと強く感じました。パムは、どんな状況であっても自分はできる限り最善を尽くしてきたと主張しました。そして二人ともどんどん感情的になっていきました。

彼女たちが言い争っているとき、グループのメンバーが次々とやってきて、その光景を見ながら、黙ってテーブルの席につきました。彼女たちが不安がっているのがはっきりとわかりました。クララとパムはますます深みにはまっていき、言い争いをやめようとはしませんでした。しかしやがてクララは、パムの行動がその家族のことを心配するあまりのことだということに気がつき、それをパムに告げました。するとパムは、今後似たような状況のときには違ったやり方をしてみると言いました。二人は抱き合い、注意をグループに戻しました。

これは意図されたものではなかったけれど、私たちの仕事の上で、治療的により重要なものの一つとなりました。母親たちはさっきは明らかに不安そうでしたが、今度はほっとしているのがはっきりとわかりました。言い争いの末、二人が殴り合うのではないかと思ったと告白した人もいました。彼女たちはそういった結末を今までに何度も見てきたのです。またある母親は、「私が今まで見てきた言い争いは、みんなグルグルグルグル同じところをまわっているばかりで、出口を見つけようとしなかったわ。でも二人はグルグルまわりながら出口をちゃんと見つけたのね」と言いました。これまで対立が起こったとき、どんなふうに対処していくかについて、グループで何度も何度も話し合ってきました。でもそれより実際に今日目の前で起こったことを見ることのほうが、母親たちにずっと意義あるものをもたらしたことがわかりました。

クライエントの役に立てる援助チームのあり方

もちろん私たち四人がお互いの仕事のスタイルをよく熟知し、それぞれの考えや行動を参考にしたりお互いを補うことが自然にできるようになるまでには、ある程度時間がかかりました。四人のうち誰一人として、自分のキャリアを高めることに特別な野心をもってはいませんでした。おそらくそのことが、エゴから起こってくるさまざまな問題を食い止めたのではないかと思います。

クライエントの役に立てる援助チームというのは、スタッフがお互いを、またクライエントを尊敬しているということ、またクライエントを理解していくためには、スタッフがお互いの考えややり方を認め合いながら一つになってやっていくことが最も大切なことだと、私たちは信じています。

スタッフの中に緊張や葛藤が起こったときには、そのままにしないできちんとそれを取り扱い、その問題を解決しなくてはなりません。クライエントの要求に対処していくには、自分たちのエネルギーがそんなことで消耗してしまわないようにしなくてはいけません。

このようなことができたとき、返ってくる見返りははかりしれないのです。

3章 セッティング（設置背景）

ほっとできる空間を

プログラムがどういった場所で行われ、そこにどんなものが置かれているかは、プログラムを受けにやってくる人たちに多くのメッセージを与えます。シダーハウスのクライエントたちは、強い恐怖と不信をもってやってきます。最初にクライエント家族が訪れたとき萎縮しないように、シダーハウスの第一印象に気を配りました。いかにも施設という雰囲気の中では、子どもと離されたとき、がっくりしてうろたえるクライエントがいるだろうということとが予想されました。私たちは、ここが安全で、彼らを歓迎しており、変わらずずっと信頼できる場所であるというメッセージを送りたかったのです。そのためには、趣味がよくてほっとくつろげる、心地よい雰囲気を作りだしたいと思いました。プログラムの最初の導入部分で、シダーハウスに入ってきた家族が最初に見るものが、受付の冷たいフロントデスクであってはならなかったのです。クライエント家族が入り口から入ってきたとき、スタッフはお互いをファーストネームで呼び合いながら、彼らを出迎えました。クライエント家族と私たちをさえぎるような家具は何一つ置きませんでした。見えるところに机も書類も置きませんでした。

シダーハウスという名前は、その家があった地名からつけました。ロングビーチの中心地にあるシダー通りです。大きな木陰で保護してくれる避難所の意味をこめ、大地にしっかりと根を張った木をイメージしてその名前に決めました。

専門のインテリアデザイナーが、とりわけほっとする雰囲気を作りだす家具を選んでくれました。リビングルームにはフカフカのソファーといろいろなサイズの椅子を置きました。ダイニングルームの窓には、元気の出るような明るい黄色のカーテンをかけ、日差しが差し込む窓際には、緑の植物を置きました。そして、おばあさんの家を思い出させるような懐かしい感じのする作りつけの食器戸棚もありました。訪れた地元のある政府の役人は、子どもの頃、おばあさんの家にあった食器戸棚の上の戸棚の中に何が入っているのか、いつも不思議に思っていたと話してくれました。私たちが彼に、「食器戸棚を開けて、中を見てもいいですよ」と言うと、彼はとても喜んで中をのぞいて満足していました。

テーブルを囲んで

このように、シダーハウスをまるで本当の家のようにセッティングすることで、親たちが自分の家庭に今までとは違った新しいスキルと態度を取り入れるときに役立つセンスを作ることができるはずだと、私たちは信じていました。そのために、マリリンは母親たちと一緒に台所に立ち、哺乳瓶のきれいな洗い方、チキンスープやシナモンロール、小麦粉粘土の作り方を実際にやってみせて教えました。親たちの中には、今まで一度も誰かとダイニングテーブルを囲んだことのない人もいることがわかりました。この新しい経験に感動した人たちもいましたし、またほかの人のすぐそばで気楽に座っていられるようになるまでには多少時間がかかった人たちもいました。テーブル自体は、全く普通の長方形のテーブルでしたが、グループのメンバーにとって、それはとても深い意味をもったものとなりました。よく私たちは、話し合いのために〝テーブル〟へ問題をもってきました。グループはそこに集まり、自由に自分で食べ物をとりながら、傷ついたことやうれしかったことをお互いに話しました。そして彼ら自身の家庭に戻ったときにも、自分の子どもやほかの家族にこんなふうにテーブルを囲んで話し合う思い出を作ってあげることができたらどんなによいか話し合いました。

子どもたちだけの部屋で

子どもたちは二つの部屋の間の狭い通路のところで、親たちとは別れました。インテークと次の第一回目のファミリーグループミーティングのとき、子どもたちをプレイルームに連れていく前に、親たちが座っているところを見せました。インテリアデザイナーは、プレイルームを思わず目を見張るような部屋にしました。カーペットにはいろいろな色が使われており、子どものゲームの派手な模様がついていました。木の床よりもカーペットを敷いたほうが防音効果がありました。またさまざまな色のクレヨンを落としても汚れをカモフラージュしてくれそうでした。そういえば、クレヨンをストーブの中に落としてしまったときのにおいはすごかったです。汚れたパンツよりもまだひどいにおいでした。

プレイルームには、子どもにちょうどよい大きさのテーブルと椅子、ビーンバッグチェアーやたくさんのおもちゃがあり、壁にはボランティアが描いてくれた、さるときりんの絵がかかっていました。幸運なことに、完全に子どもたちだけのための、リビングとダイニングが一緒になった広い部屋と台所、お風呂、そして小さな秘密の部屋のある建物を用意することができました。自由遊びの時間には、子どもたちはおもちゃで遊んだり、テーブルで絵を描いたりしながら、広い部屋を自由に歩きまわりました。大人のいる場所と同じように、子どもたちは台所からただよってくるクッキーを焼くにおいを嗅ぎ、手作りのクラフトを味わうことができました。小さな秘密の部屋というのは、自分をコントロールできなくなった子どもを落ち着くまでしばらく入れておくための部屋でした。

パムはまたその小さな部屋を、広々とした場所というだけで耐えきれなくなった子どもたち（広い部屋にいると不安になる子どもたち）のためにも使いました。ある日近くの広場に遊びに出かけたとき、ある子どもが強い不安に襲われ、いろいろな方向にむちゃくちゃに走りだしたことがありました。注意をひいて落ち着かせようとしても全く無駄でした。彼のような子どもは、小さなアパートで閉じこもって暮らしており、罰を与えるためにクローゼットの中に閉じ込められる経験をしていました。広々とした場所に慣れていないために、広いということは安全性を脅かすものと感じられたのでした。

バスルームでのおまるの時間は、小さな子どもたちの身体に傷や虐待の跡がないか、そっと調べるのに好都合な時間でした。バスタブはたまにパンツを汚してしまう子どもを洗ってあげるのにも使われましたし、熱いお風呂のお湯でやけどさせられた経験のある子どもたちを助けるためにも役立ちました。足をやけどさせられた二歳のある子どもは、「熱い、熱い、熱い、熱い」と言いながら、からっぽのバスタブを出たり入ったりしました。彼の心の傷を癒すためには、彼の心と行動を理解しようとする大人の前で、トラウマの経験を再現することが必要なのでした。

以前、私はあるセラピストが「子どもというのは、全く整然とおもちゃが片づけられているよりも一つ二つ散らばっているほうが心地よく感じるものだ」と話しているのを聞いたことがあります。私は、スペース的に可能なら、机を一つも置いていない子どものためだけの部屋を少なくとも一つ用意できればと思います。ほかのどんな部屋でも、ここが大人による大人のための場所だという雰囲気を子どもたちに与えます。でも子どものためだけの部屋の中では、子どもが自分は大切な人間なのだという感覚を味わえるのです。

セラピストの中には、おもちゃに自分が定義づけた意味をつけ、一回のセッションにそのおもちゃだけをもってきて子どもを遊ばせる人もいますが、私は、子どもが自分で選んだおもちゃを部屋にもってくるやり方をしています。そうすることで、私というセラピストの心ではなく、子どもの心に何があるのかについて、より多くの手がかりを得ることができるのです。

最初のセッションで、全部のおもちゃを出してきて遊びたがる子もいますが、しばらくすると、自分を表現するために必要ないくつかのものに落ち着いてきます。プレイセラピーの中で、セラピストが子どもをどのくらい操作する必要があると考えているかは、子どものおもちゃ選びに映しだされます。

「見て、ここがあなたにいつも話していた家よ！」

シダーハウスを訪れる人の中には、貧しい人たちにそんなすばらしい家具のセッティングをすることが適切なのか、彼らが住んでいるようなみすぼらしい場所のほうが彼らにとってもっと気楽で快適なのではないかと言う人もいました。しかし、私たちには、クライエントが自分たちとそう違っているわけではないことがわかっていました。みんなこのすてきな場所で過ごすことを毎週楽しみにしていました。みすぼらしい場所のほうが快適だろうと考えることは、ただ暗に彼ら犠牲者たちを非難する一つの例にすぎないと思います。

ごきぶりがうじゃうじゃいるアパートに住んでいるある母親が、オープンハウスの日に自分のボーイフレンドを連れてきたことがあります。彼女は入り口から入ってくるや否や、興奮した声で言いました、「見て、ここがあなたにいつも話していた家よ！」。

彼女をここに連れてきて、彼女からの電話に応え、彼女の子どもの世話をし、多くの彼女の危機を援助してきた私たちのことは何もボーイフレンドには話していませんでした。彼女が彼に見せたかったのはこの家だったのです。

居心地のよい環境作り

初期の頃のクライエントやボランティアの人たちは、長い時間が過ぎた今でも、シダーハウスにノスタルジックな思いをもっています。最近クララと私は、二十年ほど前に関わった女性に会う機会がありました。彼女は町を引っ越すところでしたが、シダーハウスが彼女にとってどんな意味をもっていたかを最初に話したがりました。ほかの何にもまして、本当の家のようなインテリアがどれだけ彼女の心を開かせたかを強調しました、「だってそこにいると、ほんとに自分のリビングルームにいるみたいだったのよ！」。

また今でも接触のある別のクライエントは、家に入ったとき、全部の部屋を見渡せたのが自分にとってとても重要だったと話しました、「シダーハウスにはどこにも閉まっているドアがなかったでしょう。ほかの施設では、どのドアも全部閉まっているの。そうすると、ドアの後ろに手錠をもったおまわりが潜んでいるんじゃないかと思ってビクビクしてしまうのよ」。

私にとっても、シダーハウスのセッティングは私の専門家としての仕事のやり方に微妙な変化をもたらしました。ダイニングルームのテーブルに座って、一緒にコーヒーをすすっていると、クライエントと私の距離はいつも縮まっていったのです。すてきな居心地のよい環境は、クライエントをもスタッフをも同じように心地よくしてくれました。

信頼を深めるために

普通の住まいのようなインテリアの施設を作るよう行政が動いてくれることはあまりないことですが、全く聞いたことがないというわけではありません。子どもの家庭社会、国際子ども研究所、ロサンジェルス子どもの局では、家族援助サービスのために普通の家が使われています。カリフォルニアのコービナにあるオプション家族センターでは、もう何年も普通の家を使って治療プログラムを行っています。行政指導官のクリス・マルキュッセンは、普通の家を使う考え方にとても興味をもち、機関を広げる必要があったとき、一般の家を新たに二つ購入しました（一つはカービナに、一つはサンカブリエルにあります）。たいへん名前が売れている人です。もっと広いスペースを確保するためにビルを求めたがる人たちもいますが、普通、そういうところはよけい施設っぽい雰囲気になってしまいます。シダーハウスは私たちの退職後、火事にあって焼けてしまい、今はオフィス街のビルの中にあるのですが、そこに移ったことでサービスのための部屋は増えましたが、本当の家のような雰囲気は消えてしまっています。

もちろん、セラピーがうまく進展していくかどうかは、セラピストと親や子どもとの間の信頼が深まっていくかどうかにかかっています。でも私たちの経験では、ここに書いたようなインテリアやセッティングは、そこを訪れる人に、自分が歓迎されており、ここは安全な場所だというシグナルを与え、セラピストとクライエントの信頼が深まっていくのを助けてくれるのです。

4章 チームインテーク（チーム初回面接）

スタッフ全員で関わるインテーク

スタッフ全員でインテークを担当することは、思った以上に効果的なプログラムの方法の一つです。虐待した親は、最初家に入るときとても勇気が要ります。親は、子どもを虐待してしまったことを恥じ、うろたえており、多くの場合、抑うつ的になっています。

前章で書いたように、私たちは、親と最初に会ったとき、何の敷居もなく歓迎のメッセージを伝えられるように心を配りました。家族が家に入ってきたとき、すぐに彼らのほうに歩み寄り出迎えるようにしました。そしてまずプレイルームを見せ、それから子どもたちには、パムと一緒にそこで遊ぶか、あるいは親と一緒にいるかを選んでもらいました。そして親にはコーヒーなどの飲み物、一緒にいる子どもにはジュースを出して、机よりはずっと大きなダイニングテーブルにみなで集まりました。そこで、私たちスタッフほとんど全員がクライエントと向かい合いました。テーブルはたいてい人でいっぱいでした。特に、スタッフがだんだん増え、インテークのためにソーシャルワーカーや保護監察官が同席したときにはそうでした。

インテークは、彼らがどんな家族であるかを評価する機会でもあり、また彼らが私たちを一目で評価する機会でもありました。親は、自分の子どもの担当がどんな人かを自分の目で確かめることができました。どんな人が子どもの相手をしてくれるのか、とても強い不安をもっている親もいたのです。みんなで話している間に、それぞれのスタッフとクライエントの間にどんなつながりが生まれてくるかを私たちは注意深く観察しました。最初のミーティングで、それぞれ家族のどの人と関わるか、最も適したスタッフは誰かがはっきりしました。

このシステムは想像以上の利点をもたらしました。私たちスタッフのお互いへの信頼が新しくこの場に来た人たちに感染していくものだということがわかりました。

こんなに部屋いっぱいに人がいると、かえって、はじめてここに来た親をおびえさせるんじゃないかと言う人もいましたが、でも実際は、気楽で笑いに満ちた雰囲気の中で親たちはすぐに心を開いていき、お互いにうちとけてしゃべるようになりました。

スタッフがお互い気さくにいろいろ言い合う雰囲気に、クライエントもだんだん染まっていき、私たちと同じようになっていったのです。うつ状態で自分の中にこもりがちなクライエントでさえ、しばらくすると、そこにいるスタッフの誰かとは話すようになりました。そのスタッフが、このあとに続くプログラムの中で、セラピストとしてだけでなく、情緒的にクライエントを支え、シダーハウスとのつながりを維持していくいちばんの窓口となったのです。

プログラム内で秘密を作らない

多くのクライエントが、危機状態に陥りやすい人たちでした。危機がいくつも重なって起こったとき、私たちスタッフも体力的にも精神的にも消耗しきってしまうことがありました。

そのため、バケーションやメンタルヘルスのための休みをとる必要があったのですが、たとえ私たちの誰かが休みをとったとしても、それはクライエントにとって大きな問題ではありませんでした。というのは、最初にスタッフ全員でインテークを行っていたからです。クライエントの家族はスタッフの誰にでもなんらかの親しみをもっていましたし、私たちスタッフのほうも、どのクライエントに対しても親しみを感じていました。

親が電話したり、シダーハウスを訪ねたときは、いろいろなスタッフを頼りにしてサポートを受けることができたのです。それはこれまで彼らが、私たちスタッフ同士の信頼を見てきたからこそできたことでもありました。ある日、すっかり取り乱した男性が玄関にやってきて、マリリンに会いたいと言いました。マリリンが今いないことを告げると、男性はクララを見て言いました、「じゃあ、あんた代わりにやってくれるだろう?」。そしてどかっと椅子に腰をおろしました。

親たちは、小さい頃から、家族の間で秘密があったり、お互いに画策し合ったりする家庭で育ってきました。「このことはお前だけに言うんだけど」「ほかの誰にも言わないでおくれよ」など。シダーハウスでは、一人が知っている事柄は治療チームの全員に知らせるやり方をすることをみんなにはっきりさせていました。私たちが報告する義務がある虐待の有無に関してのことを除いては、シダーハウスの外部には秘密をもらさないことをクライエントに確約していましたが、プログラムの中では秘密はいっさいありませんでした。スタッフ全員でインテークを行うことは、クライエントが育ってきた家庭で経験してきたような、また往々にして政府組織の中でもありがちなように、お互いがバラバラに孤立しているのではないということをクライエントに確信させる雰囲気を与えたのです。結局こうすることによって、クライエントは自分が守られているという感覚を強めたと思います。なぜなら、クライエントに何か危機が起こったときに担当のスタッフがいない場合でも、最初からいろいろ話さなくても、そこにいるほかのスタッフが誰でも援助することができたからです。

児童虐待はみんなに関わる問題

私たちは親に、これが児童虐待の援助プログラムであること、そして虐待が続いていないか、スタッフが子どもの身体をチェックする（トイレのとき、シャツを脱いでスプリンクラーで遊ぶとき、そしてこれは自然にチェックできるのですが、時々子どもをお風呂に入れるときなどに）ことを秘密にはしていませんでした。自分の子どもが安全でいることを、私たちスタッフ以上に親が心配していることはちゃんとわかっているよということをいつも話して、安心してもらうようにしていました。

彼らの問題としてだけでなく、私たち人間みんなに関わる問題として児童虐待に焦点をあてていったとき、親の抵抗は著しく低下しました。クララはよく言いました、「私たちはみんな心の中に、自分の愛する人を虐待してしまう芽をもっているのよ。言葉で傷つけることもあるし、力の暴力もある。どんなふうに私たちがそういった虐待をしてしまうのか、自分自身をよく見つめていきましょう」。

障害を克服していくときのスタッフの力

チームインテークは、非常に多面的で複雑な性質をもった虐待家族問題に対処していくための大きな力をもたらしました。

さまざまな混乱状態にあって、親の問題解決能力は、ほとんどなくなっていました。そのため親は自分たちの状況をより悲観視していました。こんなこととても克服できない障害だと思う事柄についても、たいていはスタッフの誰かが問題を克服していく方法を考えつくことができました。クララは、それはできないことだということや、制限のある中でどうやっていけばいいのか、ということを親に説明することが得意でした。そして私は、アクティングアウトした子どもにどうアプローチしていくか、その方法を考えだすことが得意でした。

地域資源に精通していたマリリンは、利用していいビルや家、ドラッグやアルコールのためのプログラム、職業訓練、食料雑貨の店、とにかく親が必要だというものはどんなものでも、どこに援助を求めればよいかよく知っていました。また、誰かと電話で話すとき、そのプロセスをその場でみんなに聞いてもらうために、テーブルまで電話をもってくることもありました。

「誰があなたを愛してくれましたか」

クライエントの家族力動とソーシャルサポートについての査定は、クララが担当していましたが、ほかのスタッフも全員ある部分は受け持っていました。根掘り葉掘りではありませんが、クライエントのいちばん小さいときの記憶がいつどういったものであるかを私たちは調べました。そのことは、虐待を受けている子どもの体験を、親がどれくらい自分に置きかえて考えることができるようになるかどうかを決めるのに大事なことだったのです。「誰があなたを愛してくれましたか」という質問に親がどんなふうに反応するかを注意深く観察しました。冷たくさみしそうに「誰も」と言う人、熱く興奮してすぐ「おばあさんよ！」と答える人、長い間をおいてようやく誰かの名前を言う人、あるいは幸せな子ども時代だったとはっきり言える人。親の応え方によって、それぞれのクライエントに対する、これからの関わり方の方向づけができるのです。この質問をするだけで、涙をあふれさせる親もたくさんいました。この簡単な質問にどんな答えが返ってくるかで、クライエントがどれくらい温かく養育され直す必要があるか、またどの程度、過去に失ったものを嘆き、拒絶された経験を克服し、抑圧したものを解放する必要があるかについての手がかりを私たちに与えてくれるのです。

また、起こってしまった虐待に対して、親と子どもがどの程度それを認め、あるいは否認し、自分を非難しているかについても、注意深くみていきました。また彼らが怒ったとき、何をするかにも注目しました。クララは時々、親を怒らせるかもしれないような、きわどい質問をすることがありました（状況に応じてすぐにまたそれを引っ込めるときもありましたが）、「あなたは自分をコントロールすることのできる親ですか」。

その質問に対し、もし親が防衛的な態度を示すなら、ある程度親をコントロールしていかなくてはならないと判断されるのでした。そして、これからの援助プログラムの過程でコントロールに関する問題を考えていくための一つの情報として、スタッフ全員で記憶にとどめました。

クライエントの言葉に垣間見えるもの

　私たちはクライエントの使う言葉にも注目しました。多くの親がこういう言い方をしました。「ぶってはないわ。一回ポンとやっただけよ」、あるいは「ピシャッとしただけ」「パチンとした」など。実際には子どもは思いきりぶたれていたのですが、親はそのことを些細なことと思おうとしていました。また子どもについていう言葉や、親自身が子どもの頃、虐待されたり放任されたりしたことがわかるような言葉にも、よく注意して聞くようにしました。


「あの子はいつも私にそんなことするのよ！」

「あの子はみっともない」「扱いにくい子だわ」

「あの子はほんとに気分の悪い子だわ」「手に負えない子だわ」「悪魔だわ」

「ちっとも眠らないのよ」

「あの子は我慢がならないわ」

「ほんとにえらそうなんだから」

「私だってぶたれて育ったのよ。どうして自分の子どもにそうしちゃいけないの？」

「私が悪い子だからぶたれたの」

「私がずっと弟や妹の面倒をみてきたの」

インテークのときに、母親に、子どもの頃虐待されてきたのではないかと尋ねると、多くの母親が「どうして知ってるの?」と答えました。

子どもを親から離すとき

子どもが親と一緒にいたがるときには、パムは家族が安心できるまで私たちと一緒にいて、それから親の承諾を得て、子どもたちをプレイルームに案内しました。このときまでに、スタッフはこの家族がどれくらい機能している家族なのかをある程度まで見極め、また反対に家族のほうは、スタッフがどんなふうに自分たちを扱おうとしているのかを察するのです。子どもと離され、誰かが自分の子どもをむりやり連れていってしまうのではないかと心配したり、あるいは、子どもが何かしゃべるのではないか、そしてそれを聞いた私たちがどのように反応するのかを恐れている親たちの心情を充分に理解する必要がありました。

より多くのスタッフの目と心が注がれること

私たちは、インテークを虐待家族援助の大事な第一歩だと考えていました。そのためには、決まりきったおざなりにはできない仕事でした。ここに一歩入ってきたときよりも何か少しでも希望を感じて帰ることができなければ、彼らはもう二度とここを訪れないだろうということがわかっていたからです。チームインテークは、クライエントにとってもスタッフにとっても効果的で、役に立つものでした。それはほかではめったに行われていない方法でした。そういう考え方はたぶん行政の人の頭に浮かぶことはなかったのでしょう。

インテークのためだけにたくさんのスタッフを一部屋に集めることは、明らかに実行不可能なこととともいえます。またカンファレンスルームは神経質になっているクライエントの気持ちをやわらげるのには適していない部屋でしょう。

しかし、できることなら、こういった児童虐待の援助プログラムでは、信頼し合ったスタッフが少なくとも二人、いや可能なら三人が全員でクライエントに会ってインテークを行い、さまざまな相互作用の中で、チームで力を合わせた援助を行うことが必要です。より多くの人の目と心が注がれることで、クライエントにとって、援助はより役立つものになるのです。

あるクリニックの院長が以前、悩んで私に話したことがあります。ある十代のクライエントが、セラピストが休暇をとっている間に自殺を図ったそうです。その院長は最後にこう言いました、「しかたがなかった。セラピストには休暇が必要だったのだから」。しかし、もしもそのセラピストとその十代の少女に、ほかにバックアップしてくれる人たちがいたなら、その事態は避けられたかもしれません。

シダーハウスには、暴力的で自殺傾向のあるたくさんのクライエントがいました。しかし、一度も自殺でクライエントを失うことはありませんでした。私たちは運がよかったということなのかもしれませんが。

5章 親たち

シダーハウスを訪れるさまざまな親たち

シダーハウスに来る家族は、身体的・性的・心理的虐待、放任など、さまざまな児童虐待の問題を抱えた人たちでした。これから虐待が起こる危険性がある家族も含まれていました。子どもの年齢は十二歳までで、親と一緒に暮らしているか、あるいは子どもが措置された施設からもうすぐ帰ってくる予定の家族たちでした。セラピーを受けるよう裁判所命令が出ている親もいました。彼らはさまざまな機関から紹介されてきた人たちでした。また自分からやってきた人たちもいました。思春期以上の子どもがいる家庭や、もう子どもが遠く離れて暮らしている家族は対象から除きました。報告されている虐待が激しくなく、自分から問題を克服しようとしているという親や、自分を明確に表現できる親に対しては、これまでさまざまな機関で行われてきた方法で援助できると考えたので、そういう人たちはほかの機関に紹介しました。

親が精神病（統合失調症）を患っている家族に対しても、二年の間、シダーハウスで精一杯援助してきましたが、ここでは提供できないサービスが彼らにはもっと必要だと感じ、しかたなく対象から外しました。親が精神疾患を患っている家族のためには、特別に考えられたプログラムを用意することがとても大切だと考えます。これらの家庭は、親も子どもも、それぞれの避難所が必要なのです。

シダーハウスには、さまざまな社会的階級、職業、人種、さまざまなレベルの精神障害を負った親たちがやってきました。多民族都市であるロングビーチを反映して、さまざまな人種の人がいました。カフカス人、ラテンアメリカ系の英語がしゃべれる人、アフリカ系アメリカ人、太平洋諸島民族、アメリカ原住民、また少数ですがアジア系の人など、さまざまな人種の人たちでした。

自らも虐待を受けて育った親たち

子どもを虐待する親は、とりわけ非常に貧しい人たちだということが印象的でした。母親の多くは、きょうだいのいちばん上で、たくさんの弟や妹の面倒をみさせられて育ちました。彼女たちは、自分が実際に親になる前から、親の役目をさせられてきたのです。彼女たちは自慢げに言ったものです、「私は七歳のときから、子どもの世話をしてきたのよ」。多くの母親は、自分の子どもを育てるようになっても、情緒的にはまだ反対に子どもに依存している状態でした。シダーハウスでは、母親が自立した心を育てるために必要な、もっと安定した心の基礎となるものを見つけるまで、スタッフやボランティアに頼っていいのでした。

全員ではありませんが、ほとんどの人が自分も虐待（身体的虐待だけではありませんが）を受けて育ったことを話しました。

実際に、親がいなかったり、またいても情緒的にはいないと同じであったりで、彼女たちの共通した特徴は見捨てられ感でした。事実、多くの人が身体的虐待を受けていました。さらに驚くべき事実は、虐待を受けたり放任された子どもの母親の多くが、小さい頃に（だいたい十二歳以前に）一人または複数の身内や信頼していた友達から性的虐待を受けていたのです。私たちが確認した率は約九〇％で、例外は本当にまれだったのです。

六人の母親グループのうち、六人全員がわいせつ行為を受けたことを報告しました。別のグループでは、八人のうち七人が父親、継父、おじから暴行を受けていました。八人目の母親も、このことを彼女はあとで思い出したのですが、継父と一緒にベッドで寝ていて、偶然彼のペニスを触ってしまったことがあったそうです。継父は眠っていたので、性的虐待とはいえないかもしれませんが、でも四歳の女の子にとっては、とてもびっくりする出来事でした。

これらの若い母親の中には、男性をとても憎み恐れるようになってしまった人もいて、その彼女たちが今は母親となり、息子を育てているのでした。グループセッションの中で、私たちは母親に、お風呂でどんなふうに息子のペニスを洗っているのかを尋ねてみました。ある母親は、息子の首から下を見られないでいることを告白しました。彼女の三歳の息子はプレイルームで、自分のペニスを出して持ち上げて、「ケツ、ケツ」と叫びながら、誰かにペニスを見てくれるよう頼むのです。彼はきっと誰も自分のペニスを見てくれないので、そんなものが自分にあることが怖くてしようがなかったのです。ほとんどの母親が、自分の小さな息子のペニスを見ることが不快であり、激しい嫌悪感さえもっていることを話してくれました。ある母親は、強迫的に息子のペニスを洗うことを繰り返していました。

自分の中の空虚感を埋めるために

自分のことを「感情的に死んでいる」と言う親もいました。これまでをふり返ってみると、少し希望が出てきたときにも、まるで一筋の太陽の光が押し上げてくれるまで土の中でおずおずと待っている芽のように、「眠っている」ような状態だったそうです。彼女たちの生活には深い空虚感がただよっていました。これまで誰も自分の面倒をみてくれなかったし、これからもその可能性はない、自分は悪い人間なので、誰からも面倒をみてもらえる資格なんかないんだというふうに、心の奥でいつも考えていたのです。

彼女たちには、自分がどこかに所属しているという感覚がありませんでした。ほとんどの母親が育ってくる過程で相当ひどい罰と虐待を受けており、自分を罰せられるに値する人間だと考えていました。そのため、彼女たちはしばしば自分自身を罰する方法を見つけだしました。時には、自分の子どもの中に自分自身の「悪」を思い起こさせられて、子どもを殴りつけることもあったのでした。

シダーハウスの家族たちは、空虚感を感じないようにするために、さまざまな方法で自分の中の空虚さを埋めようとしました。例えば、過食、セックス、妊娠、けんかなどで、常に混乱と怒りの状態を作りだしていました、「私が怒りを感じているなら、私は何者かであるのです」。「われ思う、ゆえにわれあり」というデカルトの言葉どおりなのでした。「もし私が怒るのをやめたら、私は情緒的に死んだも同然なのです」

このように、これらの家族はしょっちゅう危機に巻き込まれる必要がありました。自分の生活に充分に混乱がなかったなら、隣人に代わってでもけんかする必要があったのです。生活が順調にいっていると、彼女たちは不安になりました、「こんなことが続くはずがない。私にはその価値がない。次の打撃がやってくるのはいつだろう」。彼女たちには平穏な時間が耐えられないのです。平穏な時間は絶望を引き起こす危険があるのです。不安を解放するために、むりにでも危機を引き起こすのです。彼らの生活は病気やけんか、自殺未遂、突然の別れ、経済的窮地などで彩られていたのです、「赤ん坊にあげるミルクもないし、お金もないわ」。彼女たちは自分から危機を生みだす傾向があったのです。

同時に彼女たちは、他人が自分に悪いことをするのをみてとるのも早かったのでした。いつも何か悪いことが自分に起こるのではないかと予期しているので、日常の中の悪いことに対して敏感なのです。もし、コップに水が半分入っていたら、コップに半分の水が入っているのではなく、全然入っていないとみてしまうのです。配偶者や子どもが母親を喜ばすのはとても難しいことでした。母親たちは自分が子どもである時期がほとんどなかったので、自分の子どもにもすぐに大人になってくれることを期待していました。彼女たちはしょっちゅう、子どもが自分の世話をしてくれることをあてにしました（「サミー、ママにコーヒーをもってきて！」）。子どもに世話をしてあげることが必要だということに気がついていませんでした。自分の生活が苦しいので、ほかの人の要求をみてとってあげることができませんでした。母親たちは、子どもが自分の空虚感を満たしてくれずに何かを欲しがったときは、激しく怒りました。

人を信頼することの難しさ

児童虐待で紹介されてきた人たちには、怒りと抑うつの両方をもっている人がたくさんいました。親たちは、怒りがおさまると、今度は抑うつ状態に沈み込みました。空虚さを抱え、自分には価値がないと思い込んで、抑うつ状態の親たちは、誰にも援助を求めることができないでいました。しかもいちばん援助が必要なときにこそそうなってしまうのでした。家族はまわりの世界全部から孤立していました。ほかの人から援助を受けられるとはとても思えなかったのです。もし彼らを助けたいと思ったら、ほかの人に助けを求めるにはどのようにすればよいのかを、やってみせて教えてあげる必要があったのです。

信頼は重要な問題でした。彼女たちの育ってきた歴史を考えると不思議なことではありません。これまで頼る人を誰一人知らないで育った彼女たちにとって、私たちをすぐに信頼するのは難しいことだとわかっていました。うわべだけの関係を越えて私たちを信頼してもらうようになるまでに、一年またはそれ以上かかった人もいました。ほとんどの親が、このようにサポートシステムを発達させるチャンスを狭めてしまうので、ほかの人の助けを得ることが難しいのです。またなかには、反対にほかの人の助けを執拗に追い求めすぎて、かえって人を遠ざけてしまう人もいました。そして結局、「やっぱり誰も信用できないんだ」と確信することになってしまうのでした。彼女たちには、アンビバレンスは普通のことでした。小さい頃から、親の愛を確信できずに育ったので（「私のことを愛してくれているんだろうと思うけど、確信はないわ」）、何かで一歩踏みだすときに、自分を信じて前に進むことがなかなかできませんでした。大人としての決断をすることが難しく、よく考えないで衝動にまかせて行動することがしょっちゅうでした。

子ども時代を経験していない親たち

シダーハウスの親たちは、小さい子どもたちにどういったことがふさわしいのかについて、著しく判断力の欠如を示しました。例えば、おもちゃや食べ物に関して（小さい子にコーラを与えたり）、レクリエーションでも（成人向け映画を見せたり）、また二歳の子どもに部屋の隅で一時間じっと座っている罰を与えたりなど、これらはすべて彼女ら親が育ってきた背景を示唆していました。「常識」というのは、私たちが考えているような「普通・標準」ということではないのです。それは小さい頃から教えられ導かれて身に染み込んでいったことの結果なのだと思います。

特に放任の状態の家庭では、母親は、子どもの世話に関するほとんどすべての基本的なことについて、恐ろしく無知です。彼女たちは、子どもにミルクをやるのに、毎回きれいに洗った哺乳瓶を使わなくてはいけないことに気がつきませんし、おむつかぶれには薬をつけなくてはいけないことも知らないのです。スタッフから赤ん坊の世話のしかたを教えられて、だんだんできるようになる人もいますが、一方、うつ状態がひどくて、教えられてもとても指示に従って動けない人たちもいます。自分の怒りを抑圧するのに感情的なエネルギーを使い果たしているような人たちもいます。もし、自分が誰かと関わると、感情的に我慢できないことが起こってしまうと信じているとすれば、赤ん坊の世話をしないでほったらかしにしているこことは、自分自身の自己防衛と、赤ん坊を殴ったり傷つけたりすることを避けるためにやっていることだとみることもできます。

子ども時代の記憶が鮮明で、つらい思い出をもっている人も大勢いますし、一方、十歳か十二歳以前の記憶が全くあるいはほとんどない人もいます。両方とも強い怒りをもっており、子ども時代の記憶がない人は、ある人よりも、より機能不全で、孤立した人たちでした。彼女たちは子どもの感情に共感するということがほとんどできません。なぜなら、自分自身の子ども時代を経験していないからなのです。彼女たちにこんなふうに問うことは適当ではありません、「そのときあなたはどんなふうに感じたか覚えていますか」。覚えていません。彼女たちは六歳の子がどんなふうに感じるかなんて知りようがありません。そのためには、彼女たちが小さい頃の記憶をとりもどし、もう一度自分自身の子ども時代を生きる必要があるのです。

目を覚ました楽しくて愉快な心

同じような意味で、親の多くは、最初シダーハウスに来たときには、遊んだり楽しんだりすることができませんでした。親はこれまで、子どものように遊ぶことを許されてこなかったし、そのため、自分の子どもが遊ぶことを許すことも難しかったのです。幸運にも、何人かのスタッフは、誰かがドアを開けて入ってきたその瞬間から、楽しいやりとりを交わすすてきなセンスをもち合わせていました。

人間の心というものを決して見くびってはいけません。シダーハウスでの仕事の楽しみの一つは、最初シダーハウスに来たときには感情的に全く平坦に見えた人たちが、ちゃめっけのある遊び心をもつようになるのを見ることでした。虐待する親たちの心にも、これまではずっと眠ってきたけれど、こういう楽しくて愉快な心があるのでした。

6章 親たちのグループセラピー

社会的スキルの発達を図って

児童虐待の家庭の親は、社会的に孤立する傾向にあるといわれてきました。シダーハウスでは、ただ親に関わる人を多くするだけでなく、社会的スキルを発達させることができるような環境を与えるプログラムを用意しました。

危機状態の子どもがいる家族がプログラムに参加するにあたって、克服できない障害がないように、ここまで来る移動手段についても準備を整えました。スタッフやボランティアが車で迎えに行ったり、メンバー同士お互いに乗り合わせたりできるようにしました。なかにはここまで来るのさえ難しい家族もいたのです。コーヒーや食べ物も用意しました。最初は、ドーナツなどを出していましたが、クライエントの食生活がむちゃくちゃだとわかってからは、果物やニンジンスティックなどのもっとヘルシーな食べ物を出すようにしました。昼間のグループはダイニングルームのテーブルに集まり、夜のグループはリビングルームでろうそくに灯をともして（これはマリリンの趣味でした）集まりました。

母親の苦悩に耳を傾ける

第一のグループ、十二週間の子どものためのセラピーのあとは、内容を構造化しないで、参加者メンバーがもってくるテーマに焦点を当て、セッションを進めていきました。もし、ある親が友達や子ども、社会に対して激しい怒りを表現したなら、グループのほかのメンバーがどのように自分の怒りを処理しているか、怒りの原因になっているのは何か、またどのようにしたら、誰かを傷つけないで、その怒りを発散させることができるのか、などについて話し合うように促していきました。一人の母親が抑うつ的なようすをしていたら、生活の中で多くのメンバーが感じている空虚感について話をもっていくようにしました。彼女たちの行動がその空虚感を埋めるためのものであること、空虚感を埋めるためにどんなことをしているのかについてなどが話し合われました。子どもの我慢できないふるまいに対する不満が出たとします。そんな場合は、

①　子育ての大変さを感じている親に理解を示し、

②　彼、彼女自身の子ども時代の記憶（もし記憶が残っているようなら）がどんなものかを確かめ、

③　母親のインナーチャイルド(注)を現実の自分の子どもに出会わせ、そのあと、インナーチャイルドのワークに進んでいくように試み、

④　子どもの発達がどのようなものであるか、そして子どもの発達上、普通に起こってくる問題をどう対処するか話し合い、

などと進めていくのでした。そして、食料切符が盗まれたことや借金の追い立てが来るという話が出た場合には、法律や地域資源、具体的な問題解決の方法に焦点を当てました。また、メンバー同士がお互いに助け合うことにも話の焦点を当てていきました。

グループセッション中、私たちは母親の苦悩、悩みに充分に耳を傾けるようにしました。しかしセッションが終了する前には、必ずそれぞれの子どもについての話をするようにしました。グループが始まった最初の頃、自分の子どもの話をするメンバーはほとんどいません

でした。私たちは、小さな子どものことを彼女らの意識にのぼるように働きかけましたが、それはたいてい、たやすいことではありませんでした。

私たちは、母親が子どもをたたくのを叱りはしませんでしたが、自分をコントロールするのが難しいクライエントたちと関わっているのだということはいつも心に留めていました。しかし、決して子どもをたたくのを許容していたわけではなかったのです。セラピストの中には、げんこつでなく、平手でたたくように、二回以上はたたかないように、などと、たたき方を教える人もいると聞きます。しかし、多くの親は、一度たたき始めるとストップすることがとても難しいという報告をしていました。ちょうど、アルコール中毒の患者が一杯お酒を口にすると止まらなくなるのと同じです。こういった親の援助のためには、たたき方を教えるよりも自制のしかたを教えるほうが効果的だと、私たちは考えていました。

「月曜日のグループ」

初期の頃のグループは、たいて午前中に行われていたので、主にメンバーは母親で構成されていました。ほとんどの母親は、自分の話に耳を傾けてくれる人にならば誰にでも、熱心に自分のこれまでの物語を話したがりました。なかには話したがらない人もいましたが、少数でした。またなかには、実際敵がいようといまいと、すぐ口げんかをする人もいました。ほかの人の話に耳を貸さずにしゃべり続ける人や、感情のない単調な話し方をする人もいて、私たちを閉口させることもありました。また最初のうちはずっと黙ったままで、居心地の悪そうな人たちもいました。私たちは、この人たちに努めて優しく接し、彼女たちが話してくれる時間を作ったり促したりしました。しかし、決して無理強いはしませんでした。

サンディは、ブラインドを降ろした部屋で、三歳の娘と二人でひきこもって暮らしており、最初のうち自分のことを話すのが苦手でした。彼女のソーシャルワーカーは、彼女は絶対にシダーハウスには来ないだろうと言っていました。しかし、クララとマリリンが彼女の家を訪問したあと、彼女はシダーハウスに現れました。サンディはグループのほかのどのメンバーよりも早く来なくてはなりませんでした。というのは、彼女は、人がいっぱいいる部屋に入っていくことに耐えられなかったからです。グループでは、彼女はいつもじっと固まったままでした。私たちは、彼女に話し合いに加わるよう強制はしませんでした。しかし、自分のために設けられた時間になると、これまで自分が受けてきた虐待と自殺未遂の話をし始めました。こうして彼女はレギュラーメンバーになったのです。

クララとマリリン、私、仲間たちは、グループを始めるに当たって、まず月曜日の午前を選びました。それは、クライエントの一週間の始まりが、どこか出かけるところがある一日にしたかったからです。「月曜日のグループ」は、ほとんどが激しい怒りをもった女性たちで、親としての能力や社会性が低く、生活がいつも混乱状態でした。また家の中はゴミ箱をひっ繰り返したように乱雑でした。しばらくたつと、何人かの父親や継父、ボーイフレンドも一緒に参加しましたが、基本的にはグループは母親のグループとして続いていきました。彼女たちはみな、規則正しい生活ができなかったので、マリリンは月曜の朝早く家に電話し、彼女たちが時間に間に合うように起きているか確かめました、「起きてる？　ベッドから出ている？」。

エスターの赤ちゃん誘拐事件

この孤立してばらばらのとうてい連携していきそうにもないグループを機能するグループとして動きだすようにするためには、やらねばならないことがたくさんありそうでした。しかし、クララは、すでに機能しているグループであるかのように彼女たちに接し働きかけていきました。すると、グループはやがて「自己達成の予言」どおりにそうなっていったのです。彼女たちの結束は、エスターの赤ちゃんが誘拐されたときにはっきりしました。

エスターは、夫が海軍で働いている若い母親でした。彼女は自分の大家族や母親のことをいつも悪く言っていました。彼女の二歳の息子は里親に預けられており、週末にだけ、彼女のもとに帰ることを許されていました。エスターは、私たちの月曜のグループに彼を連れてきて、そのあと、里親のところに息子をもどしていたのでした。

ある朝、子どもを連れないでシダーハウスに現れたエスターは、息子が病気になったので、彼女の母親が息子を里親のところにもどしてくれる、と話しました。それを聞いて私たちは心配になりました。私たちに強く促され、エスターはしぶしぶ家に電話し、私たちスタッフが心配していることも付け加えました。すぐにボランティアが子どものようすを見るためにエスターを乗せて彼女の家まで車を走らせました。しかし、車が到着したときには、祖母と子どもはもういなくなっていました。行方不明の二人は、里親のところにも現れませんでした。

私たちは警察に連絡しました。しかしなんの連絡もなく日が過ぎていきました。エスターは、彼ら二人がどこに行ったか、何も知らないと言いました。しかし、グループのほかのメンバーは彼女の言葉を疑っていました。彼女たちは内心怒りでいっぱいだったのです。

この事態をどうするか話し合うため、緊急のミーティングが開かれました。エスターはうなだれて座っていましたが、それでもまだ何も知らないと言い張りました。でも彼女は誰の目も見ることができませんでした。あのひきこもりのサンディが、勢いよくテーブルに身を乗りだして叫びました、「彼がどこにいるかあなたは知っているはずよ！　あなたは嘘を言っているわ！　全部あなたが仕組んだことなんでしょう！」。

結局、祖母と子どもはラスベガスにいるのがつきとめられ、ロングビーチにもどされました。子どもは脱水症状を起こしており、病院に一時入院させられ、別の里親のところに預けられました。エスターはグループのメンバーに、子どもをあきらめ養子に出すことに決めたことを話しました。そして、自分の母親には、子どもは別の町に預けられたと嘘をついていたことも付け加えました。グループのメンバーはみな彼女を慰めました。彼女の嘘に怒っていた人たちは、今度は彼女の嘘に対して慰めるようになったのです。彼女たちは、自分のことは別として、ほかの誰かの子どものことになると、心配して一致団結するようになりました。

グループのメンバーは、安全とサバイバルのための嘘に対しては支持し許している、ということに私は気がつきました。その瞬間エスターは涙につまりながら、嘘をついていたことを認めました。それは忘れられない瞬間でした。

ヘレンと娘と里親

グループはヘレンのケースのときにもまた助けになりました。彼女の人生にはこれまで何度も危機がありました。息をするのと同じくらい自然にためらいもなく、私たちが聞きたがっている以上に、危機でいっぱいのこれまでの自分の人生について、はきはきと大きな声で一気にしゃべり始めました。彼女のソーシャルワーカーが最初気にかけていたのが秘密の保持だったのを思い出して、私たちはクスクス笑ったものです。ヘレンの六歳の娘は、二年以上も里親のもとで養育されていました。ソーシャルワーカーが強く反対しているにもかかわらず、彼女は何週間も、自分の娘を取り返すと主張していました。ソーシャルワーカーにシダーハウスに来てもらって、ヘレンのもとに娘を返すとどんなことが起こりそうか、おおまかな説明をしてもらうまでは、グループのメンバーはヘレンに同情的でした。里親の家が地域内にあるにもかかわらず、もう何カ月もヘレンが娘のところを訪ねたことがないと聞かされたときには、グループの雰囲気が劇的に変わりました。そして、ソーシャルワーカーと怒りの同盟を結んだグループが急遽できあがりました。結局、ヘレンの主張した希望に反して、グループのメンバーや私たちスタッフの賛同どおり、子どもは里親に養子縁組されました。

幼い頃の記憶と歯科医への強い恐怖

シダーハウスでは時々、もちろんいつもグループの了解を得てからですが、地域の人々をグループミーティングに招待することがありました。孤立している彼女たちを、もっと広いより大きな社会の一員にさせたいと考えたからです。そのためには、彼女たちを地域の人々に触れさせ、そしてまた逆に地域の人が彼女たちに接してくれる必要がありました。

招待された人たちは時には、ある特定の問題を解決するために動いてくれました。グループのメンバーを教育しにやってきてくれる人々もいました。また、歯科医が歯の診察に来てくれることもありました。

母親の中には、歯科医をはじめて見た人もいました。驚くことではありませんが、ちょうど歯のトラブルがある母親もいました。地域の歯科医は、グループセッションの時間に子どもたちと母親たちの歯を診察することを承諾してくれました。

母親たちは、自分の子どもを歯科医に診てもらうことについては何も問題ありませんでしたが、自分の番になると、恐怖が彼女たちを支配しました。私たちは、「ただ診てもらうだけだからね、ほかには何もしないの」と説明しましたが、明らかに彼女たちはまだ怖がったままでした。マーガレットは、これまでの人生の困難をなんでも笑い飛ばすことでやり過ごしてきた人でしたが、その彼女が自分の椅子をぐいっとつかんで、こう叫びました、「絶対そっちには行かないわ！　いやよ！」。そして、自分の番より前の、勇敢にも診察してもらったほかのメンバーのようすを見て、よけい怖いと確信したのです。

母親のほとんどは、性的に乱暴されていました。何人かは小さい頃にオーラルセックスを強要された経験もしていました。彼女たちを歯科医に診てもらうのはあまりいい考えではなかったことに、あとで気づきました。彼女たちを最も恐れさせたのは、誰かが、特に男性が彼女たちの口の中に、さらに言えば身体のどんな穴にであろうと、侵入してくることだったのです。

輝いていたパーティーでの母親たち

「子どものためのセラピー」の最初の十二週間が終わったことを祝って、月曜のグループはパーティーを開きました。母親たちは、自分のソーシャルワーカーや保護監察官、身内、ボーイフレンド、好きな人をパーティーに招待してもてなしました。彼女たちはパーティーのためのクッキーを焼くのを手伝いました。そんなことははじめての経験だという人もいました。ソーシャルワーカーや保護監察官たちがやってきて、自分のクライエントにシダーハウスの中を案内してもらいました。母親たちは午前中ずっとホストとして働きました。その役割をすることで、彼女たちは成長階段を一段上にのぼりました。ヘレンはコーヒーポットを壊してしまったとき、大きな声で「ちくしょう！」と叫ぶのを抑えることはできませんでしたが、それ以外のときは、ホストとして輝いていました。そして驚いたことに、前は引きこもっていたあのサンディが、自分から進んで玄関に立って、到着した人たちを歓迎して出迎える役目をしました。なんてすばらしい日だったことでしょう！

強い自我をもった二番目のグループ

二番目のグループは、どちらかというと、一番目のグループの人たちより機能的に高い母親たちから構成されていました。夫が留守の間に小さな娘を床にたたきつけてしまった（しかし、そこまででおさえたことに注目したい）あと、自分からやってきた海軍兵の妻、自分の小さな息子をどう育てればいいか、果たして自分が育てたほうがいいのかどうかとまで悩んで考えている思慮深い売春婦、アルコール依存症の夫と結婚し、二つの仕事を掛けもちながら三人の息子を育てている女性、何年も自分の父親に性的虐待を受けてきて、十代のときに父親と対決して性的虐待をやめさせた勇気のある若い母親、など。ほとんどの人が、月曜のグループの人よりも強い自我を示していました。

これらの人たちをグループに参加させ出席を続けさせるためには、それほど努力しなくてすみましたが、彼女たちの虐待の歴史もまた悲惨なものでした。ほとんどの人は小さい頃の記憶をもっていました。あるケースでは、子ども時代には虐待は受けていませんでしたが、大人になってから外傷的な暴行を受けていました。私たちはクライエントたちのＰＴＳＤ（心的外傷後ストレス障害）を取り扱わなくてはなりませんでしたが、グループを作っていく作業に比べれば、さほど大変な仕事ではありませんでした。

ラリーとクララの「カップルグループセラピー」

引退した心理学者、ドクター・ラリー・ハンナがボランティアで参加してくれて、クララと二人で、夜のカップルグループセラピーを行いました。参加者にとって、彼とクララは、男性と女性の健全な関係のモデルとなりました。メンバーの中には結婚しているカップルも、していないカップルもいました。メンバーは全員、シダーハウスでの別のセラピー、父親や母親のグループ、個別、結婚カウンセリングなどに参加していました。シダーハウスを訪れたセラピストたちは、私たちの「何でもありのセラピー」に注目したものです。今にも爆発しそうな問題を抱えたパートナーを一つのグループにすると、ほかのグループよりも、もっと複雑なことが起こりました。他者との境界（訳者注）（線）がはっきりしない人々が集まると、性的な誘惑が横行したのです。クララとラリーは、貞節が崩れ、何組かはパートナーの交換が行われているのに気がつきました。

母親グループにも参加している数人には、カップルグループでは、母親グループとは違った一面が見られるようになりました。例えば、ある母親は夫以外の男性を常に探しているのがはっきりわかりました。母親グループでは、そのようなことはわかりませんでした。クラは最近になって、つくづく考えながら、もしもう一度あのようなグループを作るときがあったなら、彼らが自分でまいた種を自分で刈りとるのを待つのではなく、はじめからしっかりとルールを決めてグループを作りたいと話しています、「異性の魅力にひきつけられることがあるかもしれません。でもそのことのために、ここに集まったのではないのです」と。しかし、そういった警告が、カップルたちをもっと秘密に行動させることになってしまうのかどうか、もう私たちは知るよしもないのですが。

ラリーは、何ごとに対してもしっかりと動じない、また厳しいだけでなく愛情を伴った冷静な父性としての役割をとっていました。それに対してクララは、情緒的な母性としての役割を担っていました。二人はお互いを尊重していたため、ユーモアと愛情をもって、グループの前でオープンに相手の意見に同意したり反対したりすることができました。グループの多くのメンバーにとって、男性と女性がお互いを思いやりながら、しかし違う意見をもち続けているのを見るのははじめての経験だったのです。

時々、グループは持ち寄りの食事会をしました。それは社会性を養うためのよいレッスンになりました。ほとんど誰も料理のしかたを知りませんでした。ワインをもってきたカップルもありました。でもシダーハウスでは、アルコールは許されていませんでした。ある大家族は手ぶらでやってきました。クララとラリーは、持ち寄りの食事会にはかなりの計画性が必要だということを学びました。シダーハウスではすぐに、料理教室をスケジュールに加えました。

「本当にあなたを愛してくれたのは誰ですか」

ある晩のことでした。そのときまで感情が全くないように思われてきた男性のクライエントに対して、クララがお決まりの質問をしました、「本当にあなたを愛してくれたのは誰ですか」。その男性は泣き始めました。彼の反応はグループ全員の試金石となりました。彼の涙は、父親たちを含め、全員の心を開いたのです。ほとんどの人が同じような痛みを分け合いました。今まで誰からも愛されてこなかった彼らにとって、自分の子どもを愛することがいかに難しいか、そのとき彼らは気づきました。

リックは頑固で、背は低く、声はハスキーで、女性に対する恨みをいっぱいもった男性でした。ほかのメンバーたちがラリーのコメントに腹を立てそうになっていたとき、リックはクララに対し、露骨にいやな態度を見せ始めました。そして意味深げに「この部屋に誰かさんさえいなかったら、俺はもっとしゃべれるのになあ！」と言いました。彼は、自分が歌いたい気分になったときはいつでもどこでも歌を歌うのがお気に入りでした。彼はかなりの声量のいい声をしていました。それは大きなステージではちょうどいいだろうけど、シダーハウスの小さな部屋には音量が大きすぎました。クララはリックに「自分の気まぐれで、そんなに声を張り上げて歌ったら、通りを歩いている人や隣りに住んでいる人はいつもどんな気持ちかしら？　気持ちよくいられると思う？」と尋ねました。リックは、いつものことですが、激昂しました。

リックは三歳の娘をもつ女性と暮らしていました。申し立てによると、その子どもの腕を折ったということで、シダーハウスに紹介されてきました。彼はその申し立てを否定していましたが、やがて、警察が彼を逮捕しに来るということが彼の耳に入りました。リックはあの「誰かさん」を恨んでいたかもしれませんが、そのまさかのときに彼が電話をしたのは、クララだったのです。警察が到着したとき、クララは彼のそばについていました。

リックは刑務を終え、やがてシダーハウスにもどってきました。私たちはもどってきた彼を歓迎しました。その後も何度か連絡をくれました。何かの行事のときには、リックは自分のキーボードをもち込み、みんなのために歌を歌ってくれました。

よい父親になることは、自分たちの傷を癒すことになる

やがて、資金的にもっとスタッフを増やせるようになると、結婚カウンセラーであり、家族カウンセラーであり、子どものカウンセラーである最初の男性のセラピスト、リン・セイザーの指導のもとに、新たに午後の母親グループと夕方の男性グループを増やしました。夜の男性グループには父親、継父、ボーイフレンドが来ましたが、これと並行して子どものグループは行われず、リンにはコ・セラピストがいませんでした。

フェミニストの考えが生まれて二十年後、父親のミーティングによって私たちはようやく気づいたのです、たとえ子どもを虐待してきた女性であっても、子どもの面倒は当然女性がみるものだと自分たちが考えていたことを。反対に母親のミーティングの間、父親が子どもの世話することは期待していなかったのです。スタッフの時間的な限界のせいもありましたが、しかし私たちの考え方のせいでもあったのです。私たちは疑いもせずに、父親グループのときには、母親グループのときと違って、保育の準備をしませんでした。

出席者の男性を自己陶酔させることなく、リンは彼らに自分の中のインナーチャイルドに

気づかせていきました。そして子どもたちの要求を理解し、よい父親になることは彼ら自身の利益になることであり、虐待や放任されてきた自分たちの傷を癒すことになるのだという確信をもたせました。世代間の連鎖を絶つ彼らの役割を強調し、愛情をもって子どもを養育することは強さであって弱さではないという考え方を、彼らに染み込ませようと努めました。クリスマスに、リンはグループのメンバー全員にアフターシェーブローションを、彼らの中の子ども（インナーチャイルド）にはおもちゃのトラックをプレゼントしました。ある男性はトラックを受けとったとたん、子どものとき一度もこういうものをもらったことがなかったと言って泣きだしました。

ある日、リンは男性たちに、お互いにグループの誰かについて、元旦の決心をしてみるよう指示しました。上の人が下の人に言うような言い方でなく、お互いに相手がこうするのを見たいという内容のことを言うようにと言いました。リンの番が回ってきたとき、一人の男性が言いました、「あなたはいつも私に、もっと子どもたちと時間を過ごすように言うけど、あなたがここで過ごす時間はどれくらいなんでしょうか」。あとで聞くところによると、その

とき、二人の小さな息子の父親だったリンは決まり悪い思いで、その質問の正当性を認めたということです。彼もまた、自分たちと彼らの間の距離はそれほど大きくないことがわかったのでした。

ボランティアと過ごすお茶の時間

やがてまた別のグループが増えました。そのグループを私たちは冗談で、資格をもったプロによって行われる「大文字のTグループ」に対し、「小文字のｔグループ」と呼んでいました。ベテランのボランティアが思いついて名づけたのです。最初に三人のグループを始めてから、私たちは自分たちが扱える以上の数の紹介を受け入れました。待っている間に子どもがまた虐待され傷つくかもしれないという考えに耐えられなかったからです。紹介されてきた人たちがセラピーの順番を待つ間、紅茶やコーヒーを用意して、感性に優れたボランティアと一緒に過ごす午後のお茶の時間を設けました。ボランティアのマーシャ・ゴードンはホストになって、みんなをもてなしてくれました。

マーシャのおかげで、親たちは「大文字のTグループ」を始める前から、シダーハウスで社会性を養う機会を毎週もてたのです。何か危機が起こりそうなときには、マリリンのバックアップを受けながら、マーシャは親たちと会話して、安心させ、またようすを観察し、すぐ注意しなくてはいけないような家族については私たちに警告してくれました。彼女の努力のおかげで、助けを求めている人に対し、そのときできることを提供しつつ、順番待ちのリスト以外に優先順位をつけることができたのです。

いちばん最初のグループは、試みに「子どものためのセラピー」クラスとして始まり、その後もグループセラピーは継続していきました。どのグループもクラスも、助けを求めてやってきた人々が表現してくれたニーズに応えながら、それぞれに発展していきました。気づいたときには、最初に構想していたものを越えて、あらゆる特性を備えた包括的なセラピーが行われていました。千マイルの道もまさに最初の一歩から始まるのですね。

（注）当時、私たちは「インナーチャイルド」という言葉を使っていませんでした。交流分析のP・A・Cの概念を使って、「自分の中の子ども」と言っていました。

（訳者注）境界（線）（バウンダリー）とは、どこまでが自分の領域で、どこからが他人の領域かを示すもので、境界（線）が自分を形作り自分を守る、他者との適切な距離を示すもの。

7章 親たちの個別セラピー

グループセラピーでは扱えない親たち

シダーハウスでは、ほとんどの親が、グループセラピーと個別セラピー、両方のセラピーを受けていました。UCLA（カリフォルニア大学ロサンジェルス校）の心理学者ドクター、モリス・ポールソンは、子どもを虐待してしまった親にグループセラピーを長期にわたって行ってきた人ですが、以前彼から、なぜシダーハウスではグループセラピーだけでなく個別セラピーも行っているのか、その理由を聞かれたことがあります。そのときは、そうするほうがいいと思うからとしか答えられませんでしたが、彼にそう質問されたことで、私たちはグループセラピーと個別セラピーを併行して行うことの原理を探求するようになりました。

グループで扱うことのできない親もいました。その家族の抱えている問題があまりに暴力的すぎて、グループでやっていくには危険すぎると、インテークのときに判断された場合です。なかには、親の手ですでに子どもを死なせてしまっていて、今度は生き残っている子どもに親の関心が集中しているようなケースもいくつかありました。親たちの癒しのためには、虐待というトラウマの出来事の詳細に直面する必要があると、私たちは確信していました。たとえ、子どもを死にいたらしめた場合であっても、いやむしろその場合は特にそれが必要でした。そしてその問題は、個別セッションで取り扱ったほうがよいのです。また、親たちの心はすでに荒廃しきっていて、グループセラピーではこれ以上の自己嫌悪を強めてしまうおそれがあると判断された場合もそうでした。

私は、子どもを死なせてしまったあるケースを担当していました。母親の名前はリリーといい、もう何カ月もほとんどしゃべらず、私の質問や話すことに対してもわずかにうなずくか、力なく「違う」と答えるだけでした。息子を死にいたらしめたどんな虐待があったか、その詳細を、彼女がうなずいたり否定したりするようすから推測しながら、私は彼女が真実に直面するように導いていきました。結局、リリーは自分から進んで詳細を話すようになりましたが、しかし、とうとううちとけることはなく、彼女はシダーハウスに来なくなってしまいました。しかし、のちに彼女がシダーハウスにもどってきて、「あなたのおかげでどれくらい救われたか」と私に言ってくれたときには、うれしい反面、本当に驚きました。というのは、彼女との面接では、私が一方的にしゃべりすぎてしまったと思っていたからです。リリーはのちに私たちに協力して、公の場でのスピーチにも参加してくれました。

個別セラピーだからできること

私たちは、グループでは何を扱うことができ、何を扱うことができないかをよく考えるようにしていました。グループで扱うには適さない問題もありました。グループでは、親たちは、自分自身の激しく深い暴力性と性的倒錯を表現し、見つめていくことはできませんでしたし、私たちスタッフも彼らにそれを望んでいませんでした。グループセッションの中でそれをしようとする人がいる場合には、最初に個別のセッションでそれを扱ってから、グループにつなげていくようにしました。

またケースの中には、親があまりにも脆弱で、グループでのギブアンドテイクの関係を作っていけない場合もありました。たった一本の糸でかろうじて正気にぶらさがっているように思われる親や、グループはとても我慢できないと言い張る親にも、個別のセッションをもつようにしました。しかし、最終的な目標は、自分がもっと強くなったと感じられたときに、彼らをグループにもどすことでした。グループでは、ソーシャルサポートを経験し、人との「やり直しのきく関係」というものを作っていくことができるからです。

グループのメンバーが何かに行き詰まっているように見え、何週間も同じ不平を言い続けて進歩が見られないときにも、個別のセッションをもつようにし、何が情緒的な行き詰まりを作ってしまっているかを見極めるようにしました。その人の状況に集中的に焦点を当てていくと、一時間か長くても数時間続けるうちに、成長を阻害している障壁を見つけることができ、その後のセラピーがもっと効果的に続いていくのでした。

グループでやっていた親が個別セッションを希望してきたときは、一度それを受け入れ、その後、個別セッションを継続するかどうか、その必要性を検討しました。また、新しいクライエントが来たときに、グループがいっぱいだったり、クライエントのスケジュールがグループの時間に合わなかったりしたときも、個別セッションから始めることがありました。

インナーチャイルドに目を向けること

グループでも個別のセッションでもどちらも、子どもにどんな虐待がなされたか、どのようにしてそれが起こったか、そして今後、どうすれば虐待を防ぐことができるかに焦点が当てられました。このことに焦点を当てることは、虐待をした親と子どもの関係だけでなく、そのほか、影響し合っている家族システムの力動性を探求していくことでもありました。インナーチャイルドに目を向けることはまだ一般的ではありませんでした。しかし、私たちは、公式化されていないものでしたが、インナーチャイルドに焦点を当てていくやり方をしていました。次のような質問がなされました。

「四歳（六歳あるいは八歳）のときのことを覚えていますか」
「どんなことを思い出しますか」
「あなたの家族は一緒に食事をしていましたか」
「食事のとき、誰がどこに座りましたか」
「あなたが傷ついたとき、誰がなぐさめてくれましたか」

「家では誰が一緒にいましたか」
「あなたは迷子になったことがありますか」
「そのとき、どんなふうに感じましたか」
「あなたの子どもは、これまでに迷子になったことがありますか」
「そのとき、あなたはどんなふうに反応しましたか」
「子どものようすはどんなふうでしたか」
「そのときのその子の気持ちを、今のあなたは感じることができますか」

過去の自分であるその子どもがどんなふうに感じていたかを親自身が感じることができるように、私たちは話を進めていきました。現在も私たちは、充分自我が発達した大人には、現実の自分の子どもだけではなく、自分の中のインナーチャイルドを癒していくよう励ましています。

怒りのレベルの自己査定

個別セッションでは、次のような質問をすることで、虐待の詳細を調べるようにしていました。

「どんなふうに子どもは傷つけられましたか」

「あなたは（あるいは彼は、彼女は）子どもを何でぶちましたか。ベルトですか。げんこつですか。平手でですか。それとも何かほかのものでですか」

「子どもの身体のどこをぶちましたか」

「あなたは（彼は、彼女は）何回子どもをぶちましたか」

「そのとき、あなたはどう感じましたか」

「あなたが（彼が、彼女が）子どもをぶった（あるいは振り回した、やけどさせた、そのほかやってしまったこと）その前に、何がありましたか」

「子どもはどんなふうに反応しましたか」

「あなたはそのあと、何をしましたか」

セラピーでは、自分がやってしまったことに、一度にむりやり直面させるようなことはしませんでしたが、親たちがどれくらい自分のやったことを話すことに耐えられるか、常に見極めながら進めるようにしていました。一回のセッションが終わる前には、常に親たちの心の状態とソーシャルサポート（周囲からのサポート）の査定を行うようにしていました。それはクライエントにとってもセラピストにとっても、決してたやすいことではありませんでした。

グループでも個別セッションでも、常に親たちの怒りのレベルを査定するようにしていました。怒りのレベルを、一〇をいちばん怒りが強いときとして、一〜一〇までの数字で自己査定するように親たちに求めました。親たちが高い数字を言うときは、たとえ彼らのようすが自己査定とそぐわなくても、常に彼らに対して慎重に接することにしていました。なぜならその自己査定は、自分が子どもを虐待しそうだということを自分自身でわかっているということを私たちに教えていたからです。私たちには、その警告を無視できるほどの余裕はありませんでした。以前、あるセラピストに、クライエントに怒りの度合いを自己査定させるようにアドバイスをしたことがあるのですが（そのクライエントは私たちの「怒りのミーティング」に参加したこともある女性でした）、そのセラピストは私に断言しました、「彼女も子どもたちも、いつもと同じだったわよ。だから大丈夫だ」と。あとで知ったのですが、その後すぐに虐待が行われてしまい、子どもたちは別のところに措置されたそうです。「怒っていない」と言いながら、親がその言葉とは矛盾する素振りやようすを見せるとき、いつも、怒りのレベルの自己査定をしてもらうようにしていました。

痛みと怒りの両方の感情に気づくように

理性のコントロールが及ばない隠れた怒りをもっているクライエントに、私たちは強い関心をもっていました。多くのクライエントは、傷ついた心の痛みを話したあと、その感情の仲間である怒りを感じていることを認めることができましたが、なかには、痛みを感じたくないがために、もっぱら怒りだけを表現してしまう人もいました。怒りと痛みを同時に感じながら癒しの作業が行われていく必要があることを確信していた私たちは、クライエントに、痛みと怒り、両方の感情に気づくようにいつも働きかけていました。クライエントに自己査定をしてもらうためには、セラピストとクライエントとの間にオープンで信頼できる関係を作ることが必要でした。そのためには、シダーハウスのクライエントには特に、相手を裁かない態度で接する必要がありました。彼らはほんの少しでも自分を批判されることにとても敏感だったのです。

「私たちはみな、間違いを犯す存在なのです」

個別のセッションをもつことで、家族の詳しい歴史を聞いたり、グループでは明らかにならなかった、クライエントの混乱した考えをときほぐす手がかりを見つけることができました。またクライエントにとっては、個別セッションは、誰かほかの人から集中的に関心をもってもらう経験にもなりました。時には、ふるまいや行動の限界を教えたり（もちろん、優しい言い方で）、成熟した大人として物事に対処するやり方を実際にセラピストがやってみせたり（例えば、彼らの前で、難しい電話のかけ方を彼らの代わりにやってみせることなど）もしました。そしていつも彼らにこう確認していました、「何か難しい出来事が起こって、それに対処しなければならないとき、これまであなたが経験して身につけてきたやり方があるからこそ、今、私たちがやっていることが役に立つのよ」と。

私たちはクライエントに対し、厳しい直面化ばかりしていたわけではありません。時には直面化をする必要もありましたが、いつもクライエントへの支持的な態度のもとに行いました。そして、私たちはみな、間違いを犯す存在であり、彼らがほかの人と大きく違っているわけではないのだということを、いつも強調していました。そういったアプローチを続けることで、彼らに対し、信頼を失うことなく、正直であることができたのでした。ひどくにおう娘を連れた母親に、「子どもがとてもくさいから来週までにきれいに洗ってあげるように」と率直に言うと、母親は次の週には子どもをちゃんときれいにして連れてきました。

なぜこんなに長い期間の援助が必要なのか

シダーハウスのクライエントの中には、二年もしくはそれ以上の援助を受けている家族もおり、「なぜそんなに長い期間の援助を続けるのか」と質問するセラピストもいました。私たちは、そのセラピストたちの行っている短期間の援助技術にも関心をもっていましたし、彼らが役に立っていることも認めています。しかし魔法のカードが果たして、子どもたちの安全を充分保証できるほどの持続した変化を親たちに作りだすことができるのかどうかについては、疑わしく思っています。私たちは、親たち自身の生育環境がいかに養育性に欠けていたか、そのため親となった彼らに親としてのスキルがあまりにもない現実をたくさん見てきました。作家のテリー・ケロッグが言った、情緒面での「魂の暗い穴」を埋められることなく育ってきた人たちが、短い期間に親としての養育性を学び、身につけるのは無理だ、と確信しています。しかし、子どもの幸福はまさに親がそのことを学ぶことができるかどうかにかかっているのです。多くの親は、やり直しのきく経験を何度も何度も繰り返しながら、そのスキルを身につけることができるのだ、と私たちは信じていました。

8章 子どもたち

自らの欠損を埋めようとする子どもたちの行動

三歳の女の子、ローラは、プレイルームに入ってくると部屋の中をむちゃくちゃに走りまわりました。彼女と話をしようとしても、彼女の言葉はとてもわかりにくくて、何をしゃべっているのか理解できませんでした。そして、誰かが話しかけると、ローラは自分の頭を壁にぶつけるのでした。おやつの時間になると、もうそれ以上口の中には入らないというまで、ひっきりなしに食べ物を詰め込みながら、そしてまたすぐに次の食べ物を口に入れるのでした。

彼女には社会性が育っておらず、言葉もほとんど話せず、自他の区別もありませんでした。

ローラはサンデーの娘で、症状が私たちの誰にでも顕著に見える最初の子どもでした。ローラは母親からは放任の状態で、隣人からは性的虐待を受け、そして母親のボーイフレンドからは身体的虐待を受けてきました。彼女の顔についた手の跡で、殴られた虐待がわかり、児童保護局に通報が入っていました。ローラがしゃべれるようになり、人とコミュニケーションができるようになって、パムに直接、性的虐待の事実を話してから、ようやく母親は引きこもった生活から少しずつ出てきました。そして、娘のことを前よりも気にかけ、保護するようになりました。

その頃、摂食障害はまだ今のようには注目されていませんでしたが、私たちは多くの子どもにその芽を見ていました。しつこく食べ物をせがみ、食べられるときにはできるだけたくさん食べようというのは、この子どもたちには当たり前のことでした。それは身体的・情緒的欠損を必死で埋めようとする子どもの姿だったのです。たまに、食べ物を拒否する子どももいました。彼らは、勝った負けたの権力闘争のようなものを大人と繰り広げ、大人から何かものを受けとることを拒否していたのです。

めちゃくちゃに走りまわり、ひっきりなしに動いて不安を表現するのは、よくあることでした。また、プレイルームのすみからすみまで、何かがいないか確かめずにいられない子どもいました。すべての食器戸棚のとびらや引き出しを開け、彼らに中を見せて、どこにも危険なものなどが隠れていないことを確かめさせ安心させました。こうすることで、子どもの不安をしずめることができるとわかったからです。それでもまだ子どもが落ち着かないときは、もっと小さく、御しやすい部屋に子どもを連れていきました。たいていの子はそこで落ち着くことができ、そこで一旦充分に安心感を得ると、そのあとは私たちやほかの子どもたちと一緒に過ごすことができました。(注1)

プラスティックスマイルが教えてくれること

「プラスティックスマイル」と呼ばれている子どものほほえみを、しばしば目にしました。口元は笑っているように見えても、目は悲しみや不安で沈んでいるのです。この子どもたちは、泣くと叱られるので、泣きたくても泣けない圧迫感の中で笑顔を見せることで、「私を傷つけないで」と頼んでいるのでした。主に性的虐待を受けてきた子どもは、笑顔を見せるだけでなく、チャーミングにふるまうことを学びます。それはまるで小さな大人のようです。心の痛みと混乱のすべてを心の奥底に押し込め、まわりの人に愛嬌たっぷりにふるまってみせるのです。このため、多くの判事や検事は誤解し、子どものふるまいを見て、性的虐待はなかった、子どもは傷ついていないなどと、間違った判断をしました。子どもが自分の感情をごまかしていることや、子どもを大人の年齢のようにさせてしまっている大きな犯罪の意味に気がついていないのです。

子どもの頃から繰り返し性的虐待を受けてきたある母親は、嘘つきになるように受けてきたすばらしい(!)訓練について、話してくれました。夜になると彼女にわいせつ行為をしていた継父は、昼間は全く何ごともなかったかのようにふるまっていました。恥かしさと恐怖から、彼女は継父に言われたとおりにし、外見上は魅力的で、生き生きと元気よく生活しているかのように見えました。しかし、彼女の心の奥深くに押し込められた痛みは、だんだん表に出てくるようになりました。自殺を何度か繰り返しました。大人になってからも、彼女にとってプラスティックスマイルをやめるのは、とても難しいことでした。それをやめてしまうと、自分の痛みがさらけだされる危険があったのです。

皮肉なことに、時にプラスティックスマイルは、よけいに親の叱責を引き起こしてしまうことがありました。親から罰を受け、たたかれて笑った子どもは、よけいに親の怒りを引き起こしました。親はこの笑いを、自分への挑戦、あるいは子どもがちっとも罰を感じていないと受けとったのでした。それ以上叱られないようにと笑った子どもたちにも、その笑いが逆効果を生むことがわかったと思います。なかには、子どもが笑っているのだから何も問題はないのだと思っている親もいました。この笑いが偽りのものであると見破る親もいましたが、それを「ごまかし」だと言い、そのごまかしは、今まで何度も味わった痛い思いを防ごうとしてやっているのだ、という点がわからずにいました。こういった子どもには恥辱だけが残ります。この子どもたちが、心の中の悲しみを表に出して見せることができたときに、彼らの癒しへの道が始まるのです。

「誰もいない月の上で一人ぼっちでいるようだ」

ストレスのために、自分の心の中に引きこもる子どももいました。虐待が始まると、自分の心の中だけでも激しい暴行から逃げるためにそうするのだ、と話してくれる子どももいました。この心の中にひきこもっている状態を、「誰もいない月の上で一人ぼっちでいるようだ」と表現した子どももいますし、「やっつけなくてはならない敵がいっぱいいるところにいるようだ」と表現した子どももいます。また「慈悲深い神様の庇護のもとにいるようだ」と言った子どももいました（最後の「神様のもとにいる」というのは、よいことのように思えるかもしれませんが、しかし、過去に私たちが援助したある子どもは、のちにもっとよい世界に行くために自殺を図りました。子どもの現実世界があまりよくないとき、神の世界にとりつかれすぎることは危険だと思います)。多くの場合、この子どもたちは鈍感で、大人と関係を結べないのだと思われていました。でも本当は、彼らは鈍感なのではなく、しょっちゅう自分の内面の世界に心を奪われているため、そう見えただけなのです。私たちの世界と関係を結べないということは、彼らに内面の世界があるという可能性を探す手がかりともなったのでした。(注2)

ある五歳の少女のことが思い出されます。私たちはこの子を扱いかねていました。ある日突然、彼女が「月の上」のことについて話し始めました。「あなたは月に行ったことがあるの?」と私が尋ねると、驚いたことに、彼女は何度もそこに行ったことがあると打ち明けました。私も一緒に行っていいかという問いに、彼女は「いいよ」と言いました。そのときから、彼女と私の心が通い始めました。そのときまでは、私と彼女は違う二つの無関係な世界に住んでいたのでした。

十歳の少女、ステーシーは、人とほとんど視線を合わせず、いつもぼーっとしているように見えました。ある日、グループで、みんなが性的虐待の経験を話し始めたときです。突然、ステーシーが劇的に自分の世界から出てきて、私たちの話に加わりました。そして、父親にずっとわいせつ行為をされてきたことを話し始めました。彼女のエネルギーは、性的虐待のトラウマに対処することで使い果たされ、社会化のためのエネルギーは残っていなかったのでした。

性的な虐待をされてきた子どもの多くが学校でがんばりすぎるくらいがんばってしまうのを、私たちは見てきました。その一方、ステーシーのように、学校でほとんど機能していない子どももいました。親たちと同じように、虐待を受けた子どもたちの行動は、両極端に走る傾向がありました。

「死んだふり遊び」が示す子どもたちの問いかけ

死んだふりをする遊びが好きな子どももいました。この遊びから、私たちは、子どもの暗に含んだ問いかけを読みとりました、「私はここにいるの？」「私は大切なもの？」。動かない子を見つけると、私たちはこのとても大切で特別な子どもを助けるために、大げさなくらいに騒ぎました。彼らはもちろん、人からの注意を引きたかったのです。何度も何度も何週間も、この死んだふりごっこの遊びをやりたがりました。私たちは、繰り返し死んだふりごっこをするこの小さな子たちを、将来の自殺予備軍としてとらえていました。この子どもたちの行動に私たちがとても注目することで、かえってこの行動を強化してしまっているのではないか、と攻撃されることが時々ありました。しかし、私たちは、子どもたちの親から、心の中の空虚感と自分という存在感のなさについて、いつも聞いていたので、子どもたちに同じ感情を残しておきたくなかったのです。どのケースでも、子どもたちが充分満足したときには、その行動は自然となくなりました。犠牲者たちの多くはのちに、今度は助ける側となって、私たちの救済ごっこに加わってくれました。

性的虐待を受けた子どもたちの見かけの成熟

性的虐待を受けた多くの子どもは、見かけは偽の成熟を身につけ、無意識に人を引きつける早熟な大人のようにふるまっていました。ある四歳の男の子は、一人の女の子が部屋に入ってきたとき、はっと飛び上がって彼女を出迎え、興奮したように叫びました、「こんにちは、ベイビー！」。またシダーハウスにやってくるとても小さな女の子たちは、口紅と宝石をつけていました。彼女たちはティーンエイジャーのように踊り、セクシーなトーンで歌いました。ある七歳の少女は私とはじめて会ったとき、びっくりするくらい早熟な声で、お尻を揺らしながら歌いました、「私はもう小さな子どもじゃないわ」。彼女がそんなふうな姿を見せたように、継父にセックスを強要されたあとはもう小さな女の子ではいられなかったのです。身体的に性的に虐待されてきた子どもは、身体に触れることはどんなことにでも虐待を連想させてしまう傾向がありました。私のひざに座っていたローラは、座っていても落ち着かず、がさがさしているうちに後ろにひっくり返って、たまたま頭をぶつけてしまったのですが、私が彼女をたたいたと言って、怒って私を責めました。また性的に虐待されてきた子どもは、誰かが身体のどこかにたまたまでも触れると、過去の性的虐待を思い出し、「触られた」と、間違った主張をしてしまうことがありました。

大人になってからあらわになる攻撃性

ロングビーチにあるカリフォルニア州立大学の大学院生、ヘレン・ジョンソンは、シダーハウスにいる虐待を受けた子どもの行動について、虐待を受けていない子どものコントロール群との比較研究を行いました。彼女の研究では、シダーハウスにいる虐待を受けた子どもたちはコントロール群と比べて、二つの指標において、多く受動的な行動が見られました。彼女はその結果に驚いたのですが、私たちは納得しました。というのは、虐待を受けた子どもたちにとって、彼らが生き残れるかどうかは、従順かどうかにかかっていたからです。もっとあとになって、彼らが大きくなり、もっと力を得たときに、かつての虐待への怒りを爆発させるほうが、安全なのでしょう。

私は最近、シダーハウスの初期の頃のあるケースが、不幸な結果になってしまったことを知りました。別の州の地方相談所で働いている私立探偵が、殺人の罪を問われ死刑の求刑を受けているある青年の減刑のために、彼の育ってきた環境を調べにやってきました。シダーハウスの火事で、家族の記録はすべて焼けてしまっていました。しかし、私はその子の母親のことを鮮明に思い出しました。その子どもは、誘拐やひどい虐待を経験しており、里親のところを転々としながら育ちました。小さい頃、彼はプレイルームでほとんど動かない、おとなしい子どもでした。しかし、大きくなって、自分の妻を殺してしまったのです。

シダーハウスでの研究ののち何年かたってから、別の大学院生がサラセンターで、性的に虐待を受けた子どもたちの研究をしました。サラセンターというのは、私たちがシダーハウスの次にプログラムを行った場所です。その研究では、彼女が期待していたような、接近—拒否行動での結果は見つけられませんでしたが、コントロール群と比べて、性的虐待児に有意に高い攻撃性が見出されました。これは、子どもに身体的虐待をする親たちの多くが、子どもの頃に性的虐待を受けてきたという私たちの発見に照らして、とても興味深いものでした。

結局どんな形のものであれ、虐待は子どもの心に怒りの感情を残し、攻撃性を強めてしまうものであり、それは驚くことではない、当然のことであると私たちは結論づけました。たたかれたり、放任されたりして、自分の存在が危険な状態にあることに気づいた子どもは、生き残るために受動性という防衛を身につけることを、この二つの研究は示しています。そしてこの子どもたちは、あえていつも危険な出来事を求めて生きているかのように思われるのです。性的に虐待されてきた子どもは、身体的な虐待を受けた子どもに比べると、攻撃性を表面に出す傾向があります。しかしそうはいっても、ほとんどの子どもは、安全だと確信できたときだけ攻撃性を表現できるだけでしたが。パムは、身体的虐待を受けた子どもが攻撃的な行動をするのを見てきました。この子どもたちはみんな、パムを信頼している子どもたちでした。しかし、その子どもたちは、研究者の前では、パムといるときよりも従順にふるまいました。そして、同じような状況にあるサラセンターでの子どもたちに比べて、子どもたちはもっと慎重でした。違いはありますが、身体的虐待を受けた子どもたちも性的虐待を受けた子どもたちも、攻撃的な感情は大人になっても未解決なまま残され、時には悲劇的結末を生んでしまうのです。

（注1）五歳児の少年の例外があります。あまり知的レベルの高くない両親が、手におえないと言って子どもをつれてきたことがありました。子どもはプレイルームで絶えず動きまわり、手の届くものはすべて強引に手に入れようとし、両親の苦情を証明しているかのようでした。私

たちのプレイルームスタッフでは彼を見きれず、養護施設に子どもを紹介しました。

その後、両親は息子と赤ん坊をつれて私たちのところにもどってきました。両親は息子の変化に満足そうでした。その子は帰宅前に数日間入院し、服薬しながら家にもどりました。彼の変化は劇的でした。彼は手を組んで座り、動かず、死んだ目をしていました。両親は泣いている赤ん坊に同じ薬を与えると泣きやむと言って、薬の効果にたいそう満足しているようでした！　私たちは、医者の処方なしに薬を与えることの危険性を両親には警告しました。医者が子どもの問題を解決するために薬を用いる場合には、医者が両親の能力をきちんと判定することの重要性を思いました。残念ながら、その後この家族には会う機会がなかったので、その後のようすはわかりません。

（注2）私は内的世界について、次のような質問をしてきました、「どこにもいたくないときに、あなたは心の中でどこかほかの場所に行くのかしら」と。ケースの相談にのってくれていた友達の話を聞いて、私はおもしろいと思いました。彼は「君は時々、心の中から出ていくことがあるのかな」と聞くそうです。彼の質問でも子どもの内的世界を知ることができるのでした。

9章 子どもたちのグループセラピー

子どもたちのグループセラピーの流れ

子どもたちのグループセラピーは、大人よりも構造化したセラピーで進められました。しかし、それでもすべて計画に添って行うのではなくて、子どもたちが提起する問題を取り扱いながら進めていくことを重視しました。子どもたちは、最初の三十分間は、なんでも自分の好きなことをして遊びました。その間、子ども担当のスタッフが一緒に遊びながら、その日の子どもたちの心の状態を観察しました。「いつもと違う行動をしていないか」「今日はアクティングアウトしている子どもはいないか」「特に不安そうだったり、怒っていたり、うれしそうだったり悲しそうだったりしていないか」などに注意を配りました。

その後の一時間は、みんなで椅子をもって輪になって座り、自分たちの毎日のようすを話し合いました。その後、スタッフの指導で、日によって、工作をしたり、音楽を楽しんだり、絵を描いたりします。またスタッフが物語を読んだり、子どもたちに感情について教える本を読むこともあります。その後、子どもたちの楽しみである、五分間のおやつの時間が続きます。おやつを食べながら、スタッフは、その日見つけた子どもたちのすてきな点を子どもたちにフィードバックします。それからお片づけをします。最後に五分間、短いお話をしたり、歌を歌ったり、楽しい思いつきを話したりして、グループは終わります。子どもたちが午前中に深刻な問題についてふれたとしても、最後は子どもたちをできるだけ落ち着いたようすで家にもどすことが大事でした。家に帰って、親からの虐待を引き起こすかもしれないようなきっかけは、どんな小さなことでもなくしておくことが必要だったのです。

自分が大切な一員であると感じること

これまで、決まりに添って行動するということがほとんどなかった子どもたちが、丸く輪になって座り、喜んで話し合いに参加するようになったのは、大きな一歩の進歩でした。もちろん、楽しい輪の一員になるためには、時間とスタッフやボランティアの根気強さ、子どもたちの中にある明晰さ、また時には、子どもたち自身の成熟が必要ではありました。子どもたちにしっかりとした安心感をもたせるために、ボランティアの人たちには、長い期間子どもたちに関わることの重要性を強調して話しました。通常は、一つのグループには二人か三人のボランティアがついていました。子どもたちのグループのメンバーは、たいてい、親がどの親と同じグループであるかによって決まりました。パムは、どの子どもとどの子どもを同じグループにするかについての権限はもっていませんでした。ボランティアの心理学者ラリー・ハンナはよく、「パムの仕事がみんなの中でいちばん大変な仕事だね」と話していました。午前のグループのメンバーは就学前の子どもたちで、赤ちゃんから四歳の子どもまでいました。ボランティアは片手で赤ちゃんを抱き、片手で幼児の手を握っていてくれました。私たちはこの子どもたちに奇跡を期待していたわけではありません。しかし、驚くべきことに、二歳の子がグループの話し合いに参加するために椅子を引

きずってくることもありました。どの子も、自分はこの輪の中の大切な一員であることを確信していました。落ち着かない子どもは安心できる膝を求めたがりましたが、私たちは一人に一つずつ椅子を用意しました。それは、どの子もグループの中で一人一人の独立した個人であることの証明だったからです。

夜に行われるカップルのためのグループや、親教育のためのクラス、また夏休みには学齢期の子どもたちのグループも行いました。グループの構造は小さい子どもたちのグループと同じでした。

自分の要求が通ることよりも自分の話を聞いてもらいたい

子どもたちの間にはいろいろなことが起こりました。しかしそれは、人との葛藤場面での対処のしかたを子どもたちに教えるいい機会でした。「ジョニーをぶって、おもちゃをひったくる代わりに、別のおもちゃと交換してくれないか頼んでごらんなさい」。私たちは、子どもたちに、自分が何を感じているかに焦点を当てさせ、またほかの人がどう感じているか聞くことができるような働きかけをしたのでした。解決策を子どもたちに教えるのではなく、「お友達をぶたないで、どうやったら解決できるか、よく考えてごらん」と言いながら、ただ子どもたちのお互いの言葉を繰り返して投げかけただけでした。


「彼が僕がもっていたおもちゃをとったんだよ！」

「ジョニーは自分が遊んでいたおもちゃをあなたがとったと言ってるわ」

「僕はそれで遊びたいんだ」

「ジョニーもそのおもちゃで遊びたいって言ってるわよ」

「僕が先にそれで遊んでたんだよ！」

「ジョニーは自分が先にそのおもちゃで遊んでたんだと言ってるわ」

「わかったよ。はい！」


もちろん、とりかえっこはそういつも簡単に行われるわけではありませんでした。でもこちらが忍耐強く、子どもたちはちゃんと自分でどうすべきかを考えることができると信じていると、結局は子どもたちはお互いが満足する方法を見つけだすことができたのです。私はよく、ロードチェスタートンの言葉を思い出します、「多くの人は、自分の要求が通ることよりも自分の話を聞いてもらいたがっているのだ」。

子どもたちを励ましながら

メンタルヘルスセンターでの子どものための治療施設を訪問したことがありました。私たちはそこで、就学前の子どもたちに対決（葛藤）場面での直面化の方法を教えているセラピーを見学しました。そこでは、そのとき感じた恐れや感情を言葉にするように子どもたちを励ますというよりも、そうしなさいと強く指導していました。その見学のあと、パムは小さな子どもたちにも、自分自身を表現するときにはもっと言葉を使うようにと励ましました。それを彼女らしい優しい態度で教えたのでした。

時々、子どもたちが全くそのとおりにやってくれることに、彼女は深く感動しました。五歳から七歳までの七人の女の子のグループで、パムは子どもたちを励ましながら、これまでどんな怒りを感じたかを話し合うように言いました。一人の少女が、自分が受けた性的虐待について話し始めました。そしてほかの子どもたちもまた、自分がどんな虐待を受けたかを話し始めました。どれだけ怖くて驚き、どれだけ傷ついたかを話してくれたのです。何か質問したり話を促したりする必要はなく、パムはいつものように共感しながら、子どもたちの言葉に耳を傾ければいいだけでした。一旦、安全だとわかると、子どもたちは驚くくらいオープンに自分に起こったことやそのとき感じたことを話してくれました。

最近になって、そのときのことを思い出してパムがこう話すことがあります、「子どもたちが話すのを聞きながら、こんなふうに話すことができるようになったことを、とてもすばらしいと思うの。でも同時に、この美しくて小さなお口から出た大変な話を私が受け止めていかなくてはいけないのね、という気持ちもまた起こるのよ」。

フィードバックがもたらすもの

グループの最初の十分間、パムとボランティアの一人は、前の週に家庭で何か問題はなかったか、また子どもの行動について、親から話を聞きます。この質問をすることは、セラピーに必要な情報を得るためと、親が子どものことを気にかけることを促す二つの意味があります。そしてグループが終わる前の十五分間、子どもチームのスタッフはその日の子どもたちのフィードバックをしに親たちのところにやってきます。時々子どもたちには、「お母さんにどんなことを話そうか」と尋ねます。これはその日、自分にとってどんな大切なことが起こったか、子ども自身ふり返って考えるのを促すためでした。それからパムは親たちに質問をします、「小さなカーラが今日、誰彼かまわずほかの子の髪を引っ張りたがりました。それに関して、思いあたるようなことが何かあったら、教えてもらいますか」「ええ、…はい」。カーラの母親は今朝、子どもの髪の毛を引っ張ったことを告白しました。親は、自分と子どもの行動の関連に気づくことはできなくても、そういうはっきりした例に直面したときは、(自分の行動と子どもの行動の関連に) 気づくことができたのでした。

またあるときには、フィードバックが、チームのメンバーをびっくりさせおもしろがらせたり、ほほえましいちょっとしたことを引き起こすことがあります。チームのメンバーにそれぞれの子どもの愛らしさを示したり、話したりしたのですが、親がそのことをいやがることはありませんでした。例えば、ソフィーは仕事をしながら精一杯三人の小さな男の子たちを育てていましたが、「一人余分な子」の赤ちゃんティモシーをほとんどかわいがっていませんでした。ボランティアのリチャード・オー・リアリイはとても明るい性格で、小さなティモシーとの絆を作りあげていきました。いつも赤ん坊が来るたびに、リチャードの顔は輝き喜びました。やがて、なんと、ソフィーはリチャードの目を通してティモシーを見るようになり、彼女にとってティモシーがいやなものから喜びに変わっていったのです。

スタッフが互いに支え合うことの大切さ

パムは、プレイルームで子どもたちに関わってくれる新しいスタッフやボランティアの人たちのためのガイドを書きました。その中で、チームのメンバー同士のコミュニケーションの大切さを強調しました。新しいスタッフやボランティアが傷ついた子どもたちと関わる中で、見たり聞いたりしたことの影響をどうしても受けるだろうと思います。クライエントの役に立てる援助チームになるには、お互いを支え合うこと、ある子どもの話を聞いて、自分自身の個人的体験が呼び起こされ、コントロールできない個人的な感情に苦しんでいるメンバーがいるときには、別のメンバーが自分の貸せる力を出して支えてあげることが大切だと思います。パムはこんなふうに書いています、「あなた自身が傷ついて心が弱っているときには、子どもたちのけんかや泣きわめく姿を見て、とても自分には対処できないと思ってしまうかもしれません。そんなときは誰かに話してごらんなさい。私たちは一つのチームです。お互いがそこにいて支え合うこと、それこそがチームであることの意味のすべてなのです。グループはとてもやりがいがあり、エキサイティングで、重く、楽しさと同時に悲しみや痛みのある、それでいてとても大切なものなのです」。

もちろん、喜びやおもしろさだけでなく、ほかのいろいろな感情も呼び起こされます。子どもたちが自分にされたことを話すのを聞いて、スタッフメンバーは自分の中に呼び起こされた深い悲しみの感情に気づくようになります。時々、プレイルームでは、ボランティアやまた時にはスタッフメンバーも、子どもの話や行動に共感して、自分らの過去の何かが触発され、痛みを経験します。ある人は泣き、ある人は自分の殻に閉じこもって近づきがたい雰囲気になり、また気力を奮い起こして共感しようと努め、しかしあとで燃え尽きてしまう人もいます。チームの人に話し、分かち合うようにしようというパムのアドバイスは、いくら強調してもしすぎることはありません。私たちはチームのメンバーに、子どもたちと同じように自分は無力だという感情をもたせてしまうわけにはいかないのです。

四年間、自分のもっているすべてを子どもたちの援助のためにささげてきたパムでしたが、一九七九年、「キラキラした目の子どもたち」としばらく一緒にいる必要を感じ、シダーハウスを去る決心をしました。

10章 子どもたちの個別セラピー

どんなときに個別セッションが必要になるのか

シダーハウスでは、さまざまな理由のために、子どもたちの個別セラピーも行っていました。危機状態のときには、個別に注意を向けることが必要でした。例えば、家族の崩壊や家庭内暴力、借金の追い立てなどの家庭をめちゃめちゃにしてしまうような出来事や、また誘拐されもどってきたような子どものケースも二つありました。親が危機のことで頭がいっぱいで苦しんでおり、子どもに注意を払えないでいると判断されたときには、しばらくの間子どもへの個別セラピーを行いました。子ども自らが個別のセッションを望んだ場合も個別セラピーを行い、子どもが私たちに何を伝えたがっているのかを知る必要がありました。

またその子の話す内容が、グループのほかの子どもたちにとってあまりに衝撃的すぎると判断したときも、個別にセッションをもちました。五歳の女の子が自分の母親から受けた性的虐待を話したとき（私たちもそのときはじめて聞いたのですが）、ほかの子どもたちが強い衝撃を受けているのがはっきりわかりました。「あなたのママが⁉︎」。この虐待についてもっと詳しく知り、この問題を扱うには、親と子どもにより安全な場を提供するための個別セラピーが必要だと判断しました。

また、親がグループに参加できなかったり、参加することを拒否した場合、あるいはグループのような公開の場は親の抱える問題に対処するのに適していないとスタッフが判断したとき、個別セラピーを行いました。例えば、虐待の末、子どもが亡くなってしまったケースでは、その親と生き残った子どもたちに対して個別セラピーから始めました。

「私がここに来たとき、先生がいなかったんだもん」

プレイセッションは、バージニア・アクスライン、ハイム・ジノット、クラーク・ムスターカスによって公式化されたガイドラインに添って、いくらか修正を加えながら行いました。プレイセッションの場では、子どもの心の投影化に必要ないろいろ材料をそろえました。例えば、クレヨンと画用紙、絵の具、粘土、人形と人形の家、動物のおもちゃ、指人形、おもちゃの電話、お医者さんごっこのセットなどです。子どもはまず、そのおもちゃの使い方を教わります。人やプレイルームにあるものを傷つけることには、しっかりした制限を与えましたが、その以外の方法なら、子どもの感情の表現はすべて受け入れました。

子どもが何か受け入れられないようなことをしたときは、その行動に含まれた感情を表現できる別の方法を提示してみました。例えば、四歳の女の子が怒って私の鼻をぎゅっとつまもうとしたことがありました。私は紙に、輪郭だけの簡単な顔の絵を描いて、それにボビーと名づけ、彼女が私の鼻をつまもうとしたとき、この絵を彼女に差し出しました。女の子は、その絵をくしゃくしゃにし、足で踏んづけ、また私の鼻をつまもうとしました。私は自分の鼻を守りながら、何度も何度も別の紙に絵を描き、ただ「あなたはとても怒っているのね」と繰り返しながら、彼女に紙を渡し続けました。やがて床は足首のあたりまで紙でうずまりました。ようやく紙をくしゃくしゃにして投げ捨てる行動が終わって、彼女はなぜそんなに怒っていたかを私に話すことができました、「この前の週、私がここに来たとき、先生がいなかったんだもん」。私は彼女に「私がいなくて、さみしかったのね。あなたがどんなことをしても、私はどこにも行かないし、病気か休暇のとき以外はいつもここにいるからね」と話しました。

「ちゃんと聞いているよ」と伝えること

子どもの話すことを、私たちがちゃんと確かに聞いているよ、受け入れているよ、と伝えるために、子どもが言ったりしたりしたことを、こちらはただ繰り返すだけのことがありました。ある子どもが、おもちゃの家に人形をならべることに熱中しながら、「彼女はここにはいないの」と言ったら、ただこう答えるのです、「そう、彼女はここにはいないのね」。私はかつて、ある先生がこう話すのを聞いたことがあります、「大学で学んだいちばん大切なことは、『ああ、そうなのね』という言い方を学んだことだわ」。子どもの話す言葉を繰り返すと、たいてい子どもはまた想像の世界にもどっていきますが、時にはこう聞いてくる子どももいます、「どうして、私の言ったことを繰り返すの？」。そのときには、ただ子どもを観察したり、子どもの言うとおりに遊びに参加したりします。

子どもたちの想像力を使ってみる

子どもたちが、プレイルームのおもちゃを家に持って帰りたいと言ったときには、まず彼らの想像力を使ってみます。私たちの方針では、おもちゃはシダーハウスから持ちださせないことにしているので、おもちゃについては子どもたちのファンタジーの世界の中で想像してもらいます、「毎日その同じおもちゃで遊んでいると想像してみて。楽しくなくなるかもしれないよ」「そのおもちゃでどんなことをしたいかな」。そういう想像ができたときには、そのおもちゃを持って帰ることを少しはあきらめやすくなるということがわかりました。親が子どもと一緒に店に買い物に行って、子どもに何か買ってくれと言われたときにも、この方法は有効です。子どもの要求に負けて、怒りながら買ったり、子どもが買ってくれと言うだけで腹を立ててしまうよりも、この方法を使ってみることを親たちに勧めました。

感情を表現する言葉を知らない子どもたち

子どもたちが見せる感情を表現する言葉を教える必要もありました。というのは、感情を表現する言葉を正しく学んでいない子どももいたのです。ある日、私は、四歳のキャンディ（この子は、母親と一緒に社会から孤立した生活を送っていました）に、「どうして悲しくなったの？」と尋ねました。「ディズニーランド」と彼女は答えました。しばらく考えて私は、キャンディが「悲しい」という言葉と「腹が立つ」という言葉とを取り違えていることに気づきました。彼女の家では感情を表す言葉は使われたことがなく、母親は、感情を表す言葉に対して、自分をおびやかすものだと感じていることがわかりました。キャンディが安心して、自分がどう感じているかがわかり、それを表現することができるようになるためには、まず彼女の母親が自分の感情の微妙な違いがわかり、それを受け入れられるようになる必要がありました。

私たちはなるべく、「うれしい」「腹が立つ」「ばかばかしい」「怖い」「びっくりした」「さみしい」「がっかりした」などの言葉を使うようにしました。私は子どもたちに、自分がうれしかったり、腹が立ったり、悲しかったり、怖かったりすることをあげさせて、一緒に「感情の本（何を感じるか）」を作り、一ページに一つの感情を載せました。また子どもたちに協力してもらいながら、ほかの感情のページもだんだん付け加えていきました。そのあとのセッションでも、子どもたちは過去にあった良かった日や悪かった日に感じた感情を思い出し、本のその感情のページを何度も読み返すのが好きでした。この本のおかげで、私はたくさんの情報を得ることができ、またその内容に驚かされることもありました。

夢に現れるモンスター退治

虐待を受けた多くの子どもは、モンスターや魔女、狼男などがいっぱい出てくる悪夢を見ていました。私たちは子どもたちに、自分の中のモンスターを克服することで、自分の恐怖に立ち向かうように働きかけました。子どもたちに、モンスターの姿を思い描き、それを絵に描いてみるように言いました。まず、モンスターを外在化させ、それからモンスターをどうするかを決めるよう子どもたちに言ったのです、「そいつらをズタズタに引き裂く？」「板にしっかりと、鋲ではりつける？」。どの場合にも、描いたモンスターの絵はシダーハウスに置いておき、子どもたちには持って帰らせませんでした。

「モンスターなんて本当はいないんだよ」と言われても、小さな子たちは、いつまでも納得しないままになってしまいます。(注) 私たちは子どもたちに、「モンスターをどこかに追い払ういちばんてっとり早い方法は、誰かにモンスターのことを話すことだよ」と、はっきりと言いました、「そいつは秘密にしたがってるのよ。もし、あなたがモンスターを見つけたら、そのことを誰かに話して、その人にモンスターの姿を見せてごらんなさい。そのとたんに、そいつはどこかに消えちゃうのよ」。親たちには、私たちのこの考えを説明するようにしました。それは、親が子どもに「何をバカなこと言ってるんだ」と責めたりしないようにするためと、子どもが夜にモンスターの夢を見て怖がったとき、親が気づいてやれるよう注意を促すためと、両方の意味がありました。夜、起こされるのなんかいやだという親がいたときには、私たちは子どもとロールプレイをして、大きな声で「あっち へ行け！」と言って、おばけのモンスターを子どもが追い払えるようにしました。子どもが、夢の中でもこんなふうに自分でモンスターを追い払えると確信できるまで、何度も何度もリハーサルを行いました。それから「懐中電灯も役に立つのよ」と子どもに教えました。なぜなら、モンスターは光が嫌いだということはよく知られたことだからです。

いったん親と子どもが強くなるコツをつかむと、ほかにもいろいろよい方法を考えつくものです。ある母親は、四歳の息子に、モンスターに吹きかけるスプレー缶を与えました。その男の子は、まじめな顔で私たちに教えてくれました、「シナモンスプレーよりもレモンスプレーのほうがよく利くんだよ！」。

たいていの子どもたちは、想像の中の恐ろしい生き物に対し自分は無力ではないということが感じられるようになると、その悪夢を見なくなりました。子どもの悪夢が消えていかないときには、現実の世界で、その原因を探っていきました。

子どもであることを認めてあげる

ディズニーの本『レスキュー隊』は、特におびえた子どもたちにとって、とても共鳴できる本でした。普通小さな子どもの場合、本一冊まるまる集中して聞くのはなかなか難しいものです。しかし、その本にすっかり夢中になり、ある箇所を何度も何度も読んでくれとせがむ子どもたちがいました。この子どもたちが家でしょっちゅう暴力の虐待にあっていることに、私たちは気がつきました。この子どもたちは、自分を助けてくれる人をずっと待ち望んでいたのです。

虐待を受けた子どもは子どもらしい子ども時代をもてないので、本当は子どもであっていいということを認めてあげるということも仕事の一つでした。子どもであることを認めてあげることは、しばしば子どもを退行させせました。あまりに早く大人のようになることを求められた子どもには、満たされてこなかったものを埋めてあげる必要があったのです。なかには、赤ちゃんのように抱っこして揺すっ

てもらいたがる子もいました。私たちは、子どもが最後には満たされることを信じて、子どもの願いを聞き入れました。もし、八歳の子が哺乳瓶で飲みたいと言ったら、それも許しました。そして、母親には、この行動はプレイルームでだけに限定したことだからと説明して、安心してもらいました。子どもが充分に満たされると、こういった行動はなくなっていきました。ほかの子たちより長くかかる子もいましたが、誰一人として、ずっと哺乳瓶で飲み続けることはありませんでした。

また、小さい子どもであることのよい点を話し合ったりもしました、「私は大きすぎて、ベビーベッドの下にはもぐれないわ。でもあなたはそれができるのね」。子どもたちは、新しい価値ある能力をさまざまに証明してみせながら、自分の年齢以上に大人にふるまうことのプレッシャーからだんだん解放されていきました。

イマジネーションを利用する

私たちは子どもたちに、イマジネーションを使うことを教えました。「もし魔法の杖が使えたら?」「それは何を開けるものなの?」、パムは尋ねました。魔法の杖は希望への鍵であり、子どもの望んでいることを引きだすのに使います。おもちゃの電話では、困っていることがなんなのかを聞きだし、ほかの子どもを助けてあげます。そのとき、最初に何を困っているのかを決めておきます。パムは絵を描かせながら、イメージを使います。例えば、まず何か動物をイメージさせ、それを絵に描かせ、彼らの怒りや恐れを書いてもらいます。モンスターの絵も同じ目的で使われました。

時々私は、イメージをリラクゼーションのために使ったりもします。そしてイメージの中で、子どもたちを彼らの心の中の安全な場所に連れていきます。最初に、子どもたちが安全だと感じる時間と場所を探します。安全だと感じる場所が思い出せない子どもには、私自身の安全な場所を貸してあげます。そして、彼らが自分自身の安全な場所を見つけることができるまで、それを使っていていいよ、と言います。

絵の中に発散される子どもたちの感情

小さな子どもが心の中でいちばん気にかかっている人は誰かを知るために、時々私は絵を描きます。またその絵を使って、彼らの感情の発散をさせることもあります。簡単に人の輪郭を描き、そして尋ねます、「この人は男の人、女の人？　この人は幸せなの？　それとも浮かれてるの？　悲しんでるの？　髪はカールしてる？　それともストレート？　髪は長い？

短い？　髪の色は？　あなたは彼（彼女）と一緒に何をしたい？　あなたは彼（彼女）にどんなことが起こると思う？」。虐待を受けてきた子どもは、その絵の人を悪い人だと言い、いろいろ恐ろしい運命を考えだして、その悪い人に負わせます。牢屋に入れたり、ナイフで刺したり、彼らをぼろぼろにしたり、ゴミの中に投げ入れたりします。ほかにもさまざまなものがあります。混乱した感情を見せる子どももいます。牢屋に放り込む前に、そいつにキスしたりする場合もありました。性的虐待の場合には、性的虐待の犯人が誰かということに関して、有益な情報を得られる場合もあります。なぜなら子どもにとって、その絵は、感情（普通は怒りの感情）を吐きだす機会となるからです。私はこの作業で、いろいろ話を詮索して情報を聞きだそうとするのではなく、注意深く子どもの話すことについていくようにしています。もし子どもが母親を描きたいと言い、母親の絵にキスし、そのままならば、それがその子どもに必要なことなのです。

自分の言葉で物語を話してくれるまで

常に、私たちが子どもたちに時間をかけ充分関心をもち続けるなら、子どもたちは遊びの中や言葉で必ず彼らの物語を私たちに伝えてくれるはずだと確信していました。時には、物語を語るのに長い時間がかかることもあります。四歳のアシュレイは一年もの間ずっと、教師に性的いたずらをされていたと言い続けていました。その間、彼女のいっぷう変わった行動は私たちを悩ませ続けていました。父親が家を出ていって、ついに彼女は、それをしたのは教師ではなく父親だったと告白しました。このときを境にして、彼女の行動は劇的に改善しました。アシュレイが恐れていたのは（それは母親の心配の反映であったのですが）、もし犯人は父親だと言ってしまえば、父親は彼女たちを捨て、自分たちはもう食べていけないということだったのだと、あとでわかりました。

もっと違うやり方でこちらからいろいろ質問していれば、もっと早く事実を知ることができたのでしょうか。私は、彼女のケースではそれは疑わしいと思います。彼女の母親がそれを聞く心の準備ができるまでは、彼女には秘密を明かす準備はできていなかったのだと思います。アシュレイのケースから、こんなに小さな子どもでも家族を守るためならば、人から聞かれたとき、詳細な話を作りあげてでも秘密を守り続けることができるのだということを、私たちは知ったのでした。

（注）ある専門家の友達が言っていたのですが、アダルトチルドレンのクライエントが、階下に潜ん

でいた子ども時代のモンスターのことを思い出したそうです。友達が「そんなところにモンスターがいるなんて知らなかったよ」と言うと、「このことを話したら、そんなもの本当は存在しないよ、とあなたが言うだろうと思ってたよ」と言ったそうです。

11章 性的虐待

何をすればいいのか、わからなかった頃

子どもたちを援助するためには、シダーハウスのスタッフは選択の余地なく、いやが上でも性的虐待の分野に入っていくことになりました。三歳のトミーの行動は無視できないものでした。彼はプレイルームの中で、息をはあはあ言わせながら、ボランティアの胸をこすって乱暴しようとしました。

七歳のキムは、最初のセッションで、歌に合わせて身体を動かしながら、セクシーな声で

歌いました、「私はもう小さな子どもじゃないのよ」。彼女は、継父がどんなふうに彼女を愛撫し、彼女に彼のマスタベーションをするよう頼んだかを話しました。やがてキムは、まず子どものための治療施設に勤務しているジェーン・ゴールドに、次に私に、今一緒に暮らしているお母さんは本当のお母さんではないという話を打ち明けました。彼女の心の中では、本当のお母さんは動物園にいる黒いネコで、おりに入れられているので自分のところに来ることはできないんだということでした。

私たちは、性的虐待を受けた子どもの問題にとりかかる準備がまだできていませんでした。一九七五年、私たちは、親が子どもをなぐるのをやめさせるための仕事をしていくのだと、単純にそう思っていました。性的虐待の問題は、まだ専門家の間でさえ、押入れの奥に入れられたままでした。性的被害を受けた小さな子どもに対して何をすればいいのか、私たちにはわかりませんでした。しかし、何かをしなければならないということはわかっていました。

ドクター・ローランド・サミットとの出会い

私たちはこの問題についてもっと経験のある専門家を探しました。そして、相談にのってくれるという児童心理学者に会うことになりました。しかし、私たちがトミーの行動を話すと、彼はそんな小さな子どもの問題は扱ったことがないと言いました。私たちは、自分たちの計画を彼に話しました。それは、ほかの子どもたちを扱うのと同じようにこの子どもを扱っていくこと、そして、適宜制限を設けながら、人でなく人形を使って子どもの葛藤を表現させてはどうかという考えです。児童心理学者は、この計画が、なぜそんなに長い期間かかってしまうと考えたのでしょうか。彼の返答を決して忘れることはできません、「そのやり方では、どうだろうね。二十年くらいかかるんじゃない？」。そのくせ、自分では何のプランももっていなかったのです。

次に、性的虐待のエキスパートであるという評判の精神科医、ドクター・ローランド・サミットの噂を聞きました。私は、彼がパネリストの一人として参加しているあるワークショップに出席しました。しかし、彼が話したのは、青年期の娘に対してわいせつ行為をした父親や代理父のことについてでした。私は彼に、性的経験を思わせるあらゆる兆候を示している三歳の男の子に対して何をしてあげればいいかと尋ねました。先の児童心理学者のように、彼もそんな状況の子どもを扱った経験はありませんでした。しかし、すぐに、彼は私たちの相談にのることを承諾してくれました。

最近、ドクター・サミットは（私たちは彼をローランドと呼ぶようになったのですが）シダーハウスで、彼と最初の頃行ったミーティングを思い出して話してくれました。性的虐待という、この非常に緊張した分野で、どんなふうに活動を進めていけばいいのか、私たちが彼に尋ねたとき、「自分がはっきりと明確に答えられなかったことに君たちががっかりしていたことに気づいていたよ」と。私たちは実際のところ、一から出直すことは避けたかったのです。しかし、はっきりとした進め方も確立できないまま、私たちは彼の援助の申し出を受け入れ、その問題に取り組んでいくことにしました。

性的虐待が本当に起こっていることであり、絶対にファンタジーではないという前提をローランドが受け入れることによって、当時の性的虐待に懐疑的な精神科の世界に自分らの見解を主張する役目をこれからローランドが担っていかなくてはならないことを、私たちは感じました。たった一人で、懐疑的な精神科界という広い海の中に放り出されたローランドの孤独で緊張した声はみんなにも伝わって、マリリンが彼に毛布を差し出しました。ローランドはそのときのことをこう表現しました、「そのとき私は、専門家としての権威と品位を保ちながら、性的虐待の援助の仕事に取り組んでいくことが期待されているのだと感じた。でももう一人の母の温かい毛布にくるまることのできた自分の経験をいとおしく思うよ」と。

ローランドと私たちは月に一回会って、アメリカ合衆国や外国の専門家に相談して得てきた彼の見解を分かち合いました。ローランドはしばしば、どんな言葉で表現していいかわからず苦闘している私たちの見解を、きちんと言葉にして表現してくれました。彼は、私たちの良いときも悪いときもずっと見てきており、今でもまだ親しい友達です。

人形で自分のトラウマを表現する

私たちはついに意を結して、解剖学的に正確な赤ちゃんの人形を二つ購入しました。これを買うことで、これから見たくもないことまで見てしまわなくてはいけないだろうことを予想しながら…。その当時、指針となるガイドラインはほとんどなかったので、私たちの仕事はすべて実験的なものでした。子どもたちが自分のトラウマを表現する何か道具が必要だという確信のもとに、私たちは人形を購入したのでした。子どもたちは、人形をなぐりつけたり髪をひっぱたいたりしました。それは子どもたちが自分に起こったことを再現しているのだということがわかりました。もし子どもたちが性的行為によって心に傷を受けているなら、それも再現する必要があると考えました。再現するには、ボランティアではなく、人形を相手にするほうがずっとよかったのです。

四歳のローラは最初その人形を見たとき、男の子のほうの人形の服を脱がせ、自分の顔を手で覆って言いました、「あら、彼にはポニーテールがあるわ」。そして顔から手をはずし、また言いました、「アンタは私に吸ってほしいの?」。ローラはパムのほうを向いて、「彼はあなたに吸ってほしいって言ってるわよ。私がやり方を見せてあげるわ」。そしてそうし始めました。ローラは〝ベンの家〟でこれをしょっちゅうやったと話しました。またこう付け加えました、「ピーターは私のあそこにキスしたがるの。ピーターは私のあそこに彼のポニーテールを入れるのよ」。そしてまさしくそのとおり動かしながら、その行為をやってみせました。そして、急にその人形を部屋の向こうに投げつけ、怒って叫びました、「私はアンタのポニーテールなんか吸いたくなんかないのよ！　あっち行って！　あっち行ってよ！」。

トミーはセッションの中で、女の子の人形を使って性行為を実際のとおりに詳しくやってみせました。ほかの子どもたちもみな同じように、露骨に性的行為の様子をやってみせました。

私たちは、ローラの母親サンデーに、ローラの行動がどこからきているのか、心当たりがあるか尋ねました。それでわかったことは、隣りにベンとピーターという男たちが住んでいて、昼間はいつもローラを彼らの家に連れていっているということでした。サンデーはずっと、この二人の男が娘に優しくしてくれていると思い、自分もこの落ち着きのない娘の世話からしばらく解放されて楽になったことを喜んでいました。サンデーはローラの世話はしていましたが、心の余裕はなく、娘の危険に対しては鈍感だったのです。この性的虐待が発覚してからは、サンデーはローラを外には出しませんでした。

母親が売春婦であると思われるキムの場合は、虐待をした継父は家を出て、二度とキムに会うことは許可されていませんでした。ただ一度だけ、ジェイン・ゴールドと私が行ったセッションの中で、継父はキムと顔を合わせました。継父はキムにあやまり、そして、自分が彼女にしたことは間違ったことであり、悪いのはすべて自分でキムは一つも悪くないと断言しました。彼女は真剣に聞いていましたが、悲しんでいるように見えました。それ以来、私たちの仕事は、キムにもう一度、小さい子どもとして生きてもらうように援助することでした。

「逃げられなかったの！」

その後、シダーハウスやその後のサラセンター（最初、ここでは、性的虐待を受けた幼児とその家族だけが対象でした）、また私たちが個人的に行ったケースなどいろいろ扱っているうちに、私たちは、性的虐待を受けた子どもたちのニーズに、さらに詳しくなっていきました。

これらの子どもたちは、自分の身体にされたことに対して、自分では抵抗することが全くできない経験をしてきました。大人に性的に利用された三歳の男の子は、あるとき私に悲しそうな顔をして言ったことがあります、「逃げられなかったの！」。この子どもたちが、プレイルームの中でいばった態度で全部主導権をとろうとするとき、ゆるやかな指針をもちつつも、私たちはその子どものニーズをできるだけ尊重しました。もし子どもが私たちに「あっち行って！」と言うなら、子どもが安心できるだけの距離をとりました。子どもが「部屋から出て行って」と言った場合には、それはしませんでした。しかし、子どもが安心感を得られるだけの距離をとり、「これ以上は近づかないからね」と何度も保証しました。

子どもが性的虐待を再演することは、法廷での審問のための情報を得られるだけではなく、子どもにとっては、自分の身に起きたことを表現する助けとなりました。

子どもに対するセラピーのために必要なことと、ケースに対して、法律上、要求されることとは、しょっちゅうぶつかりました。検察官は、グループに参加することで、子どもの証言が、ほかの子のしゃべることから影響を受けてしまうのではないかと心配しました。しかし、この恥ずかしい問題を抱えているのは自分一人だけなんだという子どもの孤独感を少なくするために、グループセラピーが最も役に立つ方法であることは確かでした。仲間と問題や感情を分かち合い、自分もみなと同じ一人の人間なんだと子どもが感じるチャンスを何カ月もの間奪うのか、それとも法廷での進行を遅らせてでもセラピーを行うのか、私たちは選択しなければなりませんでした。

子どもたちへのインタビューの進め方

性的虐待が疑われるとき、できるだけ多くの情報を、子どもに誘導的な質問をすることなしに集める必要があります。何年かかけて、私たちは、小さい子どもに対して、次のようなインタビューのやり方を生みだしました。

最初に子どもに会ったとき、まず、なぜここに来ているのかわかっているかどうかを見極めます。もし、わかっていないなら、「このシダーハウスは、あなたたちが困ったり悩んだりしていることは何でも話していい場所なんだよ」ということを説明します。彼らを怖がらせ驚かすような質問はいっさいしません。就学前の子どもには、クレヨンを持ってきて、彼らが色の名前を正しくわかっているかを確かめます。というのは、あとで男性のペニスについて何らかの話を子どもが始めたときに、ペニスの色を尋ねる必要があるからです。また絵を描くための紙を用意します。絵は子どもたちが感じているなんらかの不安を表現するのに役に立ちます。また子どもたちがいくつまで数を数えられるか、そして、正しくものを数えられるかを判断します。人形を使って（この場合は解剖学的に正確な人形は使いません）、身体のいろいろな部分の名前を彼らが知っているか調べます。ただこれがヴァギナで、これがペニスで、と名前をあげていくことだけで（ヴァギナ（注）はいろいろな多くの別名で呼ばれていますが、例えば、「お花ちゃん」「私自身」「プッシー」など）、彼女らが不当にその場所を触られた経験があることが露見する場合もあります。

家族の関係も調べます。粘土で人の形を作り、それにそれぞれの家族の名前をつけます。もし、その家族をあだ名で呼んでいるなら、そのあだ名をつけます。もし子どもがその粘土の人形をぺしゃんこにたたきつぶしたら、こんなふうに言って、子どもが何か答えるように促します、「あら、その人はそういう目にあうのね。その人はどんなことをしたから、そんな目にあったのかしら!?（彼が何をしたの？）」。

また困っていること、つらいこと、いやだと感じることは何か尋ねます、「どうしていいか、わからないことはないかな？」「何か悲しくなっちゃうことはないかな？」「怖くてしようがないことは？」「誰かがあなたのいやがるようなことをしたことはない？」。例えば子どもたちに次のような例をあげてみます、「たたかれたことはあるかな？」「あなたのことを誰かが別の名前で呼んだかな？」「あなたがやっていないことをやったと言って叱られたことはないかな？」「誰かがあなたの大事な部分を触ったことはないかな？」（これは質問リストの中の一つです）。

頃合いを見計らって、人が触れ合うことに関する、いい場合、悪い場合を描いた、色つきの本を子どもに見せます。男の人が女の子の下着の中に手を入れている絵を見て、時々こんな言葉が子どもから聞かれる場合があります、「私にも同じことがあったわ」。おじいさんの膝の上に座っている女の子の絵を見て、子どもがいやな気持ちになり、「女の子はこんなこといやがってるわ」と言う場合があります。こんなとき、この子どもの膝に関する個人的体験がどんなものか、探っていきます。もし、子どもがそれ以上何も話そうとしないなら、この本を終えて、最後に一つのロールプレイをして終わります。それは、見知らぬ車に乗るように言われたとき、どう行動すればいいかというロールプレイです。こういったセッションを進めていく中で、子どもは身体的エネルギーの発散が必要となり、部屋の中を走りまわったり、やたらおしゃべりしたりすることもあります。

虐待についての質問

一旦、子どもが性的虐待の可能性を疑わせるようなことを話し始めたら、次のような特別な質問をします。

「何があったの？」

「誰がそれをしたの？」

「あなたはどこにいたの？」

「それはどんなふうにして始まったの？」

「その人はどんなことを言ったの？」

「その人はどんなふうにしたの？」

「この人形の中のどの人がやったか教えてくれる？」

「あなたは服を着ていた？」

「その人は服を着ていた？」

「どんなふうに思った？」（もし子どもが男性のペニスを見たと言ったら、それが立っていたかどうか尋ねます）

「男の人のおちんちんから雨が出た」と子どもが、言ったらその色はどんなだったか尋ねます。

「ほかに誰か一緒にいた？」

「それは誰かな？」

「あなたはどんなことをしたの？」

「誰かが何かを言った？」

「その人はなんて言ったの？」

「あなたはなんて答えたの？」

「どんなふうに終わったの？」

「同じようなことがまたあった？」

最後の質問に対して、ある女の子は悲しそうに答えました、「毎日よ」。

虐待の事実を人に話せるようになるまで

時々、子どもの話を聞いたあとで、その信憑性を調べることがあります。子どもがいつも人形を決まった場所に置いているなら、次のセッションで、人形を今までと違った場所に置いてみます、「それはここにあったんだよね？」。子どもたちはたいてい私たちの間違いを正し、もと置いてあった場所に人形を戻します。これによって子どもたちの話の信憑性が確かめられます。

子どもから充分な情報を得ることができたと感じたら、次の質問を最後にして実情調査は終わり、セラピーに移ります、「この悪いやつにどんなことが起こってほしいと思う？」。絵や人形で表現されたこの犯罪者にはたいてい、いろいろな不幸な運命が与えられます。ぶたれたり、家具の後ろに閉じ込められたり、鉛筆で突かれたり、徹底的に踏みつけられたり、ゴミ箱の中に投げ捨てられたり、そのほか、想像できるだけの罰が与えられます。

時には、絵や人形の家や人形を使っての遊び、あるいは普段の会話の中でも、性的虐待が発覚することがあります。子どもは普通、絵を描いたり粘土をこねたりして、手を使っての活動をしているときに、より自由になります。またグループセラピーはどの年齢の子どもにも役に立ちます。なぜなら子どもは、仲間と一緒のほうがより自由にいろいろな話ができるからです。しかし前に書いたように、これには欠点もあって、法廷で進行・手続き上、子どもの話の信憑性を危うくするおそれがあります。

私たちはとうとう、高価なものですが、解剖学的に正確に作られた人形を家族分購入しました。こういった人形を使うことは、これまで論争になっていました。子どもを性的に誘導したり、性的におもしろがらせるだけではないかと言われてきたのです。でも私は、人形を使うことは役に立つと信じていました。ポニーテールを見たローラの反応から、より早く事実が発覚して、ローラを保護することに役立ちました。その人形―視覚的な助けがあってもなくても、いずれは事実が発覚してローラを保護することができたでしょうが。四歳のレイチェルは、洋服が違っているだけであとは全く同じ人形を二つ使って、女の子の人形の上に男の子の人形を重ねました。そうして、男の子の人形を使って、まぎれもなくセックスの動きをやってみせました。彼女は性器について言葉で表現しなくても、実際にその営みをやってみせたのです。

もちろん、性的体験をしゃべりたがらない子どももいます。特に、脅かされていたり、しゃべるなと言われた子どもの場合はそうでした。時には、子どもの見る悪夢が事実発覚のきっかけになったりもしました。ある子どものケースでは、「しゃべったらお前のネコを殺すぞ」と脅かされていました。その女の子は、そのネコが死ぬまで、その犯罪者の名前を言うことができませんでした。

性的虐待の事実があまりにも明白で否定できない場合を除いては、性的虐待があったかどうかを判断するには三回のセッションが必要だと、私は主張してきました。多くのケースで、性的虐待のその状況には、あいまいな点がたくさんあります。子どもの話の一貫性をテストし、できるだけ絵に描いたように事実をはっきりとさせたいと思います。大人と同じように、多くの子どもも、自分にとって恥かしい出来事であるその体験を誰かに安心して話せるようになるには時間がかかります。二、三のケースで、慎重にしばらくようすを見ていたおかげで、間違った虐待の報告をしないですんだ場合がありました。まるで自分が性的虐待を受けたかのように話した男の子は、あとになって、それはケーブルテレビで見たシーンだったと言い始めました。私たちは、その子の両親に、彼の見るテレビを管理するように忠告し、間違った報告をしないですんだのです。

虐待された事実を子どもたちに認めさせること

性的虐待を受けてきた小さな子どもを援助していくとき、虐待を否定している親に対抗して、それが実際に起こったことであることを子どもに信じさせるにはどうすればいいのか、私はとても悩みました。小さな子どもは親の言うことを信じます。そしてそのことによって、子どもは非常に混乱してしまいます。四歳のある女の子は、父親が彼女のヴァギナに指を突っ込んだと話しました。しかし、のちのセッションで、父親からそんなことはされていない、と言い始めました。私は彼女に、父親がやったと前に私に話したことを覚えているかと尋ねました、「ええ、覚えているわ」「そのときにはあなたは、確かに父親がやったと思ったの?」「ええ」「どうして考えが変わったの?」「お父さんがそんなことしていないと、私に言ったからよ」。

もう一人別の女の子、四歳のシンディーは、父親が彼女のヴァギナに指を突っ込んだこと、また母親が父親に投げ飛ばされてけがをしたことを見たと話しました。母親も夫の家庭内暴力を認めました。しかし、父親はこのことを断固として否定しました。裁判所は性的虐待については充分な証拠を集めることができず、監視訪問を行えませんでした。シンディーはそれ以上、父親のわいせつ行為について話すのをいやがりました。しかし、シンディーは毎週毎週、私と次のようなゲームを続けました。

ある日、突然私はテーブルをたたきました。シンディーは飛び上がって、尋ねました、「どうしてそんなことしたの？」

「何が？」

「あなたはテーブルをたたいたのよ！」

「いいえ、私はそんなことしてないわ」

「あなたもそうなのね。あなたがテーブルをたたいたのよ！」シンディーは震える手で私の顔を指さして叫びました。

「どうして、私がテーブルをたたいたと思うの？」

「私はあなたがやったのを見たからよ！」

「あなたは音を聞いたの？」

「そうよ」

「テーブルが揺れるのを感じたの？」

「ええ、テーブルが揺れたわ」

「すばらしい！　あなたは、たとえ私が違うと言っても、何があったかちゃんとわかっているのね」

これは、シンディーのお気に入りのゲームでした。彼女はプレイルームに入ってくると、私のほうを見て言いました、「テーブルをたたいて！」。そして何度も何度もそのシーンを繰り返して行ったものでした。ついに彼女の父親は、母親に暴力をふるったこと、それを子どもが見ていたことを認めました。しかし、それでもまだ、シンディーにわいせつ行為をしたことは否定していましたが。そしてようやくシンディーは、そのゲームから私たちを解放し始めたのでした。

自ら助けを求めることを学んだトミー

トミーは、私たちを性的虐待の分野に飛び込ませていくきっかけになった一人ですが、彼がどのようにして性的トラウマをもつにいたったか、正確にはわかっていませんでした。しかし、彼の家の性的な雰囲気は感じていました。トミーの両親は、乱交パーティーをしたことがあること、トミーがたぶんそれを見ていたことを認めました。父親は家族の前でマスターベーションをする人でした。父親はそのことを、「俺は毎日やりたいのに、女房が週に一回しかやらせてくれないんだ」と説明しました。家の壁にはエッチな絵がいくつも飾られていました。私たちは、少年を刺激しないように、それらの絵をとりはずすように両親に忠告しました。トミーの母親は子どもの頃、性的虐待を受けており、身体に触れることはすべて性的なことと解釈してしまう傾向がありました。彼の両親はいずれも性にとらわれていました。トミーはたくさんの性的な刺激にさらされていたのです。彼が自分自身で性的なことを何かやっていた可能性もありました。しかし、私たちはその事実を確認することはできませんでした。トミーの性への過剰な関心は、彼と両親、両方への援助プログラムが進んでいくにつれて、減少していきました。

時に、トミーにまた性的行動が現れることがありました。そんなとき、私たちはまた何があったのか探らねばなりませんでした。たいてい、彼の身のまわりに何か出来事が起こっていました。ポルノ映画を見る、などのそういった類のことでした。あるとき、トミーは自分から、今自分に何か問題があるとパムに言うようになりました。シダーハウスの玄関で、自分の頭に手をやり、こうパムに言ったのです、「パム、僕にはプレイセッションをやる必要があるよ！」。

シダーハウスでは、トミーの家族に対し、二年以上援助を続けました。その後も彼の母親は時々やってきて、私たちと会って話をしたり、アドバイスを求めたりしていました。トミーについていちばん最近聞いたのは、ティーンエイジャーになったトミーのことです。たまには、誰かとけんかしたりすることはありますが、学校ではよくやっているということです。時々、自分からカウンセリングを受けにいっているということです。就学前からトミーに援助を始めたことが、彼の将来にとってとても大切なことだったと確信できます。なぜなら小さい頃に、ストレスでだめになりそうなときに自分から助けを求めることを学んだからです、「僕にはプレイセッションが必要なんだよ！」。

トミーの母親は、トミーが大きくなって性的犯罪者になるのではないかと心配したようですが、それは全く杞憂に終わりました。

（注）このヴァギナの呼び方については、悩まされました。この女の子が、「私自身」という言葉を使うとき、いつも性器のことを言っていたのです。残念なことに、私は彼女の母親に、別の言葉を使うようにさせることができませんでした。

12章 さまざまなアプローチ

子どもと遊ぶことで子どもとの接し方を学ぶ

児童虐待の問題に取り組んでわかったことは、クライエントは広い範囲で、さまざまな問題行動を抱えており、一つの決まった援助の方法だけではすべての問題に対処することは不可能だ、ということでした。

私たちが最初に始めたグループは、「子どものためのセラピークラス」という名前どおり、自分の子どもと遊ぶことを通して、子どもとの接し方を学ぶことを親に教えていくためのものでした。なかでも特に収入の低い親を援助の対象としていましたので、まずそれぞれの親におもちゃのセットを与えることにしました。クレヨンと画用紙、全部で一つの家族になっている小さな人形、動物の人形、手作りの指人形、おもちゃの電話、お医者さんごっこのセット、パンチクラウン（たたける人形）など、そして親たちが自分で作る小麦粉粘土の作り方なども含まれていました。親たちは、週に一回三十分間、そのおもちゃを使って、できるだけ中断しないで、自分一人で一人の子ども（十歳以下）と遊ぶよう指示されました。おもちゃは、これから続く十二週間のプレイセッションの時間の中でだけ使うことができるものでした。親は、子どもに自由に好きなおもちゃを選ばせ、どんなことをして遊ぶか親が指示しないで、子どものリードに従わなくてはなりませんでした（それがなかなか難しいのです）。そして、人や物を傷つける行為を除いては、子どもの言ったりやったりすることをすべて受け入れねばなりませんでした。そして、セッションの間、子どもがやったことや言ったことを、次の週のミーティングで報告しなくてはなりませんでした。

母親たちは最初、たいてい「何もなかった」と報告しました。しかし、細かいことを話し始めると、子どもが実にたくさんのことを表現していることがはっきりしてきました。プレイセッションの中では、親は必然的に普段とは違うやり方で子どもに対していかなくてはなりません。そして、それによって親は、さまざまなことに気づくようになりました。子どもがやったことを報告するために、親たちは子どもをよく見ていなければならなかったのです。

このアプローチを試みることで、親が自分自身の子どもを支え育てていく上でのセンスを身につけてくれることを、私たちは期待しました。実際何人かの親は、自分の子どもとこういったことができることに誇りを感じると言いましたし、ほとんどの親は自分の子どもを違った目で見始めました。しかし、母親が充分に母性に目覚め、母親としての能力を身につけるようになったとはいえません。クライエントの多くは、もっと具体的で現実的な問題で困っていることがたくさんあったのです。母親の中には、一定時間、一人の子どもをずっと気をつけて見ていかなくてはならないことを不愉快に思う人もいました。ある母親は、この時間を「耐えられない時間」だと言い、母親らしくふるまうのはきついようでした。彼女にとって、このやり方はなんら意味がありませんでした。

ケヴィンとローラの場合

少し前に里親のところから家にもどってきたルースの四歳の息子のケヴィンは、プレイセッションで、おもちゃに、人形の家（これはルースが買い与えたものです）と家族の人形を選びました。彼は、家の中に人形をいくつか並べました。その中には、今は刑務所に入っているルースのボーイフレンドの人形もありました。そしてある人形を自分だと言い、その人形にこう尋ねました、「この子はどこに行くの？」。この質問によく耳を傾けると、ケヴィンは「僕はここにいていいの？」と心の中で言っているように聞こえます。ルースは敏感にその心の声を聞きとり、こう彼に断言しました、「あなたはこれからずっと私たちの家で一緒に暮らすのよ」。このプレイセッションのときまで、ルースはケヴィンのことを、一つも不安のない、何もかもうまくいっている四歳の男の子だと思いこんでいたのです。

パムは、ローラを見ていて、彼女の話し方は普通の三歳の子の話し方ではない、と気がついていました。母親のサンデーをよく知っていたので、ローラが家で、ほとんど会話というものをしていないのだろうと、私たちは判断しました。

サンデーとのプレイセッションで、ローラはおもちゃの電話でいろいろな人に電話をしてはこう言いました、「誰もいないの」。そして、かっとなって電話を投げつけました。私たちはサンデーに、ローラが本当は何を言いたがっているのかを説明しました。「誰も私に話しかけてくれないから、気がへんになりそうだわ」と言いたいのだ、と。その後は、シダーハウスの誰かがローラに定期的に電話をするようにしました。サンデーはそれを受け入れただけでなく、ローラが私たちからの電話を受けられるよう、自分が留守をするときには知らせてくれるようになりました。私たちはまた、サンデーにもっと娘と話をするようアドバイスしました。話をすることで、サンデーがもっと娘の日常のようすに気がつくようになることも期待しました。数週間するうちに、ローラの話し方は改善されていきました。

子どものためのセラピーは十二週間で終わり、それ以上は続けませんでした。のちにまた別の母親グループや、アーサー・クラフトと私がやった別のグループでは行いましたが。この子どものためのセラピーは、親として少し機能しているグループのメンバーのほうが効果が見られることがわかりました。多くの子どもは（全員ではありませんが）母親とのプレイセッションを喜び、楽しみにしていましたが、母親たちにそれをやめずに続けさせるためには、私たちの働きかけが必要で苦労しました。なぜなら、そのプレイセッションには自制心が必要で、多くの母親にはそういう自制心は育っていなかったのです。また私たちとのセラピーではすぐに虐待の経験を再現する子どもたちが、実際彼らを傷つけた親とのプレイセッションでは虐待に触れようとはしませんでした。このプレイセッションをやったことで、子どもたちとの関係がより深くなったと感じると話す母親もいましたが、しかし、子どもたちにとっては、「お母さんが私を傷つけたんだ！」と言える関係になるほど親に充分安心感をもっているとはいえなかったのです。虐待の癒しには、親のほかに、子どもたちを支えてくれる人が必要でした。

ロールプレイの名人、マリリンとクララ

ロールプレイは、人との関係をよくし、コミュニケーションスキルを身につけ、葛藤を解決するために有効でした。またクライエントが何か新しい経験を始めるときの事前の練習にも、ロールプレイを使いました。例えば、新しい仕事を探して雇用主に話をするときや、裁判への出廷のときの練習をしたのです。

マリリンとクララは特にロールプレイの名人でした。彼女たちは、そのときやっている状況に合いそうなことを見つけては、突然に口げんかを始めたり、頼りない声を出したり、いやみな言い方をして、言い合いを始めました。例えば、クループのメンバーが自分の母親に掃除のやり方を批判されたという不満を話していたとします。すると、クララはマリリンのほうを向いて、こう言うのです、「あんたはほんとにこんなブタ小屋に住みたいの？　掃除のしかたを勉強しなさいよ」。マリリンはそれに対して、その不満について話していたクライエントをまねて、ぐずぐずした声で、あるいは強い反抗的な言い方で言い返すのでした。マリリンとクララの二人はしょっちゅう、前もって警告もなしに、すっと自然にロールプレイに入っていき、グループのメンバーはギョッとしながらも、いつも二人のやりとりをじっと息

をこらして見ているのでした。その間、私たちは、クライエントの反応やそこに起こる彼らの相互作用に注目します。クララとマリリンがそのうちなぐり合いのけんかを始めるのではないかと思った、というクライエントもいました。私たちはみんなで、その問題のために起こっている緊張を下げるためにどういったことができるかを話し合いました。そして、グループのメンバーが提案するさまざまなアプローチを取り上げ、何度もそのシーンを再現して、いろいろな役を演じてロールプレイを続けました。

ある個別セラピーで、フランクという父親が、自分の小さな息子に対し非常に激しい叱り方をしてしまったことを話したことがありました。それを知った、背の高さ一五七センチの小柄なマリリンは突然テーブルの上に立って、フランクが息子にやったのと同じように強い調子でフランクをどなりつけました。それは、大きな父親に叱られた小さな子どもがどんなふうに感じるかを、フランクに実際に経験させるためでした。マリリンがいつもの優しいマリリンに戻ると、フランクは手に汗をかくくらいマリリンが怖かったと話しました。その経験をしてはじめて、父親は、息子がそのとき感じた怖さに共感できたのでした。

あれからもう何年もたちましたが、最近、フランクの妻がシダーハウスを訪れ、私たちに感謝の言葉をくれました。あのプログラムのおかげで、フランクがよい父親になるためのことを身につけ、家族が今も壊れずにいるのだと話しました。シダーハウスで最も思い出に残っていることは何かと尋ねると、彼女は答えました、「グループをやっているときにマリリンがフランクを床にひざまずかせて、テーブルの上にのぼり、上から彼をどなりつけたことよ。それからフランクが変わったの。彼はやっと、自分のやっていることがどんな感じがするかを理解できたのよ」。

絵を描くことで幼児期の感情を呼びもどす

ここでも、絵を描くことはとても効果的でした。幼少期の感情を呼びもどすのに特に効果的な方法があります。クライエントの育ってきた環境を知りたいとき、私たちは、クライエントの家庭の食事のときのようすを描いてもらいました。一度も両親と一緒に食事したことを思い出せないクライエントもいました。あるいは、家族の間で一言も会話がなく、ただテレビを見ながら食べていただけのクライエントもいました。食卓で、誰がどこに座っていたかを話すクライエントもいました。母親の隣には誰がいたか、母親のお気に入りの子

か、いちばん小さい子だったか、あるいはいちばん困ったことばかりする子だったか。父親の隣には誰がいたか、父親のお気に入りの子か、それとも父親がいじめて喜んでいた子か。またテーブルをはさんで自分の真ん前にいた人は誰か、その人がいてほっとしていたか、いやでしょうがなかったかとか、あるいは困ったときに、こっそりきょうだいで目配せし合った、などという話が出ました。

高校生の子どもたちのクラスをもったとき、クララが食事のときに、誰がテーブルのどこに座っていたかを質問したことがありました。もちろん私たちは、この質問が彼らに何を引き起こすかをわかってはいましたが、それでも生徒の間にわき起こった感情の激しさに、改めて衝撃を受けました。親が家にいなかったり、テレビにくぎづけになっていたため、たった一人でご飯を食べていたと話しながら泣きだしたのは、一人や二人ではありませんでした。

家族からスケープゴートにされていた九歳のケティには、家族彫刻（スカルプチャー）をやってみました。ケティの母親に私たちがどんなにいろいろな働きかけをしても、ケティへの態度には何も変化もなく、悪いことの責任はすべてケティにあると思い込んでいました。十一歳のダイアナは、母親と一緒になってケティを責め立てていました。クララと私は、今二人がケティを責めたとおりのことを、握りしめたこぶしを作って立っているケティに対して二人がかりで指さしてみるように、母親とダイアナに頼みました。ダイアナが急に涙をあふれさせました。そしてほかの二人もまた涙でいっぱいになりました。このときはじめて、この家族が敵意で囲まれた壁を破って、お互いが感じている痛みを知る道を開くのに成功したのです。

さまざまなものを効果的に用いて

またよくメタファー（比喩）として、なんらかの物を使ってセラピーを行いました。ある日のグループでクララが、家族の関係を表すのに、ダイニングテーブルの上にスプーンを並べました。十人きょうだいのいちばん上の姉、カルメンは、小さい弟や妹たちが自分にいつも腹を立ててばかりいると不満を言っていたところでした。「だけど、私はお母さんとはとても仲がよかったのよ」とカルメンは言いました。クララは十二本のスプーンを並べて言いました。そして二つのテーブルスプーンを指して、「これがあなたのお父さん、これがあなたのお母さんね、そしてこれがあなた」と言って、ティースプーンをお母さんのスプーンにくっつけて置きました。それから九本のティースプーンをクララのスプーンの後ろに置きました。「あなたは小さい弟、妹を育てるのに、いつもおかあさんの右腕となってやってきたのではないかしら？」というクララの問いに、カルメンはそのとおりだと答えました。クララは、母親とほかのきょうだいの間にカルメンがいることが、ほかのきょうだいの怒りの原因かもしれないと指摘しました。カルメンが十代のときに母親が亡くなったと聞くと、クララは、こう付け加えました、「そうあなたのお母さんは今はもういないのね」。そして、母親のテーブルスプーンをとりのけました。怖い父親とカルメンの間に、もう誰もいませんでした。それを見て、いつもはこわばった堅い表情のカルメンの目は涙でいっぱいになりました。

そのことがあってから、今度はクライエントにスプーンを使って、自分の家族の関係がどんなふうに見えるか、並べてもらいました。関係に距離を感じる場合（例えばスプーンを一つだけ残りのスプーンから離して置く）、関係が親密である場合（一つのスプーンにもう一つのスプーンを乗せる）、誰かが誰かを支配している場合（一つのスプーンをほかのスプーンの上のほうに置く）、その関係の表し方は人によってさまざまです。家族セッションを行うとき、家族の中で関係の認知のしかたに違いがあるとき、その違いに注目することは、その後の家族セッションを進めていくときの大きな指針となります。

赤ん坊を殺してしまった母親、キャロラインとのセッションのとき、クララはテーブルの上の箱に注目しました。クララはキャロラインに、「あなたは今こんなふうにふたが閉まっている箱の中にいて、出ることもできず、真っ暗で何も見えないと感じているにちがいないと思うのだけど」と尋ねると、キャロラインは、そのとおりだと答えました。この箱のイメージは、その後のセッションでも、キャロラインの心の状態を査定する方法になりました。「今日あなたは箱の中にいますか」「箱から外をちらっとでも見ることができますか」「箱のふたは開いていますか。全部ですか。少しだけですか。それとも箱は閉まっていますか」キャロラインは慣れるまでの間、どんなふうに感じているかと尋ねられるより、箱というメタファーを使ってのほうがずっとうまく自分の心の状態を表現することができたのでした。

母親たちのグループで、ビールやおしっこのにおいから子どもの頃のことを思い出すと言った母親の話を聞いてから、シダーハウスでは五感に訴えるものを意識して取り入れるようにしました。ビールやおしっこではなく、クライエントにもっと心地よくて甘い記憶をもってもらおうと決めました。子どもたちはプリンでフィンガーペインティングをしました。クリスマスツリーには生のもみの木を使いました。シナモンロールは焼きたてのいい匂いがしました。もしシナモンロールを作れないときは、マリリンが時々、アロマとして、オーブンの中にスパイスを入れました。ある日、マリリンは何人かのクライエントを呼んで、チキンスープを作りました。彼女が「今チキンスープを作っているのよ」と話すと、彼らの緊張は明らかに軽くなりました。

マリリンは、ぎりぎりに追いつめられているような親や、充分安心させる必要がある子どものために、シダーハウスの毛布を作りました。そして彼女はその毛布で、震えている人

（たいてい女性でした）を優しく包み込んであげました。毛布はただ身体を包み込んでくれるだけでなく、自分の感情をコントロールできなくなるおそれのある人の心をも包み込みました。マリリンは、もっと温かくなるように、少しの間、乾燥機の中に毛布を入れることもありました。そして親たちが落ち着いて気持ちよくなると、温かい毛布と親としてのあり方との関係や、傷ついた子どもが温かい毛布をどんなふうに感じることができるかを話し合いました。

また攻撃的な感情を表現できる、七〇年代に流行ったバタカス（バットのようなもの）も購入しました。私たちのクライエントには激しく暴力的な人がいたので、シダーハウスではそれを使用するルールを設けました。家具をぶってもいいが、人に向かっては使わないというルールでした。復讐心に駆られるとバタカスのところに行き、へとへとになるまでそれで床をたたきつける子どももいました。大人たちの中には、バタカスは自分の攻撃性を吐きだすのに役立つという人もいました。しかし、自分の赤ん坊を殺してしまったある母親は、バタカスは誰にでも役に立つわけではないことを教えてくれました。綱渡りのようにやっと自分をコントロールしている彼女は、バタカスに触れることを拒否しました。彼女は正しかったのです。実際に激しい殴打を身体を使って再現するだけの準備が自分の心にはまだできていないことが彼女にはわかっていたのです。

私たちが行ったアプローチは、クライエントから得た情報や自分たち自身の人生経験、専門的トレーニングで身につけたことなどから生まれてきたものです。私たちの仕事を広げ、自分たちの仕事を定義づけるためにも、直感や想像力を大切にしてきました。

13章

ある家族のケース研究

シダーハウスに紹介されてきたポーラとフレッド

私たちはシダーハウスからさまざまなことを学びましたが、なかでも特にポーラという母親との関わりから多くのことを学んだといえるでしょう。

ポーラと彼女の夫、フレッドは、娘が二歳のときに足にやけどを負わせ入院させたあと、児童保護サービスからシダーハウスに紹介されてきました。その娘アンジェラと、四歳になる兄のビリーは里子に出されていました。ポーラとフレッドは児童虐待の罪で逮捕され、ポーラは加害者として保護観察中の身でした。

ポーラは二十七歳で、中流家庭の出身でしたが、その当時の外見からは、とてもそんなふうには見えませんでした。彼女は太っており、たいてい汚くしていて、髪もくしゃくしゃでした。中流家庭でしつけを受けて育った人とは、明らかに違っていました。その家族の住むアパートは信じられないくらい汚く、床に犬の糞がころがっていることもままありました。

ポーラとフレッドは、それまでに数カ所のメンタルヘルスセンターで治療を受けていました。しかし、どこでも効果は見られませんでした。ポーラは、親子センターでの女性問題の話し合いグループに参加したことがありました。そこでは、私たちの友達のローランド・サミットがコンサルタントをしていました。彼はポーラのことを、グループに全くなじめなかった一人としてよく覚えていました。ほかの出席者たちは、彼女が出席すると、その外見だけでなく、ポーラの態度や考え方に嫌悪感を抱きました。例えば、彼女は、悪魔が子どもの中に宿ることができるという考え方に魅入られていました。

結局、ポーラは親子センターからロングビーチメンタルヘルスセンターに紹介されました。ローランドは、その後何年間も彼女に会うことはありませんでしたが、メンタルヘルスセンターの人たちから彼女のうわさは聞いていました。彼女には何の進歩もなく、手に負えない状態だと思われているということでした。子どもサービスセンターのソーシャルワーカーから私たちは、ポーラはおそらく二度と子どもを家に引き取れない、統合失調症の母親だと聞かされていました。

フレッドの人生は、妻の怒りの爆発をなだめるために費やされていました。彼は最初に会ったとき、カウンセリングを受けるようには言われていないと話しました。また彼自身も受けたいとは思っていませんでした。クララはフレッドに、シダーハウスでセラピーを受けるように、そして、子どもと母親の間に介入して子どもたちを守ることを考えるよう話しました。

ポーラとフレッドのおいたち

ポーラの態度は、カウンセリングを受けても、自分には何が必要かなんてわかっているわ、おあいにくさま、というような態度でした。二人とも、警察、児童保護サービス、裁判所、ポーラの母親、里親など、とにかく自分たちに介入してくるもの誰にでも腹を立てていました。彼らは自分たちの子どもを返してもらいたいと思っていましたが、ソーシャルワーカーの自分たちへの偏見のせいで返してもらえないのだと思っていました。

自分のことは自分で決めるというポーラの意志に反して、インテークでは、セラピーの計画は彼女ではなくスタッフが考えるのだということを彼女に話しました。ポーラは月曜日のグループに入り、フレッドは週に一度、個別セッションを受けるように指示されました。子どもたちには月に一度会うことが許されました。しかし、会っている間、監視がついていました。彼らが確実にセラピーに出席するように、シダーハウス側で車の手配をしました。たいていクララが送り迎えをしました。私も何回か送っていったことがあります。幸運なことに、私はそれほどにおいに敏感なほうではありませんでしたが、その私でさえも時々、車の中で息を止めていなくてはならないほどでした。クララの強い意志こそが、この送り迎えを耐えさせたに違いないと思います。

クララが信仰心をもっていたことも、ポーラの宗教的偏向を扱うのに役に立ちました。ポーラは、テレビでやっているキリスト教の伝道師の話すことにしか耳を傾けなかったのです。子どもたちはそれ以外の番組を見ることを許されていませんでした。カソリックとして、聖母マリアを信仰する一方、カリスマ派の教会にも出席していました。

彼女に小さかった頃の記憶について尋ねても、十歳以前のことはなかなか思い出せませんでした。ポーラは、赤ん坊の頃、父親が自分たち家族を捨てて出ていってしまったことを知っていました。十歳のときに継父が来ました。しかし、彼女の言うところによると、両親は彼女がどこにいようと何をしようと、何の関心も示しませんでした。彼女は突然、小さい頃、隣に住んでいた「年とった男」にわいせつ行為をされたことを思い出しました。その人がのちに彼女の継父になったのです。

フレッドは子どもの頃、たくさんの大変な経験をしていました。彼の母親は彼を連れて父親のもとを去り、カリフォルニアに移りました。その後彼は、里親家庭など、さまざまな家を転々として、結局父親のところにもどりました。その父親というのは、彼が言うには、支配的で愛情のかけらもない人だったそうです。

知的に少し遅れており、社会的にも未発達だったので、フレッドの個別セラピーはゆっくり進んでいきました。彼は頑固で、防衛的で、時々わけがわからない状態になることもありました。また不安を感じると、安心するために引きこもる傾向もありました。

ポーラの想像上の友達

最初の頃、ポーラはグループの中では、高慢で横柄な態度で、自分の身に起こっている不当な出来事についてあれこれ文句を言い続けていました。感情的に激したり、怒りが強くなったりすると、グループを飛びだして嘔吐しました。実際に嘔吐することで、緊張を吐きだしているようでした。すぐに私たちは彼女に、クララとの個別セラピーを受けるように勧めました。

グループに参加して八カ月たった頃、はじめてポーラは、自分の内的世界を私たちに見せてくれました。それはこれまでのどんなセラピーの中でも見せなかったものです。その日、彼女が私たちに見せた唯一のものは、子どもの頃からずっと彼女と一緒にいた「友達」の存在でした。子どもの頃の記憶のかけらがよみがえってきて、ポーラはさみしくて、「不思議な感じ」がする感情を思い出しました。彼女はいつも自分が話しかけられる想像上の友達を作っていたのです。それらのすべてに名前がついており、みな別々の人格をもっていました。ローズというのはいつもそばにいる友達で、ポーラを助けてくれる友達の中でいちばん重要な一人でした。ほかにも二人の女の友達がいて、ポーラの生活のいろいろな活動を指図していました。時々、彼女の中の人格はお互いにけんかしました。ほかの場所でもシダーハウスでも、時々自分の中の闘争的な友達と会話しているのだと、ポーラは説明しました。

この友達の話があってからも、ポーラは相変わらずグループを飛びだしてはトイレに行っていましたが、そこで私たちは、自分の中の困った友達を叱っている彼女の話を聞くことができました。ポーラは、その友達たちは本当に存在する人ではなく、自分自身の中のいろいろな一面を表している想像上の人物だということがよくわかっていました。それにもかかわらず、その人物たちは、混沌としてつらい彼女の人生にある秩序をもたらす手段となっていたのです。あるとき、ポーラがクララにこう言ったことがあります、「あなたはもっと私に対して確固とすべきだと、マリーが言ってるわ」。クララはこう答えました、「マリーに言って。そうするわと、私が言っているって」。

二人の子ども、ビリーとアンジェラ

何カ月もの治療ののち、ポーラは子どもたちを里親のところからシダーハウスに連れてくることが許され、私たちも子どもたちと知り合いになることができました。シダーハウスに子どもたちを連れてくるためには、彼女は非常に早く起きてバスに乗らなくてはなりませんでした。早起きは、長年の彼女の習慣からすると大変な変化でした。しかし、彼女は何カ月もの間、なんとかそれをやり遂げたのでした。

ビリーは非常に活発な四歳の男の子でした。そこらじゅう飛びまわり、がさがさと動きっぱなしでした。そしてしょっちゅう犬のまねをしていました。父親と同じように、彼もものごとを理解するのが遅く、ほかの子どもたちに混ざって遊ぼうとはしませんでした。しばらくして、ポーラはビリーをずっと虐待していたことを認めました。ビリーが十カ月のとき、階段の上から放り投げたこともあるそうです。アンジェラはカールしたブロンドの髪のとてもきれいな小さな女の子でした。彼女もすぐにはほかの子たちの中に入ろうとはしませんでしたが、ビリーよりは落ち着いて、穏やかに生活しているように見えました。

一方、フレッドは父親グループに参加しました。彼は人にたくさんのいろいろな質問を浴びせかけ、そのくせめったに人の話を聞こうとしませんでした。そのため、ほかの参加者の誰からも、全く受け入れてもらえませんでした。のちに私たちは、フレッドとポーラにカップルグループセラピーへの参加を勧めました。ほかの人たちにわかってもらえたように、フレッドにも子どもの虐待の責任は両方の親にあるのだということを理解してもらいたかったからですが、それは失敗に終わりました。フレッドは頭を振ってこう言いました、「そんなばかげた話、聞きたくもないよ」。

自分の内面をはじめて言葉で表現したポーラ

ポーラは吐きたくなるとシダーハウスを飛びだしたのですが、その汚物を洗い流すホースは彼女のセラピーの中で一つの象徴的なものになりました。それは彼女のインナーセルフをきれいにする象徴となったのでした。彼女のこの吐くという行為は、シダーハウスにやってきてから一年半、激しい怒りの表現があった日を境にして、ようやく終わったのでした。

あるとき私たちは、次の法廷のヒヤリングで、ソーシャルワーカーが子どもたちを家に返さないように提言するつもりであることを知りました。ポーラがまだ自分の内面の世界だけに目が向いており、子どもたちの世話をし、子どもたちに気を配って危険から守ることができないだろうと考えて、私たちもそのソーシャルワーカーの意見に同意しました。しかし、ポーラがこの知らせにうちのめされるだろうということは予想できました。ソーシャルワーカーはこの知らせを、ポーラをサポートできるシダーハウスで告げることに同意しました。スタッフメンバー、そしてボランティアの心理学者、ラリー・ハンナ全員が壁にずらっと並んで見守りました。

予想したとおり、ポーラの怒りは爆発し、椅子をドンドンたたき、耳をつんざくような大きな金切り声で叫びました。しばらくうめき泣き続け、消耗しきったようでした。クララが彼女にティッシュを渡したとき、ラリーがパチパチと手をたたいて言いました、「すばらしいことだよ、ポーラ！　君は部屋から出ていかず、吐かないで、ちゃんと言葉を使って、自分の痛みとフラストレーションを表現したんだよ！」。このときを境にして、彼女がシダーハウスの玄関で吐くことはなくなりました。

周囲の大きな支えのなかで

信じられないことに、法廷でのヒヤリングの結果、判事は、ソーシャルワーカーや私たちの提言を退けました。判事室で、数分間子どもに質問しただけで、アンジェラはちゃんと育っており家に帰すべきであり、四歳のビリーは里親のもとに残るべきだという判決が下されました。フレッドとポーラは、我々やシステムに対して、自分たちは大きな勝利を勝ちとったと感じていました。しかし、判事の命令は、子どもたち二人に問題を作りだしたと思われました。なぜなら、アンジェラにとって、家にもどることはまだ安全ではなかったし、ビリーにとっては、自分が妹と一緒に家に帰れないどんな悪いことをしたのか理解できなかったはずだからです。

数週間して、ポーラがクララと私に、自分の考えを書いたものをもってきました。

低い自己評価に根ざした私の中の怒りが…私の子どもたちを傷つけ、私自身を傷つけたがっている…なぜなら…私は悪い人間で、何もよいことをすることができないからです。私は自分で自分をおとしめている。でもそのことを受け入れることができない、そして私はほかの人を責めているんです…。子どもたちの傷は…言葉では言い表せない傷跡は、私の罪なのです。たとえ子どもたちを肉体的に傷つけていなくても、それと同じような傷をつけてしまいます。私は、自分自身をとても憎んでいて、自分自身に対してすごく腹を立てているのです。子どもたちを傷つけたのは私なんです…。

子どもたちを遠くにやらなくてはならなかったのは、すべて私の責任です。私は子どもたちと一緒に暮らせるだけの価値をもっていない人間です。だから子どもたちが帰ることを望んではいません。表面上は子どもたちに帰ってきてほしいと思っているように見えるかもしれないけど、心の奥深くではこう言っているんです、「もどしちゃいけない。子どもたちのことはあきらめなくちゃいけない」って。なぜかって？　私は母親になるのにふさわしくない人間だからです。人からは、私はアンジェラが帰ってくるのをすごく喜んでいるように見えるかもしれません。でも心の中では叫んでいるんです、「だめ、だめ、だめ！　あの子に帰ってきてほしくない。私はあの子の母親にふさわしくない、私は本当に価値がない人間なんだ。私は母親として信頼できる人間ではない」。自分自身に、そして、あなたがたに正直になるのは難しい…神様…私を助けてください。

アンジェラが家にもどってからの数週間の間、週に五日は、ポーラとアンジェラにシダーハウスに来て過ごしてもらいました。そして、週末には、クララやマリリンが電話で連絡をとるようにしました。ポーラは子どもを育てる上で起こってくる、さまざまな娘からの要求に対して、自分の怒りをコントロールできるかどうか、心配だと言っていました。私たちは、なぐられた跡やこぶ、膝をすりむいた傷跡がないか、アンジェラにいつも注意をしていました。信憑性のある言い訳がいつも用意されていました、「バスに間に合うように走ったら、この子がころんじゃったのよ」。ポーラとフレッドに対して、そのとき子どもがどう感じるかをわかってもらうために、繰り返し繰り返し、ロールプレイを行いました。子どもの傷についてポーラと話し合い、ソーシャルワーカーに報告していました。シダーハウスでは、ポーラが自分の怒りを表現するためにどんなにひどい言葉を使っても、それを許していました。しかし、どんなものにでも、決してたたいたりなぐったりしてはいけないという、しっかりとした制限を行っていました。一方、フレッドには父親として、必要なときには、たとえ子どもの母親からでも子どもを守る行動をとるように励ましていました。

怒りを感じるのは誰かを傷つけたいと思っているとき

フレッドが娘の安全に対して前よりも責任をもつようになり、ポーラが混乱しすぎたときは、フレッドが母親と子どもの間に介入するようになりました。それにしたがって、ポーラも落ち着いてきて、母親としての役目を果たすことができるようになりました。ポーラは自分の怒りがあまりにも強くなると、自分からシダーハウスにやってきました。そして、自分たちを守る安全弁として、また保護される場として、セラピーなどのプログラムを受けました。彼女はのちに、もしシダーハウスがなかったらアンジェラは死んでいただろうと、私たちに話してくれました。

あるとき、ポーラは驚くくらい明快に言いました、「怒りを感じるときというのは、誰かを傷つけたいと思っているときなのよ」。その言葉に、私は思わずひるみました。私は自分のことを、誰かを傷つけるのではなく助けたいと思っている人間だと考えていました。しかし、私もプライベートでは怒りを感じることがありました。魂を揺さぶられる経験の一つとして、強い怒りを感じたとき、確かに私も何かをたたきつぶしたい欲求をもっていることを悟りました。私がポーラのように衝動のままに行動しないにしても、ポーラと私の間にそれほど大きな隔たりはなかったのです。

「里親のところより両親と一緒にいるほうがいい」

スタッフが継続的に熱心に働きかけたおかげで、ポーラは少し体重を落とし、定期的にお風呂にも入るようになりました。ローランド・サミットは、州全体の会議で、ポーラがPTAの代表として聴衆の前に立ち、児童虐待という個人的体験を話すのを見て驚きました。彼女は公衆の前で、充分自信をもって自分の考えを発表できたのです。それは、親子センターで、はじめてローランドが彼女を見たときの社会的不適応者の姿とは、大きな隔たりがありました。とうとうビリーも親もとにもどり、やはり数週間の間、私たちはずっと親子と緊密にコンタクトをとって、ようすを見守りました。しかし今度は家族の間に、アンジェラがもどってきたときほどの緊張はありませんでした。

この家族のセラピーが終わり、まもなくして、クララは次のように書きました。

二年間のセラピーのあと、二人はシダーハウスでのグループやセッションに参加するのをやめる決心をしました。アンジェラは、シダーハウスのスタッフがよく知っている保育園に入り、ビリーは日帰りの施設に入りました。二人の子どもは、家族に虐待の可能性があることを知っているスタッフにケアされていました。家族はまだ時々、シダーハウスに立ち寄っています。私たちの間にはお互いに温かい信頼がありました。ポーラはまだ太っていますが、少し身なりはきれいになり、人と会話することができるようになりました。いろんなものごとがよくわかるようになり、市立大学の学生になりました。フレッドはまだ仕事に苦労していますが、しかし、面倒見のよい父親になっています。家は少しきれいになっただけですが、前ほどはにおいがしなくなりました。ポーラはもう、自分の想像上の友達と話すために部屋を飛びだす必要はなくなりました。彼女はまだ人にいばりちらすこともありますが、自分を心配してくれる誰かが自分を制止するのに耐えられるようになりました。のちになってアンジェラには、セラピーが必要になってくるかもしれません。ビリーは今もまだセラピーを受けています。しかし、家族は、自分たちを気にかけ助けてくれる人がまわりにいることを知っています。自分たちが必要なものを得るためには、どのようなポジティブな方法で援助を求めていけばよいかを知っているのです。

何年かして、もう一度、この家族に会ったことがあります。そのとき子どもたちは、九歳と十一歳になっていました。ポーラは体重を落とす努力を続けていました。両親は二人とも大きな口を開けて笑い、法廷でのヒヤリングのときの思い出にふけっていました、「アンジェラが判事の前でいっぱい笑ってたので、家に帰ることができたんだよね」。両親のうれしそうな顔を見ながら、アンジェラもうれしそうにしていました。ビリーはまだかなり行儀が悪く、扱いにくいようでした。しかし、ビリーと父親は愛情で結ばれており、ちょっかいを出してはじゃれあっているようすでした。たいていビリーのほうからちょっかいを出していたようですが。しかし、家族の状況はまだ理想的なものではありませんでした。というのは、アンジェラが牧師からわいせつ行為をされたと訴え、夫婦にも動揺が見られたからです。しかし、アンジェラとビリーははっきりと、里親のところより両親と一緒にいるほうがいいと言いました。両親はにこやかに笑いました。

14章 危機介入

電話をかけられることが大きな成長の一歩

親がストレスを感じたときに子どもを虐待することを防ぐために、親たちがどんな時間でも利用できるサポートネットワークを確立する方法を私たちは探していました。マリリンと一人の信頼できるボランティアが、シダーハウスを訪れたクライエントに対して電話でのサポートをしていました。私たちはクライエントと一緒に、必要なときに援助してくれるクライエントの家族や友達はいないか探しました。どの家族もシダーハウスの電話番号をもっていました。

マリリンはバックアップのためにクララの電話番号をもっていました。そして、とりわけ厳しく困難な状況にある家族たちは、クララの電話番号をもっていました。数人のクライエントに電話番号を教えるのを除いては、私とほかのスタッフは自分のプライベートと家族生活を守っていました。私には、世話をしなくてはならない三人の小さな子どもがいたのです。

もし自分の子どもを傷つけそうになったときは、シダーハウスに来るか電話するようにと、クライエントたちにはいつも言っていました。人を信頼したり、助けを求めたりするのに慣れていない多くのクライエントにとって、私たちのところに電話をするのは最初大変なことでした。はじめて電話ができるようになったとき、それはクライエントにとって、成長への一歩、ケースによっては本当に大きな喜ばしい一歩といえました。自分のかけた電話をただ相手が受けているというだけでなく、とても歓迎されているというメッセージを一旦感じることができれば、クライエントにとっては、頻繁に電話をしてくる次の段階に入ったということでした。

電話は私たちとクライエントを結ぶライフライン

多くの親は、境界（線）がはっきりしていない人たちだったので、一旦電話をかけ始めると、真夜中でも電話をかけてくることがありました。そんな夜中には、子どもたちに関わることは何もないはずなのですが。真夜中の三時に電話で起こされて、次のような話を聞くのは、本当にありがたくないことでした。

「トニーはね、自分は出ていきたいときにいつだって出ていけるんだと思ってるの。彼は私のことなんか何も考えていないんだわ。今、彼、もうどうだっていいよ、と言ってるの。私はどうすればいいの？　彼はどうすべきだと思う？」

「誰かが何か危ないことをしそうなの？」

「いいえ、ただ…」

「子どもは今どこにいるのかしら」

「あの子は眠ってるわ」

「じゃあ、あなたたち二人は、今この問題については二人で考えなくちゃならないわ。こんな時間だから、明日また一緒に話しましょう。明日必ずまた私に電話して」

私たちの眠りをじゃました（少なくとも普通の生活時間帯を考えると）ことで、彼らをとがめるというより、むしろ、このことは彼らに人と人との適切な境界（線）を教える一つの機会であると考えています。たいていしばらくすると、本当に今電話しなくちゃいけない問題なのか、それとも今は自分たちで考えなくちゃいけない問題なのかを判断できるようになります。

電話は、私たちとクライエントを結ぶライフラインです。電話がない人たちも危機の際には隣人の電話を借りて、また公衆電話を使って電話してきます。

クララがボランティアのために作った「危機介入の際の指針」

電話での援助を行うボランティアを養成することは、グループで活動するボランティアを養成するのと同じように重要なことだと私たちは考えています。クララは危機の際にクライエントからの電話を受ける人や、混乱したクライエントが突然シダーハウスを訪問してきたときに対応するボランティアの人たちのために、次のような指針を書きました。(注)

❏危機とは

シダーハウスでいう「危機」とは、クライエントの感情に負担がかかりすぎているとき、つまり自分をコントロールできなくなってしまったり、コントロールできなくなりかけて子どもを傷つけそうになっている状態をいいます。またときには、電話がかかってきたり訪問があったときには、すでに子どもを傷つけてしまっている場合もあります。シダーハウスでの危機は、常に子どもへの虐待、あるいは悪対応に関することです。児童虐待は家族の問題なので、家族全体への配慮をいつも必要とします。

❏電話相談員の目標

1　穏やかさを保ってください、少なくとも声だけでも。危機のときの電話というのは、混乱して非常に感情的に興奮している人と時間をともにする経験です。

2　優しくしっかりと落ち着いて、自分をコントロールしながら話してください。おそらく電話をしてくる人は自分をコントロールできなくなっており、泣きわめいたり、混乱してびっくりするような声を出すかもしれません。そのとき、電話をしてきた人は相手がしっかりと落ち着いていることを感じる必要があるのです。

3　まず、子どもたちが今安全な場所にいるかどうかを確認してください。子どもの安全を第一に考えなくてはなりません。しかしそのとき、電話をかけてきた親が、自分の言っていることを聞いてもらっていないと感じないようにしなくてはなりません。次のような落ち着かせる言葉も役に立ちます、「あなたが今混乱しているのがよくわかるわ。私たちが落ち着いて話せるように、子どもたちを安全なところにおいてくださ い。二、三分で子どもを安全な場所に連れていくことができるかしら」。

4　できるだけ親の話すことに集中しましょう。そして、今、子どもが家の中の安全な場所にいるかどうか、母親が子どもから離れて子どものことを気にしないで話すことができるかどうか、優しく尋ねましょう。母親のようすと母親の話に集中し続けてください。そして、子どもたちが母親から離れて、家の中の安全な場所にいられるように協力してくれるよう、母親に話してください。これは感情的な興奮を抑える一歩の始まりです。子どもの安全について穏やかに優しく尋ねることで、母親にしばらく考える時間を作るからです。

5　母親の話すことに集中しながら、二人で落ち着いて話すため、子どもを安全な場所に連れていく間、あなたは電話の前でちゃんと待っていると、母親に約束しましょう。母親よりもあなたがコントロールをとります。子どもを安全な場所に連れていきましょうというあなたの提案を、母親は受け入れようとするはずです。

6　母親が電話のところにもどってきて、子どもたちがどんなに悪いことばかりするか、どこか別の場所か別の人のところにやってしまいたい、などなど、そのほかたくさんのいわゆる「責任のある親」とはいえないようなことを言うかもしれません。母親にはなんでも言いたいだけ言ってもらい、そして次のような一般的なことを言ってみましょう。「そう、子どもってほんと、イライラさせられることがあるのよね」「確かに親であるのは大変なことよ」など、親として、あなたの子どもが何かあなたが困ることをしたときに感じるようなことならなんでもいいのです。

7　この最初のほうの段階で、少なくとも子どもを安全な場所に移したそのあとにですが、母親に、何かほっとする、楽しくなるようなことを自分にやってあげるように勧めましょう。例えば一杯のコーヒーでもいいし、紅茶でもいいし、温かいお風呂でもいいのです。次のように尋ねましょう、「どんなことをすると、ほっとできますか」。そして、待っているので、熱い紅茶かコーヒーを作りにいくように言ってください。こう言っても、この時点で母親は言われたとおりにするかどうかはわかりません。しかし、あなたが自分のことを気づかっていることは伝わるはずです。

8　母親が、子どもから受けるストレスを話し続けているうちに、母親の声の調子は変わっていくでしょう。その声と内容の変化に気をつけていてください。あなたの役目は、母親の苦しみにただ本当に耳を傾けて応えてあげることなのです。例えば、「私も同じようなことを子どもに感じることがあるわ。そんなときは…するようにしているの。その方法はあなたにも役立つかしら?」。しかし、こういった個人的な経験を話すのは少しだけにすること。そして、本当のことを話してください。気が動転している母親ほど、でっちあげの話には敏感です。

9　締めくくりの時間——母親の声と内容に変化が感じられるようになったら、少し次のような特別な質問を始めてもいい頃です、「少しあなたが自分をコントロールできるようになってきて、落ち着いて楽になってきているように感じるんだけど」。それに対し、もしまだ否定的な答えが返ってきたら、シダーハウスに来ることや、誰か親戚や友達のところを訪ねるように勧めるのがいいかもしれません。もしかして、友達に電話したり、あるいは友達のところに行って少しの間一緒にいさせてもらえるかもしれません。母親自身と子どもたちの安全のために、母親と一緒に何か具体的な計画を考えてください。計画が立てられるまでは、電話を終えてはいけません。計画が決まったら、次のステップを約束したことになるのです。またこの段階で、これこれの時間に母親があなたに電話すること、あるいは、あなたのほうから母親に電話するということを決めましょう。例えば、二時間後に電話をするという計画など、具体的な約束ができたなら、母親もあなたもやっと安心することができるでしょう。

❑この状況で役に立つこと

1　常識——あなたは、この電話をうまくやるためにセラピストである必要はありません。セラピストだからこのことができるとは限らないのです。あなた自身の経験をふり返って、それを利用してください。

2　電話をかけてくる人の問題解決能力の尊重——あなたが母親に代わって問題を解決することはできません。ただ電話をかけてきた人の興奮した感情が充分落ち着くのを助けてください。そうすると、あなたの助けを借りながら、母親は考え、計画することができるのです。

3　電話してくるどの親も、自分の子どもを傷つけたいとは思っていないのです。しかし不満がたまっても助けてくれるサポートシステムをほとんどもっていない親たちであるということを、心の底から認識してください。

4　子どもの安全をいちばんに考えられる能力とは、危機の際に親の感情に集中できる能力を併せもっているということです。

❏障害となること

1　電話を受ける人が批判的すぎる場合。話しながら、「この親はもっとものごとを知るべきだ」とか「この親はまるで子どものようだ」など。

2　電話を受けた人が、親の感情的な荷を下ろさせる代わりに自分がしゃべりすぎてしまう場合。電話の受け手は、沈黙の時間を恐れたり、親がしゃべりすぎるのを不愉快に感じてしまうことがあるのです。

3　電話を受けた人は、かけてきた人が解決策を見つけようとしないと、イライラすることがあります。そして、相手が自分で解決するのを手助けしようとせず、自分から解決策を提示してしまう場合があります。

4　電話の受け手が親から子に関心を移すのが早すぎる場合。電話のかけてきたときには、子どもの行動はその年齢では普通のことなのだ、というような話など、親は聞きたくありません。まず話をじっくり聞き、母親が落ち着くまでは、どんなに筋の通った合理的な考えを話してもまず役に立ちません。母親がそれについて考える心の状態になっていないときにそのような話をすると、母親はあなたから否定され、あなたが子どもの側についていると感じるでしょう。法則は「子どもの安全を守りたいなら、まず親にいちばんに働きかける」ということです。

5　母親に状況のコントロールを早期にとらせようとする場合。
もし、電話があったとき、すでに子どもが傷ついていたなら、電話の受け手は親に、すぐに子どもを医者に連れていくように言わなくてはなりません。親に対して正直であるためには、電話の途中で適当な時間、適当なところで、警察に子どもの虐待を報告することが必要だと伝えなくてはなりません。このことを親に話すときの言い方は、またあとで論じます。

親の話を真剣に聞くこと

時々、子どもを傷つけてしまいそうだとはっきりと言って、親が子どもを連れてシダーハウスにやってくる場合があります。私たちは子どもを傷つけてしまいそうだという親の言葉を真剣に取り上げます。コーヒーを入れてあげて、親の話に耳を傾けます。子どもがどんなにいやな行動をするか、ほかに直接ストレスになっていることはないか、など、この親子が家に帰ったときに子どもが確実に安全でいられるように、親の緊張が充分に和らいだことがわかるまで、ずっと親の話を聞き続けます。親子が帰る前にもう一度、その親の心理状態を査定します、「今子どもが自分といて安全だと思うか」「自分が利用できる安全弁はどんなものがあるか」「もしまた子どもが困ったことをしたとき、どんなふうにそれに対処できるか」「緊張が高まってきていることを自分で感じたとき、電話できる人がいるか」。もし母親がまだ、子どもが自分といて安全だと思えないという場合には、もう一度、私たちは親の話を真剣に聞いていきます。

そのようなケースの場合（決して多くはないのですが）、私たちは親にしばらく子どもと離れて休息をとってもらう必要があると考えます。一晩か二晩、子どもたちを自分の家に連れていってくれるボランティアもいます。緊急の場合を原則としながら、私もまた、一度ならず自分の家に一人、二人の子どもを泊まらせたことがあります。マリリンは危機の際には、時々シダーハウスに子どもたちを泊まらせました。そしてしょっちゅう、クッキーを焼いたりゲームをしたりして、子どもたちに楽しい時間を過ごさせたものです。

もし、一晩か二晩、子どもから離れていても充分でなく、まだ親が危険な感情があると言うなら、子どもの措置について質問をもちだしてみます。そして、親がどのように反応するか、怒るか、安心するのかに注目します。もし、後者なら（そちらである場合のほうが多いのですが）、措置の準備を始めます。自発的な措置はいつでもすぐ受け入れられるとは限りません。そのときには、子どもたちが別の環境で安全を確保できるまで、親の感情の嵐がおさまるまで、その家族と緊密に接触し、場合によっては毎日、監視を続けていきます。

子どもを殺したいと電話してくるというのは、親がそれを止めてくれと頼んでいることであり、その電話自体が子どもが傷つけられるのを防ぐ最初の一歩にあたるというのが、私たちの信念です。ほとんどの場合、穏やかな落ち着かせる声だけで、危機を和らげるのに充分です。しかし、親が落ち着いてきたようすが少しも見られないとき、親に小休止を与えるために、シダーハウスに来てくれるように頼むこともあります。あるいは（こちらのほうが多いのですが）こう言います「今から行くわ！」。そして、その家庭を訪問します。

私たちが唯一とらない処置とは

私たちが唯一やらないことは（ある特別な状況では必要な場合もあると想像しますが）、親の脅しにのって警察を呼ぶというようなことです。以前、クライエントが話してくれたことがあります。私たちがシダーハウスを辞めたあとで、ある機関に自分の怒りを抑えるのを助けてくれるように電話したことがあるそうです。そうしたらその後、自分の家の玄関に警察がやってきたのを見てびっくりしたそうです。彼女の信頼しようとした心は全く閉じられてしまいました。そしてそれ以来二度と、彼女はその機関に電話しようとはしませんでした。

警察がやってきて、子どもはその瞬間は守られるかもしれません。しかし、警察がやってきた時点で子どもにまだ何も傷がなかったとき、警察は帰り、その後、子どもはストレスを抱えた母親のもとに残されます。そして、安全弁を失った母親のもとで、もっと大きな危険にさらされることになります。

それでは、私たちが虐待に対して警察を呼ぶのはどんなときでしょうか。それは、親が銃やあるいは何かほかの武器をもっていると話したときです。そのときは、自分たちが駆けつける前に警察を呼ぶでしょう。しかし、幸運なことに、まだ私たちのケースでは一度も起こっていません。

しかし、こんな夜もありました。自分たちがクライエントの家に駆けつけるよりも前に親が警察を呼んだと思われるケースです。この日、もう暗くなっていました。九歳の少年がシダーハウスの玄関に立っていました。彼は、一マイル以上の道を走ってきて、息を切らしながら、継父が今、弟を連れ去ったと話しました。私たちが彼の母親に電話すると、そのときもうすでに母親は警察に電話をしていました。彼女の夫の意図が全くわからなかったので、警察が到着していると聞くまでは、自分たちがこの状況にどう対処すればよいのかわかりませんでした。しかし、警察が到着していることがわかったあとは、できるだけのサポートを一生懸命行いました。子どもは二週間たって、深いトラウマを受けて家にもどってきました。

これはこれで、別の長い話が必要になってしまいます。

（注）危機状態のとき、シダーハウスに電話してくるのは、たいてい母親たちです。これはたぶん、大多数の子どもの世話は主に母親がしているからです。クララは母親からの電話を受けるときのガイドラインを書きましたが、そのプロセスは危機状態の父親から電話を受けるときにも同じように使われます。

15章 キャロライン

幼い娘を死にいたらしめたキャロライン

キャロラインは、陶器でできたお人形さんのように美しくて、はかなげな女性でした。そんなキャロラインの小さな手が、幼い娘をたたき、死にいたらしめてしまったのです。

キャロラインがシダーハウスにやってきたのは、三カ月の拘留中、精神科医による精神鑑定を受け、家にもどされたばかりのときでした。裁判所の判決は、彼女にカウンセリングを受けることを命じました。彼女と彼女の夫、スティーブは、すでに何回か精神科医のところでセラピーを受けていました。しかしキャロラインの保護監察官と彼女の息子のソーシャルワーカーは、彼女がシダーハウスでセラピーを受けることを強く望んでいました。

キャロライン、夫のスティーブ、そして三歳の息子、デイルの三人に対し、最初のインテークが行われました。両親の異人種間の結婚で産まれたキャロラインは、髪が黒く、人目をひくすばらしい容姿をしていました。彼女はインテークの間じゅう、心細そうに泣いていました。スティーブは社交的で、妻を気づかっており、そして子どもが亡くなったことを明らかに悲しんでいるように見えました。キャロラインが拘留されている間、スティーブがデイルの世話をしており、二人の間には強い絆が生まれていました。キャロラインは最初、取調官に対し、強盗が家に押し入って、自分を縛り、赤ん坊をなぐって殺したと供述していたことが、インテークのときに私たちに知らされました。もしポーラだったら、そんな作り話は信用してもらえなかったと思います。でも小さくてたよりなさそうなキャサリンは、しばらくの間、その話を信用させることに成功したのです。

私たちと精神科医との見解の相違

インテークのあと、すぐに会議が開かれ、キャロラインとスティーブが落ち着いて一緒に暮らせるようになるまで、デイルをどこかよそで預かってもらうべきかどうか話し合われました。キャロライン夫婦やシダーハウスのスタッフのほかに、キャロラインの保護監察官、家族ソーシャルワーカー、そして精神科医が集まって、テーブルはいっぱいでした。

キャロラインが家にもどってくることで、デイルの世話をどうするかが変わってくるのでした。全員が、まだキャロラインと子どもを二人きりにしてはいけないという意見で一致しました。しかしそれにもかかわらず、スティーブとキャロラインは自分たちでデイルを世話できると主張しました。インテークでは、昼間、継父であるスティーブが仕事から帰ってくるまでの間、デイルを向かいの家の人に預かってもらうという案が出されました。

精神科医は、その案でやっていけると考えました。ソーシャルワーカーとシダーハウスのスタッフは、それは危険な案であり、新たな問題を作りだしてしまうおそれがあると考えました。クララは、子ども、母親、父親が心理的、精神的に安定した状態になれるようにもっといろいろ考えないと、その案にはとても賛成できないと言いました。デイルは、妹だけでなく、一緒に母親もなくしてしまったのです。「彼は何を見たのか」「どれくらいトラウマを抱えてしまったか」「そのトラウマによる心の傷はどんなふうに表現されたか」「これは隣人が関わっていく問題であるのか」「キャロラインがこれから引き受けていかねばならない彼女自身の罪、悲しみ、恥辱はいったいどれくらいあるのか」「スティーブとデイルとの強い絆を見て、それが自分に許されていないキャロラインの側に嫉みの感情が起こってこないか」「今、母親から離されている義理の息子に、お前は自分にとって特別に大事な子どもと思わせるような状況をスティーブは喜ばないのではないか」「スティーブが、自分自身の悲しみと妻に対する怒りをどのように扱っていくか」デイルが家にもどってきて両親と一緒に暮らし始める前に、この家族の家族力動を探り、両親の抑うつ、悲しみ、赤ん坊が死にいたった原因について探ることが重要だと、私たちは考えました。家族が一緒に暮らすことは不可能だと考えたわけでありません。しかし、この家族にとって、苦しくても、よい結果を生むためには、それまでにやるべきことがもっともっとたくさんあると考えたのです。

私たちが議論している間、傍観者であるかのように見えていたキャロラインでしたが、本当は罪の意識に苦しんでおり、何ごとに対しても自分自身が全く無力であるかのように感じていたのでした。精神科医は、キャロラインはこれまでに一度もデイルを傷つけたことはないし、何か予防措置さえ考えておけば親子を離す必要はないと主張しました。精神科医の見解は結局、依存状態法廷（児童虐待など依存状態にある人を扱う法廷）で認められてしまいました。

三カ月くらいたつと、事態は、家族にとってとても難しい状況になってきました。息子を向かいの家に連れていかれて、自分は息子と昼間ずっと会うことができずにいることは、キャロラインの側に恨みの感情を引き起こし、またかえって罪の意識を高めることになってしまいました。そして彼女には、そういった感情を処理する心の準備がまだできていなかったのです。仕事から帰ってきて、毎日隣人のところにデイルを引き取りにいくスティーブは、隣人と非常に親密になっていき、その変化はキャロラインにはっきりとわかるものでした。

スティーブとキャロラインは、クララからカップルカウンセリング、個別カウンセリングを受けていましたが、クララは彼ら家族の関係が全くうまくいっていないことに気がついていました。夫婦がけんかをすると、スティーブは裁判所の命令に背いて、デイルとキャロラインを二人だけにして出ていってしまうことがあることにソーシャルワーカーが気づきました。その結果、デイルはロングビーチの家族から遠く何マイルも離れた施設に措置されるようになりました。この後しばらくして、例の精神科医は、丁寧な言葉づかいで、児童虐待について書かれた本を何か紹介してくれるよう、クララのところに電話をよこしたのです。

セラピーを拒否したスティーブ

キャロラインはまじめにセラピーに通い、また裁判所の命令により親のグループにも出席していました。スティーブは最初、彼女に付き添ってきていましたし、デイルが措置されるまでは、時々彼を一緒に連れてきてもいました。デイルは明らかに危惧していたとおり、プレイルームに入れられると継父を探して泣き叫びました。

亡くなった子どもが望まれずに産まれた子どもではなかったことは、はっきりしてきました。両親は二人とも妊娠を喜びましたし、二人とも女の子を欲しがっていました。しかし、キャロラインは出産後、マタニティーブルーにかかっていました。病院にいるときから、自分の母親とスティーブに何度も電話して、とても赤ちゃんを育てられそうにないと訴えていました。キャロラインを安心させようと、母親もスティーブも、「大丈夫、何もかもうまくいくから」と電話で応えていましたが、彼女は安心できませんでした。退院して、家で赤ちゃんと小さなデイルと一緒にいるようになってからも、時々仕事中のスティーブのところに電話して、家に帰ってくるように頼みました。しかしスティーブはそうしませんでした。キャロラインは助けてほしくて、自分が傷つけた赤ん坊を小児科医のところに連れていきましたが、自分自身を助けてもらうためにどこかに相談に行くことはしませんでした。小児科医は赤ん坊の傷を診てわかっていましたが、虐待を報告しませんでした。キャロラインの父親は、キャロラインにとって、かなり面倒見のいい父親でした（いつもというわけではありませんでした）。だからキャロラインは、母親にではなく男の人に頼ることを身につけて育ってきました。しかし、彼女が頼った男性たちは、それに応えようとはしませんでした。彼女は子育てに孤独を感じ、特に赤ん坊が泣きやまなかったときなど、パニックに陥りました。

カウンセリングに参加して、スティーブは自分がどんなに赤ん坊を愛していたか、しかし、キャロラインがやったことに対し、彼女を責めてはいないと、声高に話しました。スティーブが二人分しゃべり、キャロラインは相変わらず消極的なままでした。彼女は泣いていましたが、その涙の奥にある感情は言語化できませんでした。スティーブがキャロラインに対して何らかの否定的な感情をようやく表現することができたのは、五セッションも終わってからでした。

「こういったバタカスがあるのよ」と言うと、キャロラインはそれに触れるのも拒否しましたが、スティーブはそれを使って、へとへとになるまで家具をぶちつけました。彼の怒りを見せつけられて、キャロラインは不快になりました。それは、コントロールを失ったときの自分の怒りに非常に似ていて、まるで鏡のようにそれを映しだしていたからです。

クララはスティーブに、家族力動の中で彼が果たしていた役割について少し考えてみるように言いました、「彼はキャロラインを見た目のように陶器の人形みたいに扱ったのではないか」「彼女の弱さに対して、スティーブが進んで強い男性役割をとったために、図らずもそれがよけいに彼女の依存性を高め、無力感を強くしたのではないか」。セラピーを続ける中、キャロラインはだんだん強くなっていき、そしてクララがスティーブにあまりよい気持ちのしない質問をするようになると、スティーブはシダーハウスに来なくなってしまいました。クララは、スティーブが一緒にセラピーを受けないと、二人のところにデイルがもどれるようにサポートすることはできないと言いましたが、それでもスティーブは来ることを拒否しました。キャロラインは彼と離れて仕事を見つけ、息子がもどってこられるように一生懸命働く決心をしました。そして、キャロラインのセラピーは続きました。

お人形から脱皮していったキャロライン

キャロラインはしばらくりっぱに仕事を続けていました。キャロラインにはまわりの人を、守ってあげたいという気持ちにさせる傾向があることに気づいていたクララは、彼女に共感しながらも、セラピーでは手ぬるいことはしませんでした。クララはキャロラインに、どんなふうに赤ん坊をなぐったか、正確に詳細に述べるように要求しました、「どんなふうにこぶしをふりあげたの？」「赤ん坊のどこをぶった？」「そのとき赤ん坊はどうなった？」「そしてそのときあなたはどうしたの？」。セラピーは、クララとキャロライン二人ともにとって、たやすいものではありませんでした。

キャロラインは抑うつ状態になり、仕事を続けることが困難になってきました。やがて、約束をすっぽかし始めました。そして、特にそれがひどくなったのは、彼女が安定した生活を確立するまではデイルを施設に措置しておくべきであるというシダーハウスの見解を知らされたときでした。

シダーハウスのスタッフは、キャロラインの家の訪問もしました。キャロラインは自分の家でのほうが、もっと怒りを表現したり、抑うつの深さを人に見せたりできるようでした。そして、自分の心が傷つき怒りでいっぱいになると、大人の彼女が自分の中の小さな少女の習慣に添って自分の部屋にこもってしまうことを、彼女自身が認めることができるようになりました。彼女が必要なときには自分から援助を求めることができるようになるまでは、デイルの施設への措置はそのままにしてもらうよう、シダーハウスでは勧告し続けるつもりであることを、彼女には話しました。小さい子どもを育てる親にとって、必要なときにほかの人に援助を求めることが安全のために大切なことなのです。

キャロラインは何度かセッションを休んだこともありましたが、しかしその後、自分に今も関わっているすべての公的機関の代表者を集めてミーティングを行うよう要求してきました。そのミーティングで、彼女はもう陶器のお人形ではなく、息子をとりもどすのに必要なことならなんでもしますと、オープンにきちんと自分を主張できる女性となっていました。保護観察機関、公的ソーシャルサービス機関、キャロライン、シダーハウスのスタッフはチームとなりました。彼女はそれぞれ各機関が自分に期待していることを感じていました。

キャロラインは毎週、二〇〇マイルも車を運転してデイルに会いに出かけました。スティーブも時々はデイルに会いに出かけましたが、しかし、セラピーの助けがないまま、悲しみに沈んでいました。シダーハウスのスタッフは彼に連絡をとり、もどってセラピーを受けるように励ましましたが、結局ダメでした。

自分の怒りを認めコントロールすることで強くなっていく

キャロラインのセラピーの焦点は、彼女自身が自分の怒りを自分で認めてあげること、そしてそれをしずめ、コントロールする方法を見つけること、そして、一度も傷つけたことがない息子に、その息子と娘への対し方の違いを生みだしたのは何か、よく考えてみることでした。赤ん坊の死には多くの要因が含まれていることがわかりました。子どものときにも大人になってからも、キャロラインが自分を表現することを許さなかった母親への怒り。父親を愛してはいましたが、不在がちで、母親が彼女を傷つけたとき仲裁してくれようとしなかった父親への怒り。マタニティーブルーなどというものを否定した母親。赤ん坊が泣きやまなかったこと。傷のある赤ん坊の顔を見ても何も言わなかった夫への怒り。最初に赤ん坊が入院したとき、ただ最小限の質問をしただけで家にもどした医者への怒り。自分の中にある、わけのわからない、コントロールできない怒りへの恐れ。そのため自分には恐ろしくて何か悪いものがあるのだという思い込み。小さな女の子として、両親を喜ばすことのできないことへの罪の意識。漠然とした無力感。これらすべての要素が一緒になって、ついに赤ん坊の死という事態に陥ったのです。

この体験に自分が充分耐えられるくらい強くなったことを感じて、最後のお別れのために赤ん坊のお墓まで行った彼女は、泣きじゃくり、そして何度も繰り返しました、「ごめんなさい！　ほんとうにごめんなさい！」。彼女はまた、小児科医のところに行って、彼が赤ん坊の傷を診ていたのに、それを無視した、という事実を話しました。(注)彼を責めているのではありませんでした。キャロラインは、赤ん坊の死が自分に責任があることはよくわかっていましたが、これからまた同じような悲劇が起こることを防ぐために、小児科医に警告したかったのです。

そんなとき、クララと私は会議に出席しました。その会議には、女優のフローレンス・ヘンダーソンがデイルが措置されている施設の代表として出席していました。彼女は、私たちにはデイルだとわかったのですが、ある小さな少年について感動的なスピーチを行いました。その施設が、その少年をどうしようもない家族からどんなふうに救いだし、彼に癒しの場を与えたかという感動的な話をしました。デイルの母親を鬼のように話し、自分の施設だけでこのようなすばらしい少年に成長させたかのような話に、聞いていたクララは激怒しました。

同じ日の午後にスピーチが予定されていたクララは、うっぷんを晴らすためにホールの中央に歩いていきました。そしていつものように即興で話をしました。それはこれまで彼女が行ったスピーチの中でも最も情熱的で感動的なスピーチのうちの一つとなりました。

キャロラインのもとにもどってきたデイル

キャロラインにとって、たくさんの涙を流したつらいセラピーの作業の末、ついに、クララもスタッフもソーシャルワーカーも、キャロラインの今の状況ならデイルを彼女のもとにもどしても充分大丈夫なくらい安定していると判断しました。しかし、裁判でデイルが措置されている施設は、それに合意はしませんでした。ほかの関係者は全員、キャロラインがもう一度、息子と暮らせる準備ができていること、彼女と息子は強い絆で結ばれていること、そしてデイルも家に帰りたがっていることで意見が一致しました。それでもまだ施設の代理人は、学校を終えるまでは自分たちの施設で暮らすほうが、家に帰って得られる環境よりも物質的に豊かなものを与えられると主張しました。物質的にぜいたくできるかどうかということが、家族が一緒に暮らすか別々に暮らすかという議論の場で討議されようとしていることに、私たちは愕然としました。

五歳のとき、デイルは家に帰りました。彼はよくシダーハウスにやってきて、時々マリリンと一緒の時間を過ごしました。キャロラインは保護観察の身が続き、セラピーも継続しており、親のクラスにも出席していました。スティーブはその後も決してシダーハウスにはやってきませんでした。最終的に、キャロラインとスティーブは和解し、違う州に引越しをする許可を得ました。そして、そこで赤ちゃんが産まれました。

キャロラインからの手紙

クララとキャロラインは時々、亡くなった赤ん坊の名前をつけた児童虐待のための新たな施設を作りたいと、話していました。赤ん坊の短かった人生の記念のためにも、また同じような別の悲劇を防ぐためにも。一九八四年に、クララと私はサラセンターをスタートさせました。夢はかなったのです。クララはキャロラインに私たちの計画を手紙で知らせました。彼女からの返事が返ってきました。

手紙を受けとりました。お話をうかがって本当にうれしいです。正直に申しますと、その話を聞いて、スティーブも私も涙があふれました。スティーブも私も、あなた方の施設に、サラハウス（当初はこの名前にする予定でした）という名前を使ってくださることに心から感謝します。スティーブも本当に感動しています。もし、サラハウスが一つでも別の家族を助けることができるなら、私たちにとって非常に価値あることです。いつかはそこを訪れ、実際にこの目で見てみたいです。夢は実現できるのですね。私はたびたび、シダーハウスのことを考えます。でもそれが現実にあったとはなかなか思えないのです。しょっちゅう、シダーハウスやそこでの皆さんのことを思い出すのですが…。デイルは今でも、いつもあなたやマリリンのことを考えています。マリリンのシナモンロールやマリリンのひざで眠ったことを恋しがっています。彼は…私のデイルはりっぱに育っています。彼の生活は陽の光に満ちています。私はというと、毎日日増しによくなっていく生活です。大切な友達であるあなたに感謝します。サラハウスという贈り物をくださって、本当にありがとうございました。

最近、クララはキャロラインと連絡する機会がありました。二人は長い時間話していました。キャロラインは、家族は今も一緒に幸せに暮らしていること、大人になったデイルは今や父親と一緒に働いていることなどを話しました。南カリフォルニアに旅行したとき、家族は赤ん坊のお墓参りをしました。行く途中、デイルは車の中で突然泣きじゃくったそうです。彼が何を覚えていて、何を知っているのかわかりませんが、それはまたいつの日か、彼が話してくれることでしょう。

（注）それ以来、カリフォルニアの法律では、児童虐待に関して、医者やそれを知った人が当局に報告する義務があることが強化され、広く世の中に知らされました。

16章 家庭訪問と、そのほかの援助

家庭訪問にはたくさんの意味がある

シダーハウスの活動は、クライエントへの家庭訪問（特に月曜日のグループのクライエントに対して）やそのほかの奉仕的な援助をなしにしては続かなかっただろうと思います。すでに述べたように、これらの家族は、スケジュールどおりに動いたり、躊躇なくセラピーに来ることができないクライエントでした。

家庭訪問には、いくつか目的がありました。第一に、電話がないクライエントとコンタクトをとり、彼らが新しい状況に踏みだすときの不安を軽減させるということがありました。グループに来なかったり約束を守れなかったりするクライエントに対して、接触を続けていくために、家庭訪問をたびたび行いました。毎日がいろいろな危機状態の連続にある生活を送っていた、ある母親は、愛想よくこう言ったものです、「あの人たちに家までやってこられるくらいなら、私が出かけたほうがましだわ」。

また、うつ状態にある人は動くのが大変で、がんばって家から出るだけの気力がないということを、私たちは知っていました。そのため、うつが疑われる場合には、私たちのほうからクライエントの家へ出かけていきました。そのほかにも、子どもの安全が疑わしい場合、家庭訪問をして、その家の空気やようすをうかがいました。親の怒りのレベルはどれくらいか、放任の状態はどうか、など、子どもの危険性の度合いを査定しました。親の精神状態はどうか、ほかから利用できる援助がどれくらいあるか、安全弁はあるのかなどのほかにも、子どものようす、家の中のようす、私たちが戸口に現れたときの子どもたちの反応など、さまざまな要因を査定していきました。マリリンの存在は特に、コントロールを失いかけた人々を落ち着かせる効果がありました。マリリンはよくクライエントを手伝って、食べ終わった食器を洗い、テーブルをふいて、ようやくちょっとほっとできるくらいにテーブルを片づけてあげたものでした。

クライエントの中には、私たちを家に呼んでくれる人もいました。できるだけ時間を見つけては、私たちは出かけていきました。そうすることは、彼らの孤独を軽減するだけでなく、彼らがホスト役として人をもてなす機会にもなるのでした。リビングルームで私たちにコーヒーを出してくれるときは、クライエントと私たちは対等でした。クライエントは私たちから何かを学び、クライエントの側も私たちに何かを提供してくれるのでした。

家庭訪問は、すべてのケースで必要というわけではありませんでしたし、セラピー上、絶対に必要なものだというわけではありません。しかし、子どもたちが安全でないとき、家庭内暴力があるとき、心の中が怒りでいっぱいで、それをどうコントロールしたらよいかわからないでいる人がいるとき、また抑うつ状態で動けなくなっている人がいるとき、効果的に援助を進め、家族の安全を保証するためには、こちらから家庭まで出向いていく援助をする必要があります。

親たちが自分の生活での出来事を話すとき、私たちがそれを具体的にイメージできることが大切でした。クライエント全員が自分の家の中の状態を説明したり描写できるわけではありませんでした。自分の家を「ブタ小屋のようだ」と表現しているのに、実際にはちゃんとしていることもあれば、またその逆のこともありました。家を訪問した際は、家族についてもっと詳しく知ることができるさまざまな手がかりとなるものを探しました。家の中は整頓されているか、散らかっているか、あるいはどっちともいえないその中間くらいか。壁にはどんな絵がかかっているか。子どもがいるとわかるようなものが家の中にあるかどうか。

家庭訪問で見えてくる子どもたちの扱われ方

ある母親は、六歳の娘のキャリーのことを、学校で勉強ができなくてしようがないとしょっちゅう不満を言っていました。彼女の家を訪問したとき、リビングルームの視覚的なまばゆさに圧倒されてしまいました。部屋には、すばらしいグラスや鏡があふれ、それが光を反射し、クラクラするような動きを作っていました。また壁には、母親がいろんな人（たいていは男性でした）と一緒に写った写真がいっぱい飾ってありました。キャリーの写真は一枚もなく、キャリーのベッドルームに入るまでは、家に子どもが住んでいるようすは一つもうかがえませんでした。キャリーの部屋は、ベッドといくつかおもちゃがあるだけで、ほかには何もない寒々とした部屋でした。それまで、母親が娘にしょっちゅう腹を立ててばかりいることを知ってはいましたが、実際に家庭訪問してみて、これまでの母親の言葉から感じていたよりもっと、いかにキャリーが尊重されていないかがよくわかりました。

また家庭においての、子どもの存在とペットの役割についても注意するようになりました。

ティミーという小さな男の子は、プレイルームを四つんばいになって犬のようにワンワンと吠えながら這いずりまわっていました。家庭訪問をして、その家には犬がいることがわかりました。ティミーの両親は、子どもより犬のほうを大事にして愛情を注いでいたのでした。家庭の中の犬の位置づけは子どもよりも高く、うらやましいようなものだったのです。ティミーが犬と競い合うのは、なんの不思議もなかったのです。

また家庭訪問して見た食事のようすから、その家庭の実態を知る感覚を養うこともできました。子どもが家族と一緒にテーブルで食事しているかどうかを見ることができたのです。もし一カ所だけ（テーブルでもカウンターでも）に食器が並んでいるなら、ほかの家族はおそらくテレビの前に座って食事をしているのです。私たちがこれまで見てきた、いちばんかわいそうな子どもの一人は、台所へ追いやられ、一人でご飯を食べていました。その間、彼の両親はリビングルームのテレビの前に座って食べているのでした。

チームで行う家庭訪問

私たちが一人で家庭を訪問することはめったにありませんでした。普通はお互いの足りない技術を補い合えるよう、二人か三人で出かけました。いくつかの目で見たほうが、より多くの情報と印象が得られることがわかっていました。一人が母親と話している間（父親がいたら父親にも）、もう一人が子どもに関わるようにしました。そして三人目は、もう一人の子どもや祖母に関わりました。もしその日、私たちに何かをしてほしいという家族からの要求がないなら、私たちは家族と一緒に座って、家族一人一人ではなく家族関係の相互作用を観察します。

家庭訪問で何が期待できるか、私たちにも正確にはわかっていません。時には、笑ってしまうような出来事も起こります。あるとき、パムと私はトニーという一人の男性の家を訪ねました。彼はガールフレンドから彼女の子どもをなぐって傷つけたとして訴えられていました。ガールフレンドは私たちを家に入れてくれましたが、トニーはバスルームに閉じこもって出てきませんでした。バスルームのドア越しにインタビューが始まりました。トニーはバスルームから決して出てこようとはしませんでしたが、中から私たちと会話は続けました。私たちは警察のものではないということ、私たちにできることがあれば、なんでもあなたの助けになりたいことを強調して話しました。「あなたは子どもを傷つけたいと思って傷つけたのではなく、あなたの怒りが最高潮に達してしまってあんなことをしてしまったのではないのかしら」と言うと、彼は「そうだ」と答えました。三十分くらいして、バスルームのドア越しに彼は叫びました、「あんたたちのやり方、気にいったよ！」。玄関のところで、私は言い返しながら、笑いだしそうになるのを必死でこらえました。その日、一度も彼の顔を見ることはできませんでしたが、それから子どもがなぐられることはなくなりました。

根づき始めた家庭訪問の重要性

シダーハウスがロサンジェルス地域家族センターのモデルに選ばれたあと、私たちは、センターが提供するサービスの中に家庭訪問を含めるように主張してきました。そんなことをするとスタッフに時間がかかりすぎる、と言う人もいました。それに対し私たちは、家庭訪問がなかったら、多くの困っている人を助けることはできないし、多くの情報を得る機会も失われてしまうと反論しました。

最近になって、児童虐待や放任に関する機関相互協議会のメンバーを含む郡の公共サービスの人たちが、家庭訪問は児童虐待援助サービスには効果的な方法であると主張していると聞いて、うれしく思っています。最新の郡の家族保護プロジェクトでは、サラセンターが参加して、家庭での援助を提供しています。

電話のある家庭に対しては、ほかにも援助を行っています。セッションを受けにこない人たちに対して、大丈夫かどうかようすを見るために電話をかけました。電話を通して、彼らが抑うつ状態にあるかどうかのサイン（単調で平坦な話し方であったり、絶望的な雰囲気）や怒りのレベルが上昇してきていないかを、注意深く聞きとろうとしました。どちらの兆候があった場合にも訪問する必要がありました。

子どもたちに「人生のお楽しみの時間」を

パムは、特に貧困家庭の子どもたちに対し、シダーハウス以外でも外で一緒に過ごす小旅行を行っていました。パムとあるボランティアは、子どもたちに「人生のお楽しみの時間」を経験させるために、ビーチやふれあい動物園などに連れていきました。子どもたちのお気に入りの場所は帽子屋さんで、鏡の前で子どもたちはいろんな種類の帽子をとっかえひっかえかぶってみるのでした。子どもたちの中には、自分は醜くて誰からも好かれないと思っていて、最初、鏡の中に自分の姿が写るのをいやがる子もいました。しかし、その子たちもパムのユーモアに誘われ、しぶしぶながら鏡の前に立ちました。パムが本当にうれしそうに鏡に写っ

た子どもたちの姿を見ているのを見て、彼らもパムの目を通して自分自身を見ることができたのでした。

家庭訪問をしたり、電話で連絡をとったり、時々外に連れだしたり、そういったアウトリーチな活動なくしては、児童虐待家庭への治療的援助はなかなか効果的には続いていかなかったと思います。そして、これまで多くのケースでは、そういったことが行われてこなかったのです。

17章 交通手段

車で家族を迎えにいく

貧困家庭の人たちに関わる仕事をしてきた経験から、最初に彼らをグループに来させるためには、交通手段をこちらで考えてあげなくてはならないことはわかっていました。

彼らは、ちゃんと出かける準備をして、出かけたいと思っているときもありましたが、あるときには寝坊してしまったり、その日行きたいのかどうか自分でもよくわからなかったりすることがありました。迎えにいっても、彼らが自分で行こうと決心するまでは、私たちは何も言わないでじっと待っているほうがいいということがわかってきました。そして彼らは、たいていは行くと決めたものでした。ですが、コーヒーがいっぱい入ったカップを持って、あるいはピーナッツバターがこぼれそうなサンドイッチを持って車に乗り込むことについては、時には制限をつけました。

クララは毎週、ヘレンとボーイフレンドのサム、三歳の息子のジミーを車で迎えにいっていました。迎えにいったとき、彼らがまだベッドの中にいることも珍しくはありませんでした。ある日、彼らは明らかにグループには行きたくなさそうでした。しかし、口に出してそう言うことができません。クララがジミーに服を着替えさせている間、両親は何か言いたそうにしながらぐずぐずしていました。結局しぶしぶ彼らはクララのあとについて車のところまで来ました。そのとき、クララはたまたま車の後ろに揺り馬のおもちゃを積んでいました。彼ら家族がいやいや動いているのに気づいていたので、「あら、あなたたちは本当はどこへ行きたいの?」と尋ねました。

「ディズニーランド!」と彼らが答えました。

「じゃあ、行きましょうよ! お気に入りの乗り物は何?」

家族はシダーハウスへ行く途中、ディズニーランドへの空想上の旅をしながら、みんな一緒にすばらしい時間を過ごしたのでした。おもちゃの揺り馬はメリーゴーランドになりました。揺れながら車は、ジェットコースターのように飛ばして走りました。グループに遅れてシダーハウスに着いたとき、彼らはみんなすっかり興奮してうきうきしていました。クララもしかりでした。グループのメンバーがどこに行っていたのかと尋ねると、ヘレンとサムは口をそろえて答えました、「ディズニーランド！」。そしてお互いに目配せしながらにやっと笑いました。

「ミセス・ブルー」とシダーハウスへ行く（クララのレポートより）

そんなとき、クララは交通手段についての自分の考えをこう書きました。

❑輸送手段として、車を使うことについて

私たちのプログラムでは、スタッフのチームのメンバーが家族を、グループや医師、メンタルヘルス機関などに連れていきました。自動車はシダーハウスの象徴的なものとなっており、とても重要なものです。なぜなら、孤立を破ることは、家族にとって目標の一つだからです。自動車は、家庭とシダーハウス、家庭と外の世界をつなぐ架け橋なのです。

家族をグループに連れていくとき、毎週、同じ人が同じ自動車で同じ家族を迎えにいくのがいちばんよいのです。こうすることで、継続の感覚を作っていくことができます。まず、ドアをノックしたときに、その家族に何が起こっているかを直接感じとることができます。母親か子どもが（時には父親が）目の前の問題にあたふたしているかもしれません。あなたはその場面の最初の目撃者です。家のようすに注意し、家族がシダーハウスに来る準備をどれくらいしているか、よく見てください。もし、両親が今日は行かないと言ったとしても、あせらないで彼らの話をよく聞いてあげてください。親たちはよく、今日は行かないと言うのですが、話をしているうちに行く決心をします。大事なことは、無理にグループに行かせることではなくて、彼らの今の気持ちよく聞くことです。そうすることで、気持が楽になり、出かける気持ちになってきます。

自動車は乗客にたくさんのことを象徴します。毎週決まった時間に現れることで、継続性を象徴しています。このことは、そのほかは構造化されていない生活をおくっている親たちに、安定したものごとへの感性を育てます。あなたがその家族と知り合いになっていくと、親たちのほうも、自分を大事にしてくれる友達として、会うのを楽しみにするようになるでしょう。子どもたちも、例えば、「青い車」に乗るのを楽しみにするでしょう。子どもたちは車にぴったりの擬人化した名前をあなたにつけて、例えば「ミセス・ブルー」というように、ミセス・ブルーが来るのを楽しみにするでしょう。自動車とあなたは、親と子どもの両方にとって楽しい時間の象徴です。家族にとって意味のある空間をもてるかどうかの責任は、運転手の手の内にあるのです。

自動車は小さな密室の空間です。あなたと乗客はお互いに向かい合って座っていません。親近感が湧きやすい空間でありながら、向かい合わせではなく横に座っているというのは、クライエントに脅威を与えない設定です。そうしているうちに、クライエントは自由な気持ちになり、非常に個人的な問いかけや、現在の家族の危機について話し始めます。子どもたちもまたこのドライブの間、聞き手に自分のことをいろいろ話してくれるでしょう。

もし車で一緒にきた親が、グループの話し合いで自分のことを言うのを恥かしがっているようなら、あなたはグループのチームメンバーとして適当な頃合を見計らって助け舟を出してもよいのです。例えば次のように親に言ってあげることができます、「ダイアナ、車の中で私に言っていたようなことで、何か言いたいことはないかしら」。こんなふうに、彼女がグループにうまく参加できるように助けることができます。この方法の危険性は、グループに入るときに、親があなたに依存しすぎることです。あなたはこの危険性に充分配慮し、親がグループのプロセスにうまく入っていくことができるようになるまでの間、少しきっかけを与えるだけにしなくてはなりません。もしグループに入るきっかけを親に与えても、親がそれに反応を示さないなら、ちょっと待って次の機会にもう一度試みるのがいいでしょう。

車の中にいろいろな種類のものがあるのは、親にも子どもにもとてもよいことです。あなたは車の中に、いろいろな私物を乗せてあるでしょう。家族を乗せるとき、それを降ろしておかなくては、などと思わなくてよいのです。そういった品物に家族は興味を示し、それは家族にとって新しい経験となります。かといって、特にこちらから注意を促す必要はありません。家族には自然とそれが目につくでしょうし、おそらくリラックスしてくると、それらに触ったりするでしょう。もし子どもたちが車の中で、おもしろいものを見つけたら、今度からそれを見たいために喜んで車に乗ってくるでしょう。

車はうれしくて楽しい場所でなくてはなりません。親たちにとっての一つの目標は、遊びを楽しむことを覚えることです。それは親たちが子どもの頃に学んでこなかったことなのです。もし道を間違えても、あなたがそのことをおもしろおかしく話したなら、きっと明るい雰囲気が生まれるでしょう。人は失敗するものであるということ、そして困った状況のときでもうまく切り抜ける方法を見つけられるという姿をあなたが見せることで、親が自分をあなたと同一視することができます。そして次に車に乗ったときに、今度こそ道を間違えないわよ、と言えば、さらに効果があるでしょう。

特にこれまで孤立してきた親は、車に乗っても数週間は居心地悪く感じているかもしれません。そんな場合は、話題も安全な内容のものにして、安心していいと親が充分感じるのを待ちましょう。話すのが苦手な親たちにとって、話すことがなくても静かな車の中では、エンジンの音が自分を保護してくれるものともなるでしょう。おそらく生活に移動があるという事実は、普段いつも同じ場所で過ごしている孤立した親にとって、ある満足感を与えると思います。たとえ、それが車に乗っている間のことだけであっても、移動があるというのは気持ちのよいものとなるでしょう。そして、自分の話を聞いてくれる人がいる車での移動は、クライエントの人格発達に変化を促すことでしょう。

18章

付き添い

これまで私たちは、おびえてビクビクしているクライエントに付き添ったり、出かけなくてはならない場所があるのに交通手段がないクライエントたちを車に乗せていったりしてきました。そんな経験の中で、目を見張るくらいびっくりした思い出の出来事がいくつかあります。

私はかつて、郡の公的機関で働いてきました。そのときは、クライエントをどこか施設に紹介しさえすれば、それで一つ仕事が終わったような気でいました。しかし、自分の行っている紹介というものがどんな意味をもつのか、シダーハウスで家族に付き添って一緒に紹介先に行くようになるまでは、あまり考えてきませんでした。

メンタルヘルスセンターの子どものための治療施設でのテレサの例

統合失調症の母親テレサには二人の小さな子どもがいて、車はもちろん、ベビーカーさえもっていませんでした。十八カ月の女の子は、一日のほとんどをベビーサークルの中で、何もしないで座っているだけで過ごしており、まだ歩こうともしていませんでした。彼女は太っていて重く、抱っこしてどこかに連れていくのは重労働でした。それにいちばん近いバス停は、テレサの家から三ブロックも先にあったのです。

私は、子どもたちの発達を考えて、メンタルヘルスセンターの子どものための治療施設に家族を紹介しました。就学前の子どもに対するその施設のプログラムは、私たちも評価している内容でした。その施設では、クライエントを乗せるのにバンを使っていましたので、週に五日は子どもの送り迎えをしてくれるだろうと思っていました。しかしその前に、まず、子どもたちが受け入れてもらえるかどうかの査定を受けなくてはなりませんでした。

インテークの面接のために、私はこの家族を車で連れていきました。テレサは神経質になってはいましたが、私を信頼してついてきてくれました。

施設に着いたとき、誰も私たちを迎えてくれませんでした。待っている間、テレサはだんだん不安になっていきました。やっとスタッフのメンバーがやってきました。その人は私も知っていて尊敬もしている人でしたが、母親には一言も声をかけずに、三歳の上の女の子だけを手をつないで連れていってしまいました！　私はびっくりしました。テレサはすっかり動揺していました。私には、テレサがその場に倒れてしまわないように支えているのが精一杯でした。

そしてようやくインテークは終了し、上の子どもは受け入れられることが認められましたが、下の子はだめだということでした。下の子は、そこのプログラムには年齢が小さすぎるというのです。テレサは、支払いの手続きのために別の階へ行くように言われました。言われたとおりにしましたが、そこでは、予約をとりに後日来るように言われただけでした。支払いの手続きがすむまでは、子どものプログラムはスタートしてもらえないということでした。

次の週、また私は車でテレサをその施設に連れていきました。しかし、私たちが二度目に行くと、前回テレサが予約をとった相手の人から病気で休むと電話連絡があったというのです。テレサの家には電話がありました。しかし、誰もそのことを彼女に連絡してこなかったのです。もし私が車に乗せてこなかったら、テレサは重い子どもを抱いて、バス停まで数ブロック歩き、バスを降りてからも二ブロック以上歩き、そのあげく、結局また別の日に予約をとらなくてはならなかったのです。もし私がただ紹介しただけで、放っておいたら、子どもは結局プログラムを始めることができなかったでしょう。私はこの出来事に衝撃を受けました。そしてその日は、私は不満の妄想をふくらませず、ただメンタルヘルスセンターの施設でプログラムを受けるにはよほど健康な人でないと無理だという結論に達しました。

私たちは、そこの施設のスタッフに、このインテークでの体験をクライエントの立場から話しました。それ以後、この施設では、インテーク面接と同じ日に料金手続きを完了してくれるようになりました。テレサの子どもはこの施設でのプログラムで、行動の上でも発達の上でも劇的な進歩を遂げました。

法廷での驚くべき体験

家族に付き添って法廷に出席したときも、びっくりして目を見張る体験をしました。私たちは時々、クライエントと一緒に法廷に召喚されることがありましたが、普通は主に、母親や子どもたちの精神的サポートのために一緒についているためでした。

シダーハウスがオープンして間もない頃、ルースが法廷に呼ばれました。彼女の公的弁護人は、クララがルースの代理として話し始めるまでは、ほとんどルースに関心を払いませんでした。クララが話し始めてようやく（少なくとも私たちにはそう見えました）、ルースをまじめに弁護し始めたのです。こんなことはしょっちゅうありました。

また、リリーという若い女性に付き添って法廷に行ったことがありました。リリーはうつ状態でおびえていました。ずっとうつむいて背中を丸めて座っていました。弁護士がやってきて、彼女にではなく私に話しかけました。そのとき私は、おびえている人が簡単に見過ごされてしまう事実に衝撃を受けました。その後、リリーは精神科医の鑑定を受けるように命じられ、結果、ボーダーラインの知的遅滞と診断されました。これまでシダーハウスでの安定した精神状態の彼女を見てきて、どこにも知的遅滞の可能性がないことが私たちにはわかっていました。彼女は検査の間、恐怖のあまり麻痺した状態にあり、検査員に何も反応できなかったのです。彼女はおびえているときには何もしゃべらない傾向がありました。おそらくそれで、検査員は、彼女のおつむはからっぽだという結果を出したのでしょう。

不安な母親に付き添っていくこと

子どもに傷を負わせたために、子どもをどこかに措置された経験のある親は、その後、子どもを医者に連れていくことを恐れるものです。ある日、一人の母親が熱のある子どもを連れてシダーハウスにやってきました。私たちは子どもを医者に連れていくように勧めましたが、母親は、どうしても子どもを連れていくことができませんでした。自分が子どもを育てる資格がないと見られ、また再び子どもをどこかに措置されてしまうのではないかと恐れていたのです。結局、マリリンが母親について一緒に行くことを約束し、彼女はしぶしぶ医者に行くことに同意しました。子どもは耳の感染症にかかっていることがわかりました。そのときの医者は、母親に対し、「ちゃんとよく子どもを連れてきたね」とほめてくれさえしました。母親は充分な安心感を得ることができ、子どもは医療上必要な治療を受けることができました。そして母親は、自分の感じた恐れは過去の経験に基づいているだけで、今の現実ではないということを学んだのでした。その後、彼女がほかの恐怖心に対処するときには、この体験を思い出してもらいました。

クライエントに付き添っていくとき、時々私たちは、自分たちが奇妙な立場にいることに気がつくときがあります。ヘレンの娘はもう何年も里親のところで暮らしていました。シダーハウスのスタッフは、ヘレンの親権を終結させ、娘が里親と養子縁組を行うよう提案していました。ヘレンは法廷まで行くのに交通手段がありませんでした。彼女は断固として、「誰にも子どもを私から奪わせないわ！」と言っていました。しかし裁判の日が近づくと、ヘレンはクララに、自分とボーイフレンドのサムをロサンジェルスにある裁判所まで車に乗せていってくれないかと頼んできました。クララとマリリンは一緒に行くことに同意しました。

裁判所に着くと、私たちは法廷の反対側の席に座り、反対の立場からの意見を述べました。そして裁判が終わると、また長い時間一緒の車に乗って帰ってきました。結局子どもの養子縁組が決定したにもかかわらず、不思議にもヘレンとサムは、クララとマリリンが一緒にいてくれたことを感謝したのです。

児童虐待課のジャッキー・ハモンド巡査との交流

シダーハウスにやってくる家族の多くは、警察と関わった経験がありました。親たちからは、警官からひどい扱いを受けた恐ろしい話をよく聞かされました。たいていその恐ろしい警官たちは、すでにうわさで名前が知られていました。

親たちが卑しめられ、屈辱を受け、取るに足りない扱いを受ければ受けるほど、子どもとまた一緒に暮らし始めたときに子どもが虐待を受ける危険性が高くなることは確かです。なぜなら、そういう扱いを受けることで、親たちはよけい自己嫌悪の底知れぬ海に落ちてしまうからです。たいていの子どもは、しばらく措置されたあと、また家に帰ってきますし、ほとんどの子は、虐待があるにもかかわらず親と一緒に暮らしたがっています。そんな中で家に帰りたがらない子どももいて、私たちはいつもとりわけその子たちの話をしっかりと聞くようにしています。

ルースの子どもがいなくなり、ルースが半狂乱になった日から、クララは心から全面的にルースの代弁者になりました。ルースが警察に助けを求めて電話をすると、なんと、フェンスを乗り越えて、裏庭で遊んでいる彼女の息子を彼女には何も告げずに黙って連れていってしまったのは警察だったのです。息子が無事だとわかってほっとしたあとも、逆上した彼女の怒りはおさまりませんでした。

ルースが、ケビンを庭から連れていった児童虐待課の女性警官、ジャッキー・ハモンドから面接に呼ばれたとき、クララはルースについていこうと決めました。ジャッキー・ハモンドは妥協を許さず、頑固で一筋縄ではいかない女性警官として、母親たちの間でその名前が知られていました。その話し合いの間じゅう、ずっとクララはルースとハモンドの双方に敬意をもって話し、二人それぞれの主張を尊重しながら、話を続けていました。ハモンドの主張は子どもの保護を確保すること、ルースの主張は子どもを自分にもどすことでした。ハモンド巡査は、少年の保護に関して、しっかりと自分の意見を述べましたが、ルースに対してきちんと敬意をもって接していました。結局子どもは家に帰されました。ルースは、自分が礼儀正しくできたのはクララのおかげだと言っていました。

その後、クララは別の母親、マリーの付き添いでハモンドのオフィスへ行く機会がありました。子どもたちの保護に関して、マリーに対し厳しい警告をしたあと、ハモンドはこの疑い深い母親に、子どもたちを養うためのお金を貸したのです。

　この厳しい女性警官ハモンドは、意見交換を求めて、私たちのグループセッションに一度ならず出席してくれました。グループの母親たちはみな、子どもの保護に彼女がどれだけ自分をかけているかを知り、敬意を払うようになりました。それと同時に、私たちは、児童虐待課の人たちの、母親たちに対する態度や雰囲気が変化してきたことに気がつきました。

さまざまな組織の人と出会って

　またグループ内でも、児童虐待課に対して反応が違ってきたことに気がつきました。ルースはドラッグに関する令状を履行するため、短い期間でしたが婦人刑務所に入ることを決めました。刑務所からもどってきたとき、彼女はこう言いました、「まさか私が警察の肩をもつようになるとは思わなかったけど！　でもね、刑務所の中でほかの人にこんなこと言っちゃったの、『警察は警察で、やらなくちゃならないことがあるのよ』って」。

　不幸なことに、その後もまだ、パトロール中のパトカーに子どもを連れていかれてしまったひどい話を聞きました。それは、児童虐待課には所属していない警官たちでした。私たちはほかにも、ロサンジェルス郡保安官やそのほか周辺の警察に対処したことがありました。

私たちのプログラムを受けているある父親が、自分のいちばん上の娘に性的虐待を行っていることがわかり、そのことをノーワーク警察に報告することになりました。クララが警察を呼んだとき、父親も母親もいて、家族全員で一緒に警察が到着するのを待っていました。警察が父親を逮捕するために現れたとき、クララは、子どもたちの目の前で父親に手錠をかけることに反対しました。父親の屈辱的な姿を見ることは、子どもたちのトラウマの傷をもっと深くしてしまうと主張しました。警官はそのことにびっくりしていました。

私はちょうど個別セッションが終わって出てきたところでした。両親はクララと一緒にダイニングテーブルに座っていて、おびえたようすでしたが、あきらめているように見えました。四人の子どもたちは、マリリン、パムと一緒にリビングルームにいました。電話で警官が報告しているのが聞こえてきました、「どうします？　彼らは私に手錠をかけさせてくれないんですよ！」。警官は何度か電話でやりとりしたあと、父親が警察まで自分の車で運転していくことを許可しました。このことに私たちはびっくりしてしまいました。父親の運転する車は、うやうやしく警察の車のあとをついていきました。私たちはすべてがうまくいったとわかって、ほっとしました。

一生懸命にクライエントのために働く人々を、たくさん組織の中で見てきました。子どもを手放し養子縁組を考える親たちの相談に乗ってきた養子縁組ワーカー、ジャッキー・ビルス、それほど危険な状態ではないと考える裁判官に対して、子どもの保護を主張し、法廷で戦いに勝ってきたソーシャルワーカー、施設に子どもを措置する必要はないと私たちが結論を下したとき、喜んでくれた情け深い郡の弁護士など。しかしまた、明らかに自分の問題でパンクしそうなソーシャルワーカーもいました。彼は母親の話すことに、全く見当違いの返答をしていました。とうとう、母親は耐えきれなくなって、私のほうをふり向いて言いました、「ボビー、彼は私の話をちっとも聞いていないわ！」。

恐れに立ち向かうクライエントのモデルとして私たちが示せること

クライエントたちが乗り越えなくてはならない交渉に実際に立ち会う過程で、私たちはたくさんのことを学びました。彼らの進む道には、私たちが想像もしなかった障害があることを発見しました。自分に必要なことをやりこなす彼らの能力が恐怖心のために損なわれてしまっていることが、私たちにはわかってきました。そしてその状態があまりにも頻繁に「抵抗だ」と解釈されてしまうのです。また私たちの活動の中で、接触する郡の職員の人たちにもうまく対応できるようになっていきました。そして、ほかの機関の力と限界がよくわかるようになりました。どのようにして恐れに立ち向かい、障害を克服していくか、私たちがクライエントのモデルとなる必要がありました。登らなくてはならない山があるとき、それがたやすく登ることができない山であったとしても、もしほかに何もできなくても、少なくとも決して越せないわけではないことを、私たちがクライエントに実証することはできたでしょう。

19章 社会化とエンパワメント

親たちを社会化させていくこと

ボランティアでシダーハウスに参加してくれた心理学者ラリー・ハンナは、驚いた口調でこう言いました、「ここで君たちがやっていることはなんだと思う？　君たちはこの人たちをつまりは社会化しているんだよ！」。

特に月曜日グループの親たちの社会化のプロセスは、本当に少しずつしか進んでいきませんでした。ここにやってくる親はほとんどみんな、他人と関係をもつ能力に欠けていました。

グループで、親たちは、特に自分が困っている状況の話になったときなど、競争のように話を聞いてもらいたがりました。私たちは、誰が話をするかコントロールはしませんでしたが、あまりしゃべっていない親には、今話されているのと同じような体験をしたことがないか、とか、今の発言に何か言いたいことはないかと聞いて、声をかけたりはしました。例えば、「リンダとマリーが話したことと似たような経験を、あなたもしているんじゃないかしら」などというように。もし話そうとしないなら、そのままにしておきます。結局、人は機が熟せば誰かに自分の話を聞いてもらいたくなると、確信しているからです。

時々私たちスタッフ、クライエント、ボランティアの全員で、パーティーやピクニックの計画を立てました。私たちの経験上、こういうことをすることは、クライエントと専門家としての関係に害になることはなく、むしろ関係を豊かにすることがわかっていました。私たちのスタッフは他者との間にきちんとした境界(線)ができており（なんじは誰をも侵さないし、誰からも侵されない）、それ以上に親密な関係はほかで満たされていました。クライエントを含め誰とでも、専門家としての、社会人としての境界(線)は揺らぎませんでした。私たちは一緒に楽しい時間を過ごしました。のちには、外での遊びの体験をいろいろ計画してくれるレクリエーションセラピストのスーザン・マシューがスタッフになってくれました。

こんなふうにみんなで遊んだり、一緒に何かを行う体験の目的は、家族を社会化することでしたが、同時に、そういった活動の中で、セラピーのための情報を得ることもできたのです。ある母親の、度を越して親としてきちんとやりすぎるスタイルは、山歩きに出かけたときにはっきりとわかりましたし、またある父親がとかげでボランティアを怖がらせるのを見て、彼に対する見方が変わり、彼の娘が父親からわいせつ行為を受けているという申し立てに信憑性を与えました。そのときまでは、彼が他人の気持ちに対する共感に欠けているという、はっきりとした確信をもっていなかったのです。

さまざまな機関との協力のもとに

シダーハウスはクライエントのプログラムでもあると同じように、私たちみんなのプログラムだと私たちは考えていました。彼らのニーズをよりうまく話せるのは誰でしょうか。シダーハウスに来訪者があるときは、関心がありそうな親を何人か招待して、話し合いに参加してもらったり、シダーハウスの中を案内してもらったりするようにしていました。それによって来訪者は、プログラムのより個別的な内容を知ることができましたし、クライエントは地域の人たちと接する機会をもつことができました。ここでは、クライエントはエキスパートだったのです。親にとって、児童虐待のプログラムに自分が関わっていることは、自尊心を損ねることではなく、むしろその逆の効果があることがわかりました。

シダーハウスでは、クライエントにさまざまな治療的活動を提供していましたが、クライエントに受けてもらうプログラムをシダーハウスだけに限定することはしませんでした。親をほかの機関に紹介したり、またもうすでにほかの機関のプログラムを受けている場合は、それをがんばって続けるよう、クライエントを励ましたりしていました。メンタルヘルスセンター、青少年のための精神科クリニック（今はチャイルドガイダンスセンターになっています）、ロングビーチ家族サービスセンター、海軍家族サービス、カトリック福利厚生、AA（断酒会）、親会などと、お互いに紹介し合いました。ほかにも十二ステッププログラムが発展するにしたがって、家族を紹介してきました。

シダーハウスのクライエントが同時にほかの機関のプログラムを受けている場合、機関間の分裂を避けるために、その機関と連絡をとって（もちろん、クライエントにそのことを知らせ了解をとっておきます）、現状を常に把握するようにしました。もし親が、あちらでは反対のことを言われたと言うときには、そこに連絡をとって、まず、クライエントが正確に受けとっているかどうか、そしてもしそうなら、相互が同じ目的に向かっているのか、あるいは違った目的に向かっているのかを明確にしました。たいてい、それぞれの目的についてよく説明すると、クライエントの混乱はおさまります。自分だけが、唯一の支援者になりたがるセラピストはめったにいませんが、そのような場合には、クライエントがどちらかを選択しなくてはならなくなります。このような多彩な問題を抱えた家族を援助しているセラピストは、地域のいろいろな機関やいろいろな技術や能力を結集することで、クライエントに対してよりよい援助ができることをよくわかっています。

警察官ボスタードやハモンドとのエピソード

多くの家族は、関わる地域が大きくなればなるほどまごついてしまうので、地域の人をシダーハウスのほうに招くようにしました。例えばグループやオープンハウスのとき、またいろいろなイベントの機会に、地域の人に来てもらうようにしました。多くの親は警察と関わったことがあるので、ロングビーチ警察の児童虐待課の人に月曜日のグループに参加してもらってはどうかと提案が出ました。この実行には準備が必要でした。母親たちはあごを突き出して反発しました、「警察来るなら、私は来ないからね」と。しかし、それでも全員がやってきました。

巡査部長のボスタードは、私服でやってきました。快活なようすの感じのいい人でした。彼は児童虐待課の任務について、「虐待を受けている子どもたち、虐待を受ける危険のある子どもたちを保護すること」だと説明しました。母親たちは児童虐待課のこの任務を受け入れただけでなく、支持する態度を見せました。それは、自分の育った状況と照らし合わせてのことでした（私が小さな子どもだったとき、私にはあなたが必要だったのに、どこにいたの？）。同時に、母親たちは、子どもから離されるつらさだけでなく、子どもを連れていかれるときに警官が母親たちをごみくずのように扱うことにどれだけ衝撃を受けるかを話しました。ボスタード巡査部長は、取り調べの間、子どもを親から離しておかなくてはならない必要はあるけれども、その場合は人道的なやり方で行うようにすると約束しました。実り多い話し合いが行われました。母親たちだけでなく、一人で母親たちと一緒の席についたボスタードにとっても、勇気が必要だったと思います。

それ以来、たくさんの警察当局メンバーをグループに招きましたが、グループの母親たちからの抵抗はほとんどありませんでした。女性警官のジャッキー・ハモンドも、クララとルースとのミーティングのあと、一度ならず来てくれました。ジャッキー・ハモンドは今では引退しているのですが、シダーハウスは自分にとってもまた必要な場所だったと、最近彼女から聞かされました、「私にも悲しみを吐きだす場所が必要だったの」と。それは、多くの傷ついた子どもを扱うことからくるものでした。母親たちが、ジャッキーの心の痛みや、母親たちに反対の立場で向き合っていかなくてはならない彼女の立場に気づくようになっていくにつれ、お互いの共感の基礎が築かれていったのです。

「シダーハウスは、いろんなすてきな場所に連れていってくれるんだよ」

時々、私たちが期待していなかったことを地域がやってくれることがありました。最初の年の夏、地域のボランティア団体が、シダーハウスの子どもたちをロサンジェルスの動物園へ連れていってくれると申し出てくれたのです。ボランティアとシダーハウスのスタッフと親たちで、ミーティングがもたれました。親たちはその計画はすばらしいけど、自分たちも一度も動物園に行ったことがないのだと話しました。それで結局、この小旅行の計画は家族全員で行われることになりました。みんなすばらしい時間を過ごしました。次の年、私たちは、ある一人の子どもが友達に、「絶対シダーハウスへ行くといいよ。夏には、いろんなすてきな場所に連れていってくれるんだよ」と言っていたと聞き

ました。たった一回行った動物園が、彼にとっては「いろんなすてきな場所」だったのです。

誠実に正直にクライエントと向き合うこと

シダーハウスでは、スタッフの誠実さと正直さを基礎にして、クライエントとの関係を作っていくことを大切にしています。これは、言うべきときには、自分たちが見たとおりのままに、穏やかに優しく、しかしいつでも本当のことを言うことを意味しています。このことは、嘘くさいことはなんでも見抜いてしまうクライエントに安心感を与えることでした。

例えば、ある母親が怒ってこう言いました、「ソーシャルワーカーがなんて言ったか知ってる？　私が出ていくべきだと言うのよ！」。その家族のことをよく知っているクララは、こう答えました、「そう、ソーシャルワーカーがそう言ったのね」。そして、それからクライエントとソーシャルワーカーがどうしてそう考えるのか、両方の意見を整理し、理解しようとします。子どもにとって、家族にとって、本当に危険があるのか。もしあるとしたら、どうすることで危険を減らすことができるのか。「おそらくあなたのソーシャルワーカーは、もっと違った言い方をすべきだったと思うわ。でも私自身もあなたの今の状況は少し心配なの。このことは私にまかせて、ソーシャルワーカーのことは気にしなくて大丈夫」。

しかし、このような整理と理解のプロセスを行っても、ソーシャルワーカーが過剰に反応しすぎていたり、公平でないと思えるときは、こう言うようにしています、「ソーシャルワーカーの言っていることが正しいとは私には思えないわ」。そして、その問題を解決に向けて進めていくために、次のような質問をすることに焦点を当てていきます、「あなた、ソーシャルワーカーがどんな危険が起こると考えているか、彼女に電話して聞いてみることできる？」「彼女と話すためにあなたが必要とすることは何？」「あなたはそう言いたいのね。でもそれを穏やかな言い方に変えることができるよね！」「あなたが彼女に知ってもらいたいことは何かな？」「じゃあ、この会話をロールプレイでやってみましょう。…ＯＫ」「それでいいわ」「さあ、ここに電話があるわ。あなたの言いたいことが今心に浮かんでいるうちに電話したほうがいいわね。もしソーシャルワーカーがいなかったら、あなたが話したいというメッセージを残しておきましょう。がんばって！」。このプロセスの間、グループではよく、みんなが賛成できる言い方や言葉が見つかる前に、誰かが「こんなふうに言えばいいんじゃないの？」と言って、みんなの笑いを誘ったりします。

つまり、私たちが援助しているクライエントは、具体的な指導が必要な大人なのでした。どこまでが他人が現実にやったことが原因でクライエントが傷つき、怒っているのか、あるいは、どこまでがクライエントのとった行動のせいでそのような結果になってしまっているのか、あるいはまた、他人というのはいつでも自分を傷つける存在なのだという、クライエントが長年培ってきた見方によるせいなのかを見極めるプロセスを通して、私たちは彼らに歩み寄っていくのです。もし、理由や原因が見つからないなら、「この人は私を傷つけるためにここにいるのではない」ということを、私たちは心に留めておかなくてはなりません。今行動を起こす必要があるのかどうか、そしてもしその必要があるなら、どんなふうにこれからやっていくことができるのかを、クライエントと一緒に考えていきます。必要ならば、具体的にどうやるかをやってみせることもあります。

受容されることで、負の感情がしずまっていく

私たちは正直にそう思うときは、いつでもクライエントの見解を支持してきました。そしてまた、彼らが私たちに話すことが、たとえそれが私たちの考え、感じていることと正反対だったとしても、彼らが表現してくれていることは彼らの考えであり、感情なのだと受けとりました。彼らの話すことが、どんなに私たちの耳には奇妙なことに聞こえようとも、否定しませんでした。そのときには、こんなふうに言います、「それは私の見方とは違うけれど、あなたがそう思うには理由があるのね」と。私たちは、主にクライエントの病理に焦点を当

てるのではなく、彼らの能力、困難に立ち向かう力、自分自身の世界観を作りたいという欲求を育てるように努めました。

私たちはセラピーの指針として診断を参考にはしますが、診断に束縛されていると、間違った仮説を立ててしまうことがあるのです。ポーラのケースでは、彼女は統合失調症であり、子どもを決して母親のもとにもどすべきではないと報告を受けていました。しかし、彼女に関わってみての私たちの結論は、彼女は確かに自己愛性性格ではあるが、統合失調症ではないという結論でした。

「人は完全でなくてもいい」という許しを与えることは、クライエントが今まで一度もしたことのない行動を危険を冒してでもやってみる勇気を与える力となります。私たちはよくクライエントに、「あなたがどんな気持ちのときでも、シダーハウスはあなたを歓迎します」と言っています。私たちも同じように、マイナスの感情を許容されると、プラスの感情を感じやすくなります。本当です。私たちは時々、敵意の感情で試されることがありますが、受容することがいかに負の感情をしずめる力になるか、受容の力にいつも驚かされてきました。

どんなときも、ともに考えていく準備ができていることを伝えていく

児童虐待機関で働くスタッフは、暴力的なクライエントにひるまないで、その怒りを受け入れる自分のキャパシティーを信じられるようになる必要があります。怒りでいっぱいの人がやってきたとき、スタッフが怖がって応対すると、クライエントが受けとるシグナルは、「そうだよ、確かに私はこわくて恐ろしい人間なのさ」です。これは、クライエントの貧困な自己イメージを最も確信させるものであり、感情の爆発を誘発する最悪のものとなります。激怒しかかっている人に自分のほうから近づいていくことは、彼らの存在そのものを受容しており、彼らが私たちの前では自分の行動をコントロールしてくれることを期待している、ということを示すものです。もちろんそのとき同時に、彼らが腹を立てていることをわかっており、いつでも彼らの話を聞く準備ができていること、今彼らを悩ましている問題について、なんでも一緒に考える準備ができていることを、言葉でも態度でも伝えなくてはなりません。

クララとマリリンが、自分の子どもの脳に傷を負わせたある父親の家を訪問したことがあります。どのような父親なのかはわかりませんでしたが、シダーハウスでの経験を話しても

らおうと思い、別の父親に一緒に来てもらいました。

訪問した先の父親は身体が大きく、恐ろしそうな人でした。クララは小柄です。でも誰も父親を怖がってはいませんでした。クララはいつもの優しい態度で話しながら、少しずつ少しずつ父親のほうに近寄っていきました。彼のほうは少しずつ少しずつ後ずさりしながら、ついには、威嚇するのをやめました。彼らは、同じ人間同士として、一緒に話すことができました。その後、まもなくして父親はシダーハウスにやってきました。そのときは、彼のほうから私たちに近づいてきたのです。それは彼が社会化への一歩を踏みだしたということでした。

20章

親業クラス

親として学べる場を

シダーハウスに来ている親たちは、親としてのスキルが非常に欠けていました。私たちは、彼らが親業を学べるクラスに参加する必要があると感じていました。しかし、これまでの経験上、多くのクライエントが、地域の大学で受けることのできるクラスには出席したがらないことはわかっていました。そのため、気軽な雰囲気の、もっと基本的なことが学べるレベルのコースを探していました。

一九七七年の五月、ロングビーチ大学（二年間の地域の大学）とシダーハウスは協力して、十二週間の期間、週に一度、夜に行う親業クラスをスタートさせました。場所はシダーハウスで、形式ばらない雰囲気で行うことにしました。市民大学ではキャロル・ウォーレンという女性を先生に雇いました。彼女は児童虐待と親の教育に関するスペシャリストでした。シダーハウスの側では、大人のクラスのリーダーとして、マリリンと、自分も親であるボランティアの一人が入りました。パムと数人のボランティアが子どもたちの世話をすることになりました。

親のニーズに合わせたクラスの指針

クラスは、幅広くさまざまな親のニーズに合うように計画されました。出廷命令を受けている親、公的なソーシャルサービス機関や地域の精神健康機関、ストレスを感じている親たちのグループ、教育機関などから紹介された、さまざまな親がクラスに来ました。またパンフレットを見たり、口コミでうわさを聞いてやってきた親もいました。キャロルとマリリンは、このさまざまなレベルのストレスをもった親たちみんなに役に立つクラスにするには、自分たちリーダーが高いストレス群の家族の特別なニーズを敏感に感じとり、それに充分応えていく必要があると考えました。親としての共通性が、このさまざまなレベルの親を結びつける要因となりました。

最初の計画の段階では、クラスの人数は十二～十五人に制限する予定でした。しかし、ロングビーチ市民大学からは、もっと人数を多くするように要求されました。一九七九年のプログラムの評価時には、親業クラスには十八人の参加者があり、その中にシダーハウスの親は九人（母親六人、父親三人）含まれていました。

クラスの目標は、次のように、シダーハウスとキャロルの両方の理念を反映させて作りました。両者はお互いに意見を戦わせられる、よきパートナーとなりました。

●どんな負の感情も自由に吐きだすことができる環境を作り、親たちの感情的なニーズに対して心理的なサポートをすること、親たちを援助するには、より敏感に彼らに応えていく必要があること、そして、彼らを価値ある人間として受容すること。
●親たちの社会化を促進し、お互い相互のサポートのために「家族ネットワーク」を発達させる機会を作っていくこと。
●子どもの発達に関する情報、また子どもに体罰を与えるのではなく、ポジティブなしつけの技術のための情報を親たちに提供すること。

●楽しい母子関係を通して、「相互性」を育てること。母子の相互性については、これまで子どもの社会性、感情的健康、学習という面から、子どもの発達にはよくないこととされていた。

実際に役立つ知識とスキルを学ぶ中で

キャロル・ウォーレンはこのクラスを次のように表現しました、「現代の子どもの発達に関するさまざまな情報を学び、子どもへの対処のしかたを行動科学から学び、効果的な親業を文献から学ぶ」。親たちは、まず自分自身か子どもの、変えたいと思っている行動を決め、それを行動目標とすることから始めました。このクラスのプログラムは、親たちが一歩一歩段階を追って、実際に役立つ知識と実際に使えるスキルを身につけることができるようになっています。効果的な親業のためのシステミック訓練（ＳＴＥＰ）プログラムに基づいて、親たちが次の段階に入る前に、どの段階も習得できるように、最初は簡単で基本的なスキルからカリキュラムが始まっています。

クラスの前半は、親たちが自分の感情を吐きだしたり、一週間の間に起こった問題を話し合う時間に当てられました。一週間の間にたまってしまった感情を解き放つことは、とても有意義なことであり、後半の、親としての情報や技術を学ぶときに素直に学びやすいと、生徒である親たちが言っていました。

最初の六週間は、子どもの身体的な安全を確保するための情報やスキルを親たちが身につけられるようにしていきました。怒りをコントロールする技術（言葉の使い方、身体的・精神的エクササイズ、落ち着くまでその場を離れること、誰かに助けを求めること、など）、子どもに対し、体罰に代わって行うこと（タイムアウト、そのままにして放っておく、行動修正法など）などです。次の六週間では、子どもの発達に関する知識（この年齢では、何ができるか）と、お互いへの共感性とコミュニケーションスキルの習得を集中して行いました。

クラスが終了するとき、親たちは、最初に目標とした行動を見直し、何か変化が見られるかどうかの評価を行いました。コースを終了した者全員に卒業証書が手渡されました。親たちの中には、これまで何をやっても成功したことがなく、はじめて、自分はこれをやり遂げたのだという具体的な証を手にして、泣きだす人もいました。

クラスはどのように評価されたか

一九七九年七月、親業クラスが成功したかどうかの評価が行われました。二年間クラスを受け持ってきて、キャロルは、特定の行動を目標としてやっていく、彼女独自の技術を発達させました。進歩の度合いは行動目標の増減で評価されることになっていました。

不幸なことに、次のクラスが始まる少し前に、キャロルは重い病気にかかり、クラスを始めることができなくなってしまいました。ところが代わりの人は、キャロルのトレーニングモデルとそれの査定技術をまだ習得していませんでした。

親業の技術に関する知識をはかるテストの作成が試みられました。あるインストラクターが作ったテストは、六つの分野に関してそれぞれ十二の正誤質問で構成された、非常に短絡的なものでした。二回目のクラスの日に、十四人の生徒がプリテストを受け、十二人の生徒が八週後にもう一度同じテストを受けました。しかし、いくつかの質問に対し、両方にマルをつけるということが起こってしまいました。生徒たちが質問の意味を理解しなかったわけではありません。このクラスで学んだ結果、こういう回答にならざるを得ないと、生徒たちは説明しました。生徒たちは単純に正誤では答えられなかったのです。というのは、状況によってはどちらも正しいと考えられたからです。例えば、子どもに罰を与えることの即時性に関する質問がありました。一般に、不適応行動が起こってできるだけすぐに罰を与えるのが有効とされています。しかし、感情的になりやすくコントロールするのが難しい親たちの場合は、子どもへの罰は、自分の気持ちが落ち着いて、状況をよく考えられるようになるまで待つべきなのです。

テストの評価は次のように結論づけられました、「テスト構成においての問題点はあるが、なぜ質問に対して正誤で答えられなかったのか、という議論は、生徒たちにとって得るものが大きかったと、親もインストラクターも感じている。生徒たちが親業クラスで学んだことについて、今までのところ客観的なデータは集まっていないが、主観的な報告では、生徒たちがこのコースで有意義なことを学んだことを示している」。

生徒たちのコメントは、みな肯定的であり、特に、自己コントロール、自己評価、親としての技術が高まったことを指摘しています。以下に、何人かの生徒のコメントをあげてみましょう。

▼私は自分のかんしゃくを抑える方法を学びました。そのおかげで、子どもへの接し方が大きく変わりました。

▼子どもにとって、自尊心（自己評価）は非常に重要なものであり、子どもが自尊心を育む権利を尊重し、それを侵してはならないということを学びました。
▼子どもの問題や状況に対処するためには、さまざまな方法があることがわかりました。また子どもにけんかをけしかけることは、全く無益で時間の浪費であり、心を傷つけることだとわかりました。

シダーハウスでの親業クラスは、現在もさまざまなリーダーのもとで続いています。私は今は開業していますが、クラスに出席したことのある親たちによく出会います。その人たちの報告はやはり肯定的なものです。

21章 ボランティア

ボランティアのみなさんにお願いしたこと

たくさんのボランティアが、シダーハウスのプログラムの幅を広げるようなさまざまな活動を展開してくれました。ボランティアの多くは女子青年連盟（訳者注）の女性たちで、地域で募金活動をしたり地域のプログラムに参加したりして、奉仕活動を行っている人たちでした。ほかにも、大学の授業や新聞でシダーハウスのことを知った人、また口コミで聞いてきた人もいました。

シダーハウスのボランティア活動に興味をもった人には、オリエンテーションと五回にわたる「効果的なコミュニケーションスキルと感受性訓練」のセッションに参加してもらいました。全員に願書を出してもらい、自分のこれまでの経歴、興味関心、どんな仕事のボランティアをしたいかを書いてもらいました。彼らには、シダーハウスの由来、沿革と理念のアウトラインを書いた次のようなマニュアルを渡し、虐待を受けた子どもたちとその家族に対して、彼らにどんなことが期待されているかを知ってもらいました。

1　スタッフの責任として、決められた活動時間を厳守し、遅刻しないようにすることが大切です。来られないときは、できるだけ早くシダーハウスに電話して、そのことを知らせてください。

2　シダーハウスで起こったことは、外にもらさないでください。あなたたちには、守秘義務があります。話したいことがあるときは、シダーハウスの人たちだけに話してください。

3　もし調子の悪いときがあったら、そういうことがあるのはみんな同じですので、スタッフに知らせてください。

4　グループ療法のボランティアを選んだ人は、スタッフミーティングに出席する義務があります。

5　シダーハウスでは、その時々によって、お皿を洗ったり、電話を受けたり、そのほかなんでもしなくてはならないときもあり、忙しいかもしれません。しかし、時には、何もすることがないときもあるでしょう。そんなときは、座ってリラックスしていてください。

6　家族についての情報や観察して気がついたことは、みんなに話すことが大切です。あなたが気づいたことは重要なことであり、全体の絵の中の一部分をなしているのです。自分の中だけにとどめてはいけません。あなたはチームの一員なのです。

7　あなたには、聴くということが求められます。それはただ単に耳で聞くというだけでなく、心の中の耳もすまして聴く必要があります。「聴く」というのは簡単なことでしょうか。いいえ、それはとても大変なことなのですよ。

バラエティーに富んだボランティアの仕事

いろいろな人のいろいろな才能を必要とする仕事がありました。最も必要とされたボランティアの仕事は、大人のグループや子どものグループ、親のグループでの手伝い、そしてシダーハウスを運営する上で起こってくるさまざまな仕事の手伝いでした。例えば、電話の応対、訪問者の応対、ちょっと立ち寄ったクライエントとおしゃべりすること、たまってしまったお皿を洗うことなどもありました。

大人のグループや子どものグループに参加しているボランティアは、週に一度のスタッフミーティングに出席する義務がありました。ミーティングには、私たち全員がこの問題に関わっているということを確認する意味、また、家族やプログラムに関して別の目を通して違った見解を得るという両方の意味がありました。電話の応対をしているボランティアもなるべくミーティングに出席することが求められていました。特に電話をやっとかけてきた親との電話での対応は、他人に助けを求めることがとても困難な、絶望感に陥ってしまっているクライエントとの最初の接触であり、非常に大切であると私たちは考えています。シダーハウスでは、単に有能な人であるということよりも、電話をかけてきた人を、「ああ、自分は歓迎してもらっているんだ」とほっとさせることのできる声の持ち主を探すよう気をつけていました。

スタッフミーティングに出席したボランティアの人たちは、私たちのブレーンストーミングに参加したことになり、より責任を引き受けることにもなりました。そして、私たちスタッフと同じように、お互いにサポートし合い、間違いに対して許し合う関係を作りました。

そういう関係を作ることで同時に、ボランティアに今起こっている問題に対して注意することもできました。ある男性のボランティアに対して、クライエントの一人が性的に関心を抱きました。彼はちゃんとそのことを私たちに話してくれたので、問題が起こるのを未然に防ぐことができました。

さまざまな仕事の中で、誰がそれをやるかを決めるときには、その仕事をどうしてもやりたい、という強い意志をもった人にその仕事に就いてもらう、ということを前提としました。これには、みんなすぐに同意してくれました。そうすることで、時々本人が予想もしなかった世界に関わることになりました。例えば、女子青年連盟のメンバーが、ある若い母親を探すために、町のわいせつな場所にあるバーに行くことになったことがあります。そんなことがあった次のスタッフミーティングで、彼女はこんな話をしました、「この私が、全員刺青をしているような男の人たちがビールを飲んでいるバーに入っていったのよ！　想像できる？私は精一杯いばって、ジェニファーがいないか尋ねたの」。彼女は無事なんの危害も負わずに、その母親に会って伝言することができました。そしてシダーハウスに帰ってから、その話をおもしろそうにみんなに話したのです。

ボランティアのみなさんがしてくれたさまざまなこと

ボランティアの中には、親や子どもと特別強い絆ができた人もいて、最初決めた時間以上にクライエントのためにいろいろやってくれました。ある中年のボランティアは、二人の男の子たちにとって、おばあちゃんのような存在になりました。この男の子たちには、彼女がやってくれたように、特別に自分たちに向けられる愛情が必要で、そんな愛情を強く求めていたのです。二人の小学生の娘をもったシングルファーザーは、同じ年頃の娘をもったボランティアと仲良くなりました。

またボランティアの人たちは彼らの人生経験から、私たちスタッフにより広いものの見方を与えてくれました。私が、大きなステーキをちょっとかじっただけで捨ててしまい、あまりに食べ物を粗末に扱っているクライエントのようすに驚きがっかりした話をしたとき、あるボランティアの人がこう言いました、「それは当然よ！　彼女は大家族で育っているからね。私も結婚したばかりの頃、二人分の食事をどれくらい作ればいいかわからなくて、わかるまでに二年かかったわ」。

緊急の際に、一日か二日、クライエントの子どもたちを自分の家に連れていってくれるボランティアもいました。グループメンバーを車で送り迎えしてくれる人もいました。マーシャ・ゴルドンは、シダーハウスに入る手続きを待っている家族を、午後のお茶でもてなしてくれました。散らかりまくったクライエントの家の掃除を手伝ってくれるボランティアもいました。地域の人道主義者、イザベル・パターソンは自分の小さな犬を連れてきて、子どもたちを遊ばせてくれました。あるすてきなお年よりは、シダーハウスの庭にスイートピーを植えてくれました。ほかにも、クライエントが緊急のときにいつでも使えるように、きれいな古着をいろいろ集めてきてくれたボランティアもいました。

シダーハウスのシンボルマークは、ボランティアのパット・ニケルビスが描いてくれたものです。パットは、シンボルマークの候補にいろいろなすばらしい絵を描いてくれました。公的ソーシャルサービスセンターのスーパーバイザー、マリー・リーがシダーハウスのことを「ここではあらゆるものが早く育つ」と評したという話をパットにしたところ、ぐんぐん育ったシダーの木を紙いっぱいに描き、その横に「あらゆるものが早く育つ」という言葉を書いてくれたこともありました。それを見て私たちはクスクス笑って、でも結局、家と太陽のロゴを選びました。そのロゴの字体は、シダーハウ

スのリビングルームの壁にかかった木で作った文字の飾りに、とてもよくマッチしていました。

ユダヤ人夫人組織のパール・チュズノーは、組織を使って協力してくれ、シダーハウスに必要なものを集めてくれました。ロングビーチ市長の秘書、ベルナイス・クーパーは私たちの資金を集めるために料理の本を出版してくれました。女子青年連盟のボランティア、ジャニー・パーソンは、シダーハウスのための募金グループ「シダーハウスフレンズ」を設立してくれました。その最初の活動は、年一回行われるようになったファッションショーでした。その日のために、ジャニーは、むりやりクララと私にフォーマルな服装をさせ、おまけに私たちからも入場料をとったのです！

ボランティアの中には、児童虐待法とその試案のための非公式のロビイストになった人もいました。また、地域のグループ、児童虐待やシダーハウスでのワークショップで、参加者にスピーチを行ったボランティアもいました。ボブ・ワードはさまざまな町の出来事に関心をもっており、市の職員として、私たちのことも以前からよく知っていました。のちにロサンジェルスのアルコール依存症委員会の委員に任命された彼は、私たちが新たに二番目のプログラム、サラセンターを設立するとき、郡の建物の中にその施設のためのスペースを設ける便宜を図ってくれました。

かつて、ある母親がマリリンに、ワインはスパゲティソースに入れるのか、あるいはスパゲティをゆでる湯の中に入れるのかを電話で聞いてきたことがありました（!）。クララとラリーがカップルグループで料理持ち寄りのパーティーを行ったあと、料理と家事のクラスを作ったのですが、うれしいことに、女子青年連盟のメンバーが何人か協力してくれると言ってくれました。この家事のクラスをやることで、クライエントに実際に家事が身につくだけでなく、私たちは、セラピーのための情報も得ることができました。新しくジャムを作ってみんなで分けようというとき、ポーラがとんでもなく大きな瓶を持ってきて、ほかの母親よりもいっぱいとったのをクララは見ました。それは、ポーラの果てしない空虚感を知る手がかりになりましたし、彼女に制限が必要なこともわかりました。

親たちの中には、生まれてからこれまで、緊張がない状態を体験したことがないという人がいました。このことを知り、ボランティアの一人がヨガのクラスを企画してくれました。そのクラスで、ボランティアのジャニーの夫、ボー・ピアソンがリラックスのしかたを教えてくれ、その日のことがとても思い出に残っています。私たちスタッフメンバーはクライエントと一緒にみんな床に寝転び、呼吸に集中して瞑想を行っていました。とても気持ちのよい時間でした。しかし、そのときにあのことが起こりました。その日の朝、里子となっている子どもが両親と一緒にシダーハウスに来ることになっていました。私たちがリビンググルームの床でリラックスして身体を横たえているとき、その両親が法に反して車で子どもをどこかに連れていってしまったのです。私たちのリラックスはすっとんでしまいました。幸運にも、その日のうちに家族を見つけることができたのですが。

時が過ぎても続くスタッフとボランティアの絆

スタッフとボランティアの間には深い絆が生まれました。私たちがシダーハウスを辞めて何年かたって、以前のボランティア、ナンシー・ブラウンリーが自宅の庭で、再会の昼食会を開いてくれたことがあります。ナンシーは庭に大きなテーブルを二つ用意していました。私たちはそれぞれ手にお盆を持って庭に出ていきましたが、誰も別々のテーブルには座りたがりませんでした。私たちはみな、一つのテーブルに集まり、ぎゅうぎゅう詰めになりながら、幸せな気持ちでお互いの近況を話し合いました。

このとき、私たちは、シダーハウスがボランティアの人たちの人生にどれだけ強い影響を与えていたかをはじめて聞いたのです。

修士号のための単位をとるために来ていたあるボランティアは、シダーハウスで経験したスタッフミーティングは、自分が学校で受けたどんなトレーニングよりも役に立つトレーニングだったと話しました。離婚し、シングルペアレントを経験してきたボランティアは、シダーハウスで学んだことをこれまでどれくらい思い起こして過ごしてきたか、涙ながらに話しました。穏やかで優しい一日でした。何年かたち、年は過ぎてもチームの絆は残っていたのです。

（訳者注）ジュニア・リーグ。女性の可能性を発展させ、地球を改善するボランティア活動連盟。

22章

治療の段階

セラピーを進めるうちに、家族がどのような段階を通って成長していくのか予想できるようになりました。とはいっても、各成長段階に要する時間は家族によってさまざまではありました。各段階の時間は、一回のセッションで終わる場合から、数カ月、場合によっては一年、それ以上かかる場合もありました。しかし、そのたどっていく段階の順番は、どのクライエントも同じでした。

親がたどる治療の段階

した。

◇身体的虐待の場合

シダーハウスのセラピーで、家族は初期段階から中期、そして最終段階と進行していきました。

インテークでは、子どもを身体的に虐待した親は普通、防衛的で、抑うつ的で、屈辱や恥の気持ちでいっぱいであり、行政に対してとても腹を立てています。多くの親は、自分が虐待したことを否定しており、子どもが自分でけがをしたのだ、大した傷ではない、虐待は誰かほかの人がやったのだ、などと主張しています。また、子どもというのは叱らなくてはならないものであり、ソーシャルワーカーや裁判所が口を出すことは、自分が親としてちゃんと義務を果たすじゃまをしている、と主張する親もいます。親たちの態度は、ひどく怒っているか、完全にうちひしがれているかのどちらかでした。彼らは自分の問題を行政、警察やソーシャルワーカー、裁判所のせいにして責めていました。

初期段階では、私たちは親たちを支え、具体的な援助を行うことに重点をおきました。親たちが必要としていることに応えるように努めたのです。赤ん坊のベビーカーがないと不平をもらす親がいたので、ボランティアの人たちにベビーカーを探してくれるように頼みました。今の状況の責任の一端は自分自身にもあるのだということを親たちにわかってもらえるように進めていきながらも、私たちがいちばんに重きをおいたのは、セラピーが進行していくための基礎となる信頼を築くことでした。多くの親は心の中に、人を信頼する最も基礎となるものを発達させていないことがわかりました。このため、治療の初期（第一）段階は、一年もしくは、それ以上長く続く場合もありました。

個人の自己責任という概念は、シダーハウスのほとんどの親にとって、簡単に理解できるものではありませんでした。投影化し、悪いのは自分ではなく他人だという断固たる考えは深く定着していましたし、簡単に取り除けるものではありませんでした。こういった場合、私たちの仕事の大部分は、親たちに私たちを信頼してもらうようにすることのほかに、親たちが自分の生活で、自分がとった行動の結果に目を向けてもらうことから成っていました。現在の状況の責任は、少なくともいくらかは自分にあるのだということを親たちがわかってきたら、セラピーも中盤にさしかかったといえます。

グループセラピーは、親たちの防衛をやわらげるのを助けました。信頼が形成されてくると、親たちの依存欲求が極端に表面化してきます。例えば、頻繁に私たちに電話をかけてきます。彼らはどうしても気になって、私たちを試しているのです、「あなた、まだそこにいるの？」。一日に六回も電話してくる女性もいました。シダーハウスと同じ地区に住むある母親は、毎日シダーハウスまで歩いて通ってくるのが日課でした。彼女はそうやって私たちがまだそこにいるか確かめて、安心したかったのです。私たちを信頼することは、親たちにとって危険を冒すことであり、とても怖かったのでしょう。これまでに、信頼していた人をなくしたり、裏切られたりすることを何度も経験して、それに対する恐れをいつも感じていたのです。どうせきっと悪い結果になるに決まっていると思っている間は、彼らの怒りのレベルはずっと強いままでした。私たちは、いつもあなたを支えているよ、ということを、一生懸命話して安心させると同時に、人との間の社会的な境界（線）も教えるようにしました。例えば、私たちへの電話はいつならしていいのか、この時間は我慢したほうがよいのか、というようなことを教えました。

セラピストの中には、そんなになんでも受け入れてはクライエントの依存心を助長させてしまうのではないか、と疑問視する人もいました。しかし、自分たちがやっていることは、依存心を助長させているのではなく依存心を許容しているのだ、と思っていました。もし親たちが、一度も誰かに依存する経験をしたことがなかったら、子どもが自分に頼ることを許せる親になることを学べるでしょうか。親たちが私たちに頼る経験をすることが、子どもたちに必要な信頼性のモデルとなることを期待しました。そのことを彼らが納得できるように、言葉でも話して教えました。また彼らが強く成長すれば、私たちを必要とする度合いが減ってくるだろうと信じていました。親たちに自主性が芽生え、自分自身の力を信頼するようになっていくのをみるのは、とてもうれしいことでした。

セラピー中期の段階では、初期段階ではやらなかった、親たちの家族力動に集中的に焦点を当てていきました。親たちはどんなふうに育てられてきたのか。どんなふうに育てられることを望んでいたのか。親の役割とはどんなことだと学んできたのか。友達というのはどういうものだと学んできたのか。子どもというのはどういうものだと学んできたのか。それが現在の彼らの人間関係にどのように影響しているのか。同時に私たちは、彼らが自分の感情を見極め、自分の感情をコントロールする方法を教え、現在と将来予期されるストレスを理解し、対処するために、心と言語的スキルを使えるように援助しました。現在のまた将来のストレスを理解し、対処できる助けとなるのです。また、私たちは責任の追求をしていきました。何が子どもを傷つけさせたのか。親はその状況を防ぐことができたのではなかったか。今やらなくてはならない必要なことは何か。親たちが進んでほかの人の意見を聞くことができ、自分自身の問題の解決に焦点を当てていくようになるにつれ、新しい光が見え始めるのでした。

ぶり返しが起こることは予想できました。親たちの中には、過去にもこんな感情に見舞われたことがあると、突然の激しい怒りの爆発を経験する人もいます。これには、ふさいできた傷を掘り起こすか、あるいは新たに傷をふさぐかが必要でした。突然シダーハウスに来なくなる親がいます。そういった親に対し、私たちは電話をするのが可能であれば、電話で連絡をつけ、そして事態が深刻であれば、家庭訪問を行います。ストレス状態のときには、引きこもりや孤立の古いパターンが再び現れるということがわかっていました。

ぶり返しが起こると、クライエントはがっかりし、虐待を含め過去の自分の行動がまた繰り返されるのではないかと怖くなります。しばらくの間、親たちはまた、自分の子どもが感情的に受け入れられなくなります。私たちは彼らに、今の感情は一時的なものであり、この治療段階では普通起こることであることを話して安心させます。またあなたがそんなふうに感じたとしても、私たちがあなたに失望することはないし、あなた自身も失望する必要はないのだということ、そしてこの状態はずっと続くわけではなく、この経験はより大きな成長のための糧となるだろうということを説明します。ぶり返しは、初期段階で経験したときよりも短い期間で終わります。

親が、自分自身にも子どもにも、落ち着いて安心できる感情をもてるようになり、人を傷つけないで自分の怒りをコントロールできる能力を身につけ、困ったことがあってもそればかりに悩まされず、まわりのサポートを適時得られるようになったと判断できたとき、セラピーの終結を提案します。そして、私たちのドアは開けたままにしてあり、必要なときにはいつでももどってきていいのだということも話します。

◆性的虐待の場合

身体的虐待の場合、私たちが関わるのは、虐待した親、そのパートナー、そして、ケースにとって重要だと思われる人物です。しかし、性的虐待の場合は、虐待した親と長く関わることはめったにありません。ほとんどがもう子どもたちとは一緒に住んでいないからです。現在の考え方では、性的虐待をした親と子どもを一緒のプログラムで扱っていくことは否定されています。しかし、シダーハウスや、のちのサラセンター、私たちの個人的なセラピーのケースでたびたび経験したのですが、わいせつ行為をした父親と就学前の子どもが一緒に裁判所に出席する命令が下されることがありました。それも、時には、監視がないままに行われていました。シダーハウスやサラセンターでは、性的虐待をした親を、その性的問題を扱ってくれるほかの機関に紹介しました。しかし、ケースの中にはまだ子どもと一緒に暮らしている親がいて、シダーハウスで、親業の問題として取り扱ったことがあります。

インテークでは、虐待していないほうの親はたいてい泣いており、激しい怒り、混乱、罪の意識を表現します。多くの親は性的虐待があったことを否定して、認めようとしません。

ほとんどの親が心の根底から揺さぶられ、動揺しており、まわりのことも自分のこともどうしていいかわからない状態です。身体症状で、働くことができなくなる親も多いのです。性生活も確実に影響を受けます。親と子どもの役割が逆転して、子どもが親を守り世話しようとしています。子どもの多くは、中途半端なりに家事を請け負うことになり、親は子どもに必要な制限を与えなくなります。父親は、自分の子どもに性的虐待をした犯人に対し、殺してしまいたい衝動を感じると言います。ある父親が「やつを殺してやる」と言ったことがあります。私は、「子どもたちのために、あなたは刑務所なんかじゃなく家にいてくれないといけないのよ」と話しました。それに対して彼は、古風なフロイディアンの椅子に腰かけながらこう答えました、「こんなとんでもないひどい状況でも、裁判所は考慮してはくれないのかい」。

わいせつ行為を行ったのがほかの人だとはっきりしている場合でも、自分の夫を疑う母親の言葉に、最初私たちは困惑しました。結局彼らの基本的な信頼感のレベルは、最低の未発達な段階だったのです。それが虐待の発覚によって、よけいに揺さぶられ、判断力も低下し、不信でいっぱいになることがわかりました。親たちはもはや誰を、そして何を信頼していいのかわからなくなり、自分の配偶者も含めて、まわりのものすべてが信じられなくなっているのでした。

心の根底を揺さぶられると、子ども時代からの未解決の問題が突然表面化してくるのは、当然のことでもありました。親たちは表面化した未解決の問題（子どもの頃からの問題）に突き当たり、大きな感情的混乱に陥り、その混乱にひどく圧倒されて、自分の子どもを受け入れられなくなっています。この段階の親を見て、深い病理を診断するセラピストもいます。しかし、私たちの経験で、親は極端に混乱しているけれども、感情の安定が一時的に失われているだけだと考えてもよいことがわかってきました。

感情的に大混乱に陥っている親は、子どもが退行するのをなかなか許すことができません。それは、彼ら自身の子ども時代の問題にも関わってきて、少しでも触れると、親自身の痛い傷に触れることになってしまうからです。子どもが退行行動を示すと、親はしばしば彼らに腹を立てました。プログラムの中では、乱暴されそうになったときの対処の方法を子どもに教えます（「いやだと言って走って逃げ、誰かに乱暴されそうになったと話しなさい」）。再び乱暴されてしまった子ども（数は少ないのですが）の母親は、まさか子どもがそんな態度に出るとは予期していなかったので、逆上します。子どもにとっては、新たに親が逆上したことで二重の虐待を味わうことになり、よけいに苦しむことになります。セラピーを続けながら、私たちは、再度子どもたちに自分で自分を守る方法を教え、親には、子どもを守ることはあくまでも親の責任であり、子どもの責任ではない、親は子どもを守ってやらなくてはいけないことを強調します。この段階で、ショック状態のためにできなかった子どもの問題行動へのコントロールをするように、親たちを励まします。これは、親たちが最初にショックを受けた段階ではできなかったことでした。

性的虐待を受けた子どもの親も身体的虐待を受けた子どもの親と同じように、治療が進み、虐待を否定することがなくなると、その状況で果たした自分の役割に直面し始めます。不安と罪の意識が強く現れてきます。恐れと自己疑念が表面化し、心の中を激しく揺さぶられる経験をします。私の子どもの傷は永久になくならないのではないか。私の息子は性犯罪者になるのではないか。私の娘は将来、パートナーと普通の性的関係がもてるのだろうか。私の何が悪くて、こんなことになったか。それまで子どもに向けられていた親の怒りは、性的虐待をした張本人や、批判的な親戚や友達、あるいはシステムのほうに向けられていきます。自分の息子がそんなことをしたことを信じない祖父が息子をかばって、被害者である子どもに責任を押しつけ、家族が分裂する場合がよくあります。家族の中で愛憎の対立が起こるのが普通です。

親たちは少しずつ少しずつ、自分の親としてのスキルに自信をもち始めます。もう虐待を否定することなく、その詳細に耳を傾ける心の準備ができてきます。さらに別の虐待の話を子どもから聞いて、また新たにショックを受け、感情の波が押し寄せることになるかもしれません。もっと詳細な虐待の事実を聞きたい、という気持ちになる親もいます。

ストレスに対処する子どもと自分自身の能力を信じるようになると、ようやく親は、自分自身にも子どもにも安心して向き合えるようになっていきます。彼らは、自分の子どもを楽しみにし始めます。「子どもを楽しむなんて、これまでの経験ではじめて」と言う人もいたのです。うれしそうに、「私たちは、やっぱり家族だわ！」と話す人もいました。

これらの親たちにもまたぶり返しは起こり、「こんなひどいことはいつになったら終わるのかしら」と泣きだすこともあります。子どもやほかの誰かの口から、過去の虐待に関する別の詳しい話を聞かされると、親たちは再び強い不安にかられ、また新たな罪の意識と自信喪失に見舞われます。しかし、その時期も今度は前よりも短い期間で終わっていきます。ぶり返しを克服することで、子どもと親自身のプロセスを信じる気持ちを育てていくことができるのです。

子どもの治療の各段階について

◆身体的虐待の場合

身体的虐待を受けた子どもも、性的虐待を受けた子どもと多くの同じ特徴を示しましたが、またいくつか違う点もありました。身体的虐待を受けた子どもの場合、不安におびえる行動がより顕著です。プレイルームの中をあっちこっち、むちゃくちゃに走りまわります。死に物狂いになって、息つく暇もなく口いっぱいに食べ物をほおばって食べるのは、身体的虐待を受けた子どもや放任された子どもたちです。

パムは、身体的虐待を受けた子どもが人をたたく傾向があることを覚えていました。ヘレン・ジョンソンという学生が行った調査で、これらの子どもには消極的で受動的という特徴があるという結果が出たにもかかわらずです。ここが、身体的虐待を受けた子どもの難しさです。この子たちには、人の髪を引っ張ったり、鼻をつねったりする行動が多く見られました。力ずくでこの子たちを抑えなくてはならないこともありました。

身体的虐待を受けた子ども、性的虐待を受けた子どもの両方に共通する特徴は、いわゆる「プラスティックスマイル」と呼ばれるものです。口元は笑っているように見えても、悲しそうな目をしていたり、無表情な目をしていたりするのです。ほかには、ひどい悪夢や睡眠障害、おねしょ、集中力のなさ、拒食、過食傾向などがありました。治療が進んでいくにつれ、身体症状は減少していきます。

◆性的虐待の場合

インテークでは、子どもたちは自分の思うとおりに人を動かしたいという強い欲求を見せます。おそらくそれは、彼らの親たちが子どもをコントロールできない状態にあることと多少とも関係していると思われます。小さい子どもは、いろいろ命令します。私たちは、安全とプレイルームの使い方についてガイドラインを設けながらも、当然で理にかなっているものとして、子どもたちの要求に敬意を示しました。

コントロールをとろうとする子どもたちの要求を尊重しましたが、同時に安全のための制限は設けました。子どもたちは、やっきになってコントロールをとろうとすることがなくなり、退行を示し、小さな子どものように扱ってもらいたがるようになりました。プレイルームで退行を受け入れてもらうにつれて、子どもたちは、自分に何が起こったか話し始めました。

これらの三つの段階（横暴にコントロールしようとする、退行、あったことを話し始める）は、一回のセッションですべて起こる場合もあるし、何週間かかかることもあります。多くの子どもはしゃべるなと言われていますし、時には、しゃべると恐ろしいことが起こる（「お母さんはもうお前のことを愛してくれないからな」）と脅されている場合があり、また脅されていなくても、何か恐ろしいことが起こるかもしれないと怖がっている場合もあります。そのため、最初話し始めたときには、子どもたちはよく強い不安に見舞われたり、悪夢を見たり、新たな恐怖に陥ったり、悲しみを味わったりします。この段階で、子どもたちに対し、

「大丈夫、怖いことは何も起こらないから」と充分安心させてあげる必要があり、彼らを守るために大人がしっかりと関わってあげなくてはなりません。

子どもたちは、一旦、自分や家族の安全を確信すると、これまでよりも自由にいろいろなことを話し始め、進んで虐待の詳細を話すようになります。不安な症状は、解消されていきます。おねしょもしなくなります。子どもたちの関心は年相応の活動に向けられるようになり、また年相応に行動するようになります。

大人と同じように、子どもにもぶり返しが起こる場合があります。以前の症状（おねしょや悪夢など）がまた出始め、内的な葛藤があることがわかります。子どもがもっと詳しく虐待の事実を話し始めたことが親の反応を引きだし、そのため子どものぶり返しが起こる場合もあります。しかし、いやな記憶をやっと全部話してしまうと、子どもは再び年相応の行動をとるようになります。

治療の段階が進んでいき、親も子どもも成長していくのですが、親と子どもの歩調が合わない場合には、バランスをくずします。親が虐待の詳細を聞きたがっても、子どもはただ抱っこして揺すってほしいだけという場合もあります。そんなとき、母親がむりやり話させようとすると、子どもは安全だと感じられず、自分の中に閉じこもってしまうこともあります。

逆に、子どもはすべてを話そうという段階なのに、母親がまだ虐待を否定している段階だと、聞くのをいやがっている母親のようすを見て、子どもはすっかり話せなくなってしまいます。私たちはどのような段階を通って回復していくのかについて、親に注意を喚起させ、できるだけ親と子どもが調和して進んでいけるようにしました。

セラピーが進行していく中で、どんなことが起こってくるか、親にも子どもにも話すことが重要だということがわかってきました。このような情報が与えられていると、自分ではどうしようもない感情に圧倒されたとき、自分が変になっていると思わずにすむからです。

治療進行におけるスタッフの段階

家族の治療が進行していく中で家族が段階をたどっていくのと同じように、私たちスタッフにも治療を進めていく中で段階がありました。私たちが最初に虐待ケースの家族に会ったとき、最初に出る言葉は「ああ、神様！」「こんなことがあっていいの？　神様！」という反応でした、この言葉は、クライエントにとって全く役に立つ言葉ではありません。しかし、私たちはそこから始めなくてはなりません。

どうしても怒りのコントロールができないというドナに何かよい方法を与えてほしくて、私たちはある精神科医のところに相談に行ったことがあります。精神科医はドナに、腹が立ったときには紙の袋をふくらまして思いっきりたたいて破裂させるようにアドバイスしました。それでも彼女は、頭の上にテーブルを振り上げていたので、紙の袋を探すことができなかったと報告しました。せっかくのすばらしいアドバイスがなんてことでしょう!

私たちは「積極的傾聴」という技術を使っています。これは、面接の間クライエントが孤立感を感じないようにするのには役立ちましたが、家に帰ったあとテーブルを投げ飛ばすのをやめさせることはできませんでした。

「昇華」や「身体的に吐きだす」ということもやってみました。クライエントがどうしても子どもをたたきたくなったときに、何か代わりのたたけるものを探すように約束させたことがあります。あるとき、ドナは、「子どもをたたくかわりに、壁をたたいたのよ」と言って、自慢げにこぶしについた傷を見せました。私たちは、パンチングバッグを用意したり、たたいても、蹴っても、投げ飛ばしてもよい枕も作りました。

言葉での制限もやりました。クライエントの中には、言葉で言うだけで充分な人もいたのです、「次週、私に会うまでは、子どもをたたいてはだめよ」、あるいは、「もし来週までが難しいなら…明日私とあなたが会うまではたたいてはだめ」。私たちが「たたく」と言っていることが具体的にはどういう行為なのか明確にしなくてはならないときもありました。ある日ポーラが子どもと一緒にやってきたとき、子どもの腕にきつく握られた手の跡が残っていました。それに対して、ポーラが言ったのは、「私はちょっと子どもの腕を握っただけなのよ。それなのに、簡単に青あざになっちゃうんだから」でした。マリリンはポーラに、どれくらいの強さで子どもの腕を握ったのか、自分の腕にやってみせてくれと頼みました。そうすると、ポーラの腕に自分の手の跡が残りました。実際にポーラは自分の力の強さを知らなかったのです。

シダーハウスではさまざまなアプローチを試みました。私たちはたくさんの養育的な環境を用意し、親業クラスを作り、家族力動に焦点を当てたセラピーを行いました。また、神経言語アプローチも取り入れましたし、うつと戦うためのワークや活動もやってみるように勧めました。また、私たちがいっぱい笑うと、クライエントも気持ちがよくなるのがわかりました。

しかし、よくなってきた人にもまだ大きな怒りが残っていて、それがクライエントを悩ませ、おびやかしていることに、私たちはだんだん気がついてきました。実際、気持ちのよい時間を経験しても、そんなよい経験など全くなかったかのような激しい怒りがクライエントに出現するのを、何度も見てきました、「今とてもいい気分なの。でもどうして家に帰っても、このままの気持ちでいられないのかしら」。

とうとう、私たちは、親たちが「怒り」のことを話すとき、どんなことが彼らを支配しているのか探っていくことに決めました。親たちは、怒りのことを、すべてを消耗させるもの、あるいはその感情がそれ自身の生命をもっているかのように「それ」と表現しました。私たちは「それ」と名づけられたものが、何からできているのか知りたかったのです。このようにして、私たちの「怒り」の探求が始まりました。

23章 怒り——暴力を生みだす素地となるもの

子どもへの虐待を引き起こしている「怒り」

何が子どもへの虐待を引き起こしてしまうのかを見つけ、それに対処するために、私たちは、「怒りについてのミーティング」を始めることにしました。すると、驚きうれしいことに、ミーティングを行うそのこと自体が、感情を爆発しやすい私たちのクライエントにとって、最も効果的なアプローチの一つだとわかったのです。

一回のミーティングに、母親、父親、スタッフなど、全部で三十一人の人が参加しました。

一回目のミーティングは、私たちも慎重に考えすぎて、ミーティングに参加してもらっても危険がない、その人にとって役に立つだろうと、こちらで判断した人だけに参加してもらいました。しかし、二回目からは、どのクライエントも自由に、参加するかどうかを自分で決めてもらうようにしました。おそらくこの人たちは参加するだろうけど、もっと脆弱で傷つきやすいあの人たちは参加しないだろう、などと予想していたのですが、結果は違っていました。参加しないだろうと思っていた人も熱心に参加を続け、私たちをびっくりさせました。なかには、ミーティングが待ち遠しいと話す人もいました。

「ダムが壊れて、突然洪水にのまれ、ずっと押し流されている感じなんです」

私たちは、「怒り」というものについて、意図的にこちらからは定義づけせず、クライエントのほうが定義づけするようにもっていきました。私たちが「怒り」について語ると、彼らはうなずいたり、目を見開いたりして、自分自身の体験から反応してくれました。これが、私たちがクライエントから引きだしたかったものでした。私たちが「怒り」の定義づけをしなくてはならなかったのは、クライエントのグループに先立って、専門家たちとの会議で怒りの定義を求められたときだけでした。その会議では、専門家たちは、私たちの意図していることを理解するまでは、誰も自分たちの考えを語ろうとはしませんでした。私たちが行った質問は、以下のような基本的なものです。

1　怒りはあなたにとって、どういうことを意味しますか。
2　怒りの状態にあるとき、あなたはどんなふうに感じますか。
3　怒りが始まる前に何を感じますか。怒りが起こりそうになるのがわかりますか。
4　怒りがおさまったあと、どんなふうに感じますか。
5　何があなたの怒りを引き起こしますか。そしていつ怒りを感じますか。
6　あなたにとって、怒りを抑えるのに何が役に立ちますか。怒りが爆発する前、あるいは爆発している最中、どんなことを人にやってもらうと怒りがおさまりやすいですか。

クライエントは、怒りという感情は非常に激しいものであると言います、「まるで火山のようなんです」「圧力鍋のようです」、あるいは「ダムが壊れて、突然洪水にのまれ、ずっと押し流されている感じなんです、怒りがおさまるまでは」。彼らの言葉で表すと、それは、爆発的で、狂暴で、びっくりするくらい圧倒されるものであり、普通じゃない、気違いじみた、訳のわからないものであるということでした。

ほとんどの参加者が、そのとき誰かを傷つけたい衝動に駆られると話しました。消えてしまいたい、あるいは逃げてしまいたくなると言う人もいました。おそらくそれは、もっと狂暴になるのを避けるためなのでしょう。多くのクライエントは、激しい怒りと精神異常を混同して、自分のことを気が狂っていると思い込んでいました。私たちの国の言葉は、狂気（mad）とは「気が狂っている」と「頭にくる」という二つの意味を連想させるため、クライエントのために、まず二つの意味の違いをはっきりさせることが大切だと考えました。

誰かを傷つけたいという衝動は、頭の中の想像ですむ場合もあるし、実際に誰かに暴力を振るったり、または腹を立てている相手が大事にしている物、あるいは自分自身の物を壊してしまう結果になる場合があります。子どもを自分の所有物のように考えている人にとって、特に継父やボーイフレンドにとっては、腹が立つと、子どもはそれをぶつける格好のえじきとなるのです（怒りというのは、とにかく非合理なものなのです）。本当の親からの虐待は、子どもが自分の欲求を満たしてくれないことへの怒りであるのはもちろんなのですが、自分自身を痛めつけたい衝動から起こってしまう場合もあることがわかってきました。

激しい怒りの最中に解離状態になることを報告したクライエントもいました。ワイネという男性は、戦いながら逃げている自分がいて、その自分を狭い穴から肩越しに見ているような、そんな感じがすると話しました。またある人は、もう一人の自分が自分の身体の後ろや横にいて、それを見ているようだと話しました。「我を忘れる」という言葉は、このような経験が語源になっているのでしょうか。

「盲目的な怒り」というのもあります。クライエントの感覚を遮断するその激しさには圧倒されます。色以外何も見えなくなるという人もいます。本当に赤、オレンジ、黄色、黒、紫、あるいは白などの色だけが見えるそうです。視野が極端に狭くなる人もいました。怒りの最中には、ほかの人のことは何も見えないし、何も聞こえなくなるという人もいました。またある人は、耳の中で虫がブンブンいっているみたいだと言います。何も見えなくなり聞こえなくなるという感覚の遮断が起こるのは、つまり現実を遮断し、受け入れたくないということであり、それは、子どもが実際に手で自分の目や耳をふさぐのと同じことを意味しています。

無感覚状態、麻痺して何も感じなくなるという人たちもいました。例えばワイネは、けんかして鼻の骨を折っても、次の日まで気がつきもしませんでした。トレーシーという攻撃的で傷つきやすい母親は、筆舌に尽くしがたいくらいひどい虐待を受けて育った女性ですが、怒りの最中は目の前が真っ暗になり、あとで何も思い出せないと言います。十代の頃に何も感じなくなってしまった母親はわざと自分の身体を傷つけても痛みも何も感じなかったそうです。今、感覚を取り戻しつつあり、怒りとは陣痛のようだと語っていました。

「怒り」と身体の緊張

怒りの最中は自分自身をコントロールできない感じがするというのは、全員ではありませんが、ほとんどの人が一致していました。なかには、自分をコントロールするのがいやだという人もいます。彼らは内的コントロールをはずすことによって、我慢ならない状況から自由になろうという無意識の決断をしているように思われました。無意識に内面で怒りの爆発を許容しているということを意識にのぼらせたということは、怒りのミーティングが役立ったことの一つでもありました。

参加者たちは、「怒り」が爆発する前には、緊張、傷ついた感じ、おびえなどを感じると話しました。しかし、何も警告めいたものは感じないというクライエントもいました。「それはまるでパチンとスイッチが入るみたいに、突然やってくるの」、セリエという太った女性は、抑揚のないしゃべり方で、怒りが爆発する瞬間まで、そんなことが起こるようなことは何も感じなかったと話しました。クララは彼女の身体が緊張しているのと、声に何も感情がこもっていないことに気がつきました。そしてセリエに、今の感じは怒りが起こるときに似ていないかと尋ねました。セリエはそういえばそうだと答えました。どんな感じがするか言葉にできるかと尋ねると、セリエは胃が固くなったように感じると言いました。このように、自分の身体の変化に耳をすませ観察できるようになることはプロセスの第一歩で、自分の感情をコントロールする助けとなるのでした。

身体の緊張は、怒りのレベルが上がってくる合図として、ほとんどのクライエントに起こっていました。クライエントたちは、緊張は、胃、胸、呼吸、心臓、顔、首、くいしばったあごや歯、握りしめたこぶし、眉毛などにも起こると話しました。緊張は、身体の激しい震え、荒い呼吸、汗、顔のほてり、身体がぞくぞくした感じ、嘔吐、口のどもりなどを引き起こしました。トレーシーの場合には、発作まで起こりました。

ある日、ミーティングのあとで、セリエがグループのあるメンバーと怒って言い争っているのを見ました。セリエは、ほとんどまるで緊張病患者のようになって、一歩も動かずにこぶしを握り締め、凍りついたようになって、部屋の向こう側から敵をにらみつけていました。クララが間に入ってくれたおかげで、二人とも救われました。あとでセリエに、そのときの怒りのレベルを一～一〇までの間の数字で尋ねると、彼女の答えはなんと、「一一！」でした。これは彼女の感情レベルでの数値であって、行動レベルでの数値ではありません。セリエは全く動かないことで、自分をコントロールしていたのです。彼女は自分の子どもを放任したとして、私たちのところに紹介されてきました。セリエの子どもへの放任も、彼女の行動パターンの一つであると思われます。子どもの要求に応えないで放っておくことで、ある意味、子どもに対してそれ以上ひどいことをしてしまうことをコントロールしているともいえました。

怒りがおさまったあと、どんな感じがするのか

怒りがおさまったときどんな感じがするか尋ねると、三人のクライエントははっきりと、前よりも気持ちがよくなると答えました。穏やかで、ほっとした感じ、リラックスして、すてきで幸せな気持ちだといい、後悔や罪の意識は一つもありませんでした。三人とも子どもにひどい虐待をして、子どもたちは施設に措置されていました。それでもまだ彼らにとって、怒りを爆発させることはリラックスすることでもあったのです。しかし、このことは、彼らが子どもを傷つけて喜んでいるということではありません。しかし、怒りがあまりにも激しいため、それから解放されるとほっとして、罪の意識が覆い隠されてしまうのでした（深刻な依存症にも同じようなダイナミクスが起こります）。三人のうち二人の母親は、自分自身子どもの頃に身体的虐待とひどい放任を経験していました。そして、もう一人の母親は身体的虐待はありませんでしたが、しかし言葉によるひどい虐待を受けていました。

ほかの母親たちは、激怒したあと、前よりいやな気持ちになったという人が数人で、大部分の人は二つの入り混じった感情をもっていました。緊張が発散されて、ある意味ほっとしてすっきりはしたけれど、その発散のしかたに後悔していました。ほっとした感じはなく、前よりいやな気持ちになったという人たちは、自分の親からの直接的な虐待をあまり受けていませんでした。しかし、誰かの暴力を目撃したことがあったり、自分の家庭以外のところでトラウマとなるような経験をしていました。非常にすっきりした人、またほかの感情が混じっている場合でも少しでもすっきりした感じをもった人は、子ども時代に親から虐待を受けて育った人たちでした。

親たちを見ていて、一般に自分の子ども時代に受けた虐待がより深刻な人ほど、自分の子どもを虐待して怒りを発散させることですっきりした気持ちになることがわかってきました。子ども時代に受けた虐待がひどくない親でも、自分の子どもを虐待しながらよけい腹が立ってくることがあります。しかし、そうやって怒りを爆発させたあとには、よけいいやな気持ちになってしまいます。自分の親が感情をコントロールする姿を見てきた人ほど、あとでより強い罪悪感に襲われるようです。しかしもちろん例外もあります。子ども時代の身体的虐待の傷跡がまだ残っているトレーシーという女性がいました。彼女は性的にも虐待を受け、最後には親から捨てられたのですが、自分の子どもを傷つけたあとで、いつも激しい罪の意識に苦しみました。

親たちが定義した「怒り」

怒りは緊張を解き放つだけでなく、自分の力を誇示できるものであると感じるというクライエントもいます。いつも無力感のある自分から、人を怖がらせることのできる自分に変われるのだと言います。ポーラは次のように言っていました、「私の怒りがこう言うの。いいぞ！　あんたはすごい！」。怒りは、人と親しくなることを恐れる親たちにとっては、それ以上近づかれないためのバリヤーとなったり、また配偶者からのいじめに対抗する手段ともなるようです。また自分にのしかかっている負担と責任が大きすぎて、助けを求めるサインである場合もあります。

怒りというのが何であるか、親たちに定義してもらうと、それは激しい腹立ちということだけでなく、傷ついた感じ、無力感、絶望感、罪の意識、嫌悪、悲しみ、欲求不満など、ほかの感情が含まれていることがわかりました。激怒するきっかけになるものは、次の二つのカテゴリーに分類できました。

1　直接のきっかけ「それを引き起こしたもの」
2　自分の心が弱っているとき

この「自分の心が弱っているとき」というものに気がつかないでいると、直接怒りを引き起こすきっかけになったものがいかにささいなことであっても、それに混乱させられてしまいます。

あるときポーラは、娘に服を着させていて、夫に「どうしてその服を着せるの?」と聞かれた瞬間、突然激しい怒りの感情に襲われたといいます。自分の反応に困惑して、ポーラは自分の心を整理するためにシダーハウスを訪れました。彼女が話したところによると、自分が子どもに正しいことをしているのかどうかわからなくなるような質問をされると、過剰に反応してしまうということでした。最近ポーラの母親が家にやってきて、そのことでポーラは神経過敏になっていました。彼女の母親という人は、ポーラの母親としての能力をいつも口うるさく批判していました。夫の「なぜその服を着せるのか?」という質問は、彼女にとって大きな打撃だったのです。

クライエントが自分にもわからない反応をしてしまって混乱しているときには、その混乱した感情から彼らを救うために、そのときの経験を場面場面追って聞くようにしました。そして、彼らの理性に訴える働きかけをします、「最初にそんなふうに感じたのはいつですか」「そのとき、どんなことが起こっていましたか」。そうすると、ほとんど必ずといってよいほど、混乱のきっかけが明らかになります。

女性にとっては、母親としての能力への批判は、みんなに共通のきっかけとなります。しかし親としての能力を批判する声は、必ずしもほかの人からくるものとは限りません。自分自身の内面からも起こってきます、子どもが泣いたら「何か私が悪いことをしたということではないかしら」、子どもが何か悪いことをしたら「私が悪い母親だからではないかしら」。そして次には、このような歪曲が起こってきます、「お前が私を悪い母親にしているのよ」。その結果、怒りが爆発します。

子どもが食べたがらないとき、子どもが自分の与えるものを拒否していると受けとってしまう母親がいます。特に料理に自信をもっている母親によくあることです。しかし、また反対に子どもが食べることで、怒りを引き起こしてしまう場合もあります。ポーラの物に対する欲求は際限がなく、ほんのちょっとでも子どもが彼女のお皿から食べ物をとることに我慢ができませんでした。またある子どもは冷蔵庫からケーキをほんの少しとって食べただけで、激しくたたかれました。多くの親が、これまで食べることはもちろんいろいろな意味で満たされない大きな欠損の中で育ってきているので、自分の子どもと分け合うという能力が発達していないのでした。

何人かの親が、自分のことを笑われたり無視されたりすると激怒してしまうという話をしたとき、ほかの親もみんなそれに共鳴しました。裏切られたと感じたとき、例えば、約束を破られたり、前に「いいよ」と言ったことを拒否されたり、助けてほしいときに助けてもらえないとき、そういったこともまた、激怒するきっかけとなりました。

ある母親がこう言いました、「しょっちゅう怒っていると、ちょっとしたことで簡単に爆破してしまうのよ」。感情をコントロールする余裕がなくなっているときというのは内面ではすでに怒りの爆発を許容してしまっていることを、彼女は意味していたのです。海軍軍人と消防士の妻たちは、夫がいないとき、怒りの自制がきかなくなってしまうと言います。過去の傷を思い出させる悲しみや喪失感は、怒りが爆発するきっかけを作ってしまうのです。また、黒人として生まれた自分はすでに他人の基準からは劣っている、ということへの怒りについて語った人もいました。また、いかなる失敗も許せない完璧主義も、激怒の土壌になります。

「自分はこの世に存在していいのか」

自分は常に怒っている状態なんだという親もいました。ある父親はこんなふうに言いました、「特別なことじゃない、いつものことさ」。トレーシーは、自分の怒りというのは「お日様のよう」だと言いました、「毎朝、出てきて、お昼にはだんだんのぼって熱くなってきて、それが一日中続くの。それでまただんだん沈んでいくの。たまに雲に覆われているときもあるけど、いつもそこにあるのよ」。常に怒りが爆発しそうになっている状態の親というのは、小さい頃に親から放任され、捨てられた人たちであることがわかってきました。そういう子どもは（今は大人ですが）、自分が本当にこの世に存在していいのかどうかが、わからなくなっているのです。

多くの参加者は、怒りはいったん爆発すると最後までいかないと途中では止められないと言います。怒りを爆発させた結果、自分が暴力を振るってしまうことを恐れて途中で思いとどまった、と話したのは三人だけでした（三人とも子どもに虐待をして、訴えられていました）。ほとんどの親は、一旦怒りが爆発すると、その結果どうなるかなど全く考えられなくなると話しました。自分が暴力を振るいそうになったとき、止めてくれる人がいてほしいと言う人もいました。そして、その場に止めてくれる人がいないとき、よけい不安が大きくなってしまうのだと話しました。ほかの人と比べて母親としての機能が高かったある母親は、暴力を振るいそうになったとき、ある男性が自分の腕を握って「そんなことしちゃいけない！」と止めてくれたときの話をしてくれました。彼女は男性の介入にとても感謝し、そのおかげでそのときコントロールを取り戻せたと話しました。

自分の中に何が起こっているか、洞察しようとするという母親もいました。しかし、それを聞いて、深い洞察力をもったある二人の母親は、自分の経験から、自己洞察は時としてよけい激しい怒りを引き起こすこともあるから、と注意を促しました。

自分の親からされてきた批判を心の中で自分自身にして、自分の行動を制御しようとしても、なんら効き目はないのでしょう。洞察の結果起こってくる批判主義は、自分は治療を受ける価値がない人間であり、そんな治療を受けても自分には意味がないとささやくのでした。そして、一時的ですが、非常に激しい怒りがよけいに湧き起こってくるのです。彼女たちは、セラピーの途中では、充分に洞察が吸収されるまでサポートが必要なのだ、と警告してくれました。

「落ち着きなさい！」と言われても何の役にも立たないという意見には、全員が賛成しました。しかし、批判的でない言い方で言われなければ、感情に押し流されるのを止める効果があるのではないか、と言った人もいました。例えば、「あなたが本当に望んでいることは何？」というような言い方で。全員が同意したことは、激怒であれ、なんであれ、そのような状態にいることが受け入れられ、自分の状態を言葉で表現することを許されるならば、助けとなる、ということでした。

怒りのミーティングが終わって帰る前には、参加者たちの心の状態を査定することが非常に重要でした。ミーティングで自分の感情の暗い部分を出すことで、前より気分がよくなる人もいますが、もっと不安になってしまう人もいます。親たちの不安を高めたままで家に帰すのは、私たちの意図に反しました。そのままでは、家に帰ったとき、子どもたちがよけい高い虐待の危険にさらされてしまいます。

ミーティングの最後には、参加者全員の感情の度合いを確かめるようにしました。参加者の中に強い緊張を感じたとき、また誰かが自分が緊張していることを話したとき、今どんなサポートが役に立つか、またそれぞれみんながこのあと何をするつもりでいるか、詳しく話してもらいました。終わりにいくにつれてジョークや笑いが多く出て、緊張を解きほぐしてくれました。参加者たちがお互いをサポートし合うのを見るのは、いつもうれしいことでした。ミーティングが終わると、みんなそれぞれ何人かずつ電話番号を教え合って帰っていったものです。

フォローアップミーティングでの自己診断

怒りのミーティングの効果を見るために、全ミーティングが終了したあとで、一度フォローアップミーティングの時間をもちました。九人の人が出席しました。一回目のミーティングに出席してからフォローアップまでの期間は、参加者によって六カ月から一年四カ月までさまざまでした。怒りのミーティングの結果、自分の怒りを表に出したことでほっとして安心できた人と、よけい不安になってしまった人と、ほぼ半々でした。よけい不安になった人は五人でした。

参加者たちにはそれぞれ、はじめてのミーティングのときとフォローアップミーティングのときに、自分の怒りのレベルを一～一〇までの数値に表してもらいました（怒りが全くないゼロという数値は設定しませんでした）。一回目のミーティングでは、全員の参加者が自分の怒りの数値は九か一〇だと言っていました。ところがフォローアップでは、三分の二の人（そのほとんどが怒りについて話すことでよけい不安が高まった人でした）がはるかに数値が下がり、一から六・五までになっていました。しかし、残りの三人は違っていました。ある母親は、怒りのミーティングのあと、気分がよくなったと話していましたが、フォローアップでの怒りの数値はまだ一〇か、彼女によると一〇・五だということでした。彼女の場合は、そういう段階にあったのです。なぜなら一回目の怒りのミーティングのときには、彼女の心の傷がこれまでの人生に非常に大きな影響を与えていたにもかかわらず、彼女はまだ傷の深さに気づいていなかったのです。彼女は自分に「感じる」ことを許したため、非常に激しい怒りが起こってきたのでした。それは当たり前のことで、決して異常なことではありません。

一回目のミーティングで一〇と自己診断した二人の女性は、フォローアップミーティングでもまだ一〇という数値のままでした。一人の人は、私たちスタッフにもほかの参加者にも明らかに前より穏やかになって見えましたが、自分はまだ前と同じくらい怒りでいっぱいだと主張しました。しかし彼女の怒りの表現は前とは違って、破壊的ではなくなっていました。彼女はもう自分自身を傷つけることはなくなりました。その代わりにいっぱい泣くようになりました。彼女はこれまで、泣くという行為を決して自分に許していなかったのです。私たちは、彼女の痛みと激しい怒りの自己報告をないがしろに考えていたわけではありません。しかし、彼女が前と比べ、より健康な方法で心の痛みを表現できるようになったのを見てうれしく思いました。

怒りのミーティングに参加した人たちは全員、一人の例外もなく、もっとミーティングをやってほしいと言いました。別のグループで「怒り」について話が出たときに、自分たちの怒りを細かく分析してみるように言ってみました。そうです、暴力を引き起こす怒りについて。何かを解放してくれる怒りについて。一人が「沸騰している容器に穴を開けるようなもの」と言っていました。私たちセラピストが扱っているクライエントの怒りを何とか理解したいと、私たちは怒りのプロジェクトを始めたのですが、この発言が役立ちました。

24章 償いと許し

許しのプロセスを学んでいく過程で

私たちが関わったほとんどのクライエントが（大人も子どもも）、罪の意識に苦しんでいました（それが当然の報いである人も、そうでない人もいましたが）。私たちの仕事の多くは、当然の罪の報いか、そうでないか、問題を整理し、それら両方の問題を扱うことに集中していました。親たちは、公の場での話し合いに私たちと一緒に参加して、お互いの理解を深めることを強く望み、進んで自分たちの凶悪な出来事の世界を話そうとしました。私たちは、彼らが罪を償う必要があることに気づくようになりました。そしてまた、彼らは許される必要があることも（しかし、彼らには許すという能力がなく、許しは挫折していましたが）。逆説的ですが、彼らが許しのプロセスを学ぶことにより、はじめて彼らは自分自身が許されたとみなすことができたのです。

私たち自身も許しが必要なように、クライエントが許すことのできない傷をもつがゆえに、いかに苦しんでいるか、私たちは気づいていました。そのため、どのようなプロセスをたどって過去の他者を許すことができるのか、考察することにしました。一九九二年五月、クラと私はワシントンＤＣでの児童虐待国際シンポジウムで、次のような論文を発表しました。

◆　◆　◆

許すか許さないか

児童虐待の被害者たちは、身体と心を激しく傷つけられたことにより、痛ましい影響を受けています。それでも被害者たちは加害者たちを許すべきなのでしょうか。この問いは、サバイバーや臨床医の間に、熱く激しい論争も引き起こすかもしれません。

私たちは、論文の中で、許すか許さないかの論議、許しのプロセス、被害者にとって許しは必要か否かについて探求しました。

私たちはこれまで十八年間、児童虐待が起こってしまった家族を扱って、大人と子ども両方の深く傷ついた人々に関わってきました。私たちの経験では、最も効果的に癒された人々というのは、「許し」のプロセスをやり遂げた人たちでした。

私たちは、「許し」というのは、怒りや痛み、嫌悪、他者への恐れの感情を解放し、捨て去ることだと考えています。恐れや傷に向かい合わねばならない「許し」はつらい作業であり、一日でできることではありません。しかしながら、「許し」の作業がなされないと完全な癒しにはいたらないと、私たちは確信するようになりました。

一部の解釈に反して、加害者の行動がどうであろうと、被害者が加害者のところに留まる決断を下したからといって、許しがなされているわけではない、と私たちは考えています。実際、虐待が続いており、恐れが残っている状態では、完全に許しがなされることは不可能です。怒りや痛み、嫌悪の解放のためには、心理的な距離をおくことが必要です。まだ恐れがある状態では、心理的に必要充分な距離をおくことが可能だとは思えません。

もちろん許しは、決してセラピーの第一段階ではありません。許しにいたるまでには、いくつかの段階があります。これまで自分たちが関わってきたプロセスを探り、また仲間や友達の研究と比較することにより、次に各段階の定義づけを行いました。

ステージ1■虐待を受けているとき

この段階は、精神的にも、また場合によっては身体的な痛みとともに混乱の時期です。原因がなんであれ、虐待は心に深い傷を負わせます。

ステージ2■防衛反応

被害者は、虐待に対し、これまで身につけたあらゆる防衛方法を使います。深刻な虐待の被害者はよりいっそうの報復を恐れて、反撃しようとはしません。おそらく彼、彼女は歯向かわず、その状況に適応しようとし、虐待する相手に気に入られようとするでしょう。または別の場や状況で、行動化することもあります。大人の被害者は、人との接触を避け、ブラインドを下ろして、部屋の奥で暮らしています。いつも笑っていながら、身体的な症状を抱えているような人もいます。また、秘密の報復のしかたを見つける人もいます。夫の虐待の被害者であるマリーは、夫のお気に入りのタオルをトイレの掃除に使い、そしてそのあと、そのタオルを彼のタオルかけにもどしていると話していました。

被害者の中には、自分に起こっていることが虐待であることを否定する人もいます。実際、被害者は、他者から虐待を認められなければ、虐待があることを認めることはなかなかできません。ある男性は、父親に板で頭をぶちつけられても、「いいえ、虐待ではありませんでした」と言いました。ある女性は、子どものときから激しくぶたれてきたにもかかわらず、小学校高学年のとき、水着で海辺に行き、身体中の打撲の傷あとをさらすまで、虐待を受けてきたことに一度も気づかなかったと話しました。ある大人が、彼女の身体の傷あとを見てびっくりして、「私は子どもにそんなことしたことないわ！」と叫ぶのを聞いたとき、はじめて自分が受けてきたことが普通の罰ではないことに気づいたのでした。

大人になってはじめて虐待であったと気づいた人たちは、最初のうちそれを絶対に否定しようとします。彼らにとって、自分の親が悪い親だったことを認める痛みはとても大きいのです。それは、これまでの虐待の苦しみが結局、必要悪ではなかったことに気づき、彼らの中で理想化した「良い親」を失うことであったのです。

ステージ3■虐待に気づくこと

理想化した親を失うことは悲しみをもたらします。そして、虐待を認めることは激しい怒りをもたらします。

実際に虐待されたのだと悟るには時間がかかり、数年かかることもあります。それがいつであれ、実感としてわかったとき、怒りが起こります。被害者は、加害者である自分の親が、本当は自分のことなどなんとも思っていないのだと認めざるを得なくなります。これは非常に痛みを伴う洞察です。加害者に対して（時には社会一般に対して）、激しい怒りと根深い悲しみの感情をもたらします。

怒り、傷ついた痛み、恐れが生じたら、それを充分に感じ経験することが癒しのプロセスにとって重要です。これらの感情は自分のものとして受け入れていかねばならないのです。しかしこの段階では、「許さなくてはならない」という言葉は、癒しのプロセスの役には立ちません。許しを強要することは、実際に被害者にダメージを与えるものであり、真の許しへの準備にはほど遠いものです。怒りをもっている自分は悪いのだと思わせてしまうからです。

この段階で被害者に必要な言葉は、「あなたが今感じていること、それがあなたに必要なことであり、それでいいのです」であり、「あなたは許すべきではない」なのです。これは事実です。どんなケースでも、許すことが重要な課題なのではありません。被害者は、ただ傷ついた痛みを感じ、それを表現しさえすれば充分なのです。セラピストはその痛みの表現に耐え、受け入れることができなければなりません。それはいつもたやすい仕事ではありません。

被害者に考え方の種を植えつけることは役に立つとわかりました。私たちは、被害者たちにこう話してきました、「あなたを傷つけてきた人は、ある意味では自分自身も傷ついてきたにちがいないと思う。もちろんそのことが、あなたの苦痛を取り去るものではないとわかっているけれどね」。普通、被害者は加害者の痛みに反応する状態にはありません。しかし、自分を欠陥人間だと見ている被害者にとっては、加害者もダメージを受けていると考えることによって、自分と加害者を対等に考えられるようになります。

ステージ4■激しい怒りの感情を利用する

被害者にとって、無力感と被害者感情を減少させ、エンパワメントとなる方法を見つけることが治療に役立ちます。この段階は、もし可能ならば、加害者と対決する時期です。時に、この段階は、加害者に対してだけではなく、人の痛みに無神経な人や被害者に批判的な意見をもつ人に対して、戦いたい、対決したいという要求が高まってくる時期です。

激しい怒りのエネルギーが、社会的に有益な方向に向かうと、被害者にとっても社会にとっても両方に大きな利益をもたらすものとなります。活動家となり、サポートグループを組織したり、公の場で発言したり、加害者たちの罪を追及したりする人もいます。タミーは子ども時代の性的虐待のサバイバーであり、大人になって売春婦をしていました。そして、近親相姦サポートグループのメンバーであり、テレビに出演することを志願しました。彼女はすぐに発言者として人気が出ました。彼女は発言を求められるたびに、そのことでへとへとになっているようにも見えました。しかしそれでも、彼女は出演を続けました。その経験は、彼女にとって確かに治療的だったといえます。

ステージ5■前進

結局、戦うことは疲労をもたらします。もうこれ以上、恐れと無力感に押しつぶされないよう、被害者はこれから自分がどう進んでいくかの真の選択をするようになります。傷ついた痛みと怒りの感情をもち続けていくことも可能です。また、これらの感情を解放し、許すことを選択することも可能です、加害者のためにではなく、自分自身の健康と心の平和のために。

私たちの経験では、許しは、許すことを決断してはじめて生まれてくるものです。決断は、痛みから解放されたいという欲求や、もう疲れきってしまったことによりもたらされます。神への信仰を得ることでこの段階に到達する人もいます。「すべてを神の手にゆだねる」のです。しかし、傷ついていても自分には価値があることを認めてくれる他者からの情緒的なサポートがなければ、許しが起こることはめったにありません。

この段階では、怒りのはけ口というよりも、サポートと満足をもたらしてくれる活動や仲間に焦点を当てながら、健康に近づいていくことが大切です。前述のような仲間や社会的な活動は続くでしょうが、しかし、その強さや激しさが変わっていきます。

ステージ6■許し

痛みと怒りの解放は無意識下で生じます。許しが起こった瞬間を正確に指摘することはめったにできません。しかし、次のようなことが起こったあとで、許しに気づくようになります。「この間、僕は自分にひどいことをした人をみかけたんだ。でも全然なんともなかったよ」。この段階で、もう彼は被害者ではなく、真に自由となったのです。ジェインは母親に電話をしたと話してくれました。母親に自分がジェインだと名のると、母親はこう答えたそうです、「ジェインって、どこの誰よ」。この徹底的な無視に対して、ジェインがもう怒りを感じなかったことは、彼女の許しに必要な母親との心理的な距離を確立したのだと悟りました。母親に理想化した期待を捨て去ることによって、ジェインはもう裏切られる痛みを経験しないですんだのです。

心理的な距離をもつことによって、恐れと怒りにゆがめられずに、加害者をもっとはっきりと見ることができるようになったのです。最後には加害者のことを、欠陥のある人間であり、しかしもう自分自身の幸福をおびやかす存在ではないと認識することができるようになります。

ステージ7■ぶり返し

どんなに努力しようと、ぶり返しが起こることがあります。自分を傷つけた人間に対して、一度は許したはずだと思っていても、再び憤りの感情がわき起こることがあります。そういうときは、まだなすべきことが残っているのです。これはプロセスの失敗ではなく、癒しにいたる最後のステップの一つなのです。これ以上虐待が起こらないなら、再び許しと癒しの段階にいたるのに時間はかかりません。

しかしながら、もし別の虐待が起こったら、プロセスはまたやり直しになってしまいます。

被害者と加害者がもう一緒に暮らしていない状況なら、被害者の成長が加害者の行動から独立している必要があります。つまり被害者の進歩が、加害者が言ったりしたりすることに左右されない必要があるのです。さらにいうなら、加害者の進歩も被害者の行動に左右されない必要があります。

ミシェルは、母親が自分が悪かったと認めるまで許せないと主張しました。それは、彼女自身の精神的健康が、母親の懺悔に左右されることを意味します。理想的には、被害者が加害者に対決し、加害者が自分の責任を認め、行いを改めるなら、被害者と加害者はお互いに助け合うことができます。しかし、許しのプロセスは、そういったことに関係なく、相手の行動に影響を受けないことが必要なのです。

自分自身を許すこと

許さねばならないのが自分自身であるとき、そのプロセスはさらに複雑となります。私たちは誰でも、人生において、ほかの人を傷つけるような何かをしているし、そのことを後悔することがあります。どのようにして私たちは自分自身を許しているでしょうか。

さまざまなレベルの違いはありますが、例えば、ほかの子に乱暴をしたり、ほかの子をいじめるのに加わったことのある小さな子どもの中にさえ、はっきりと罪の意識が存在します。私たちは、彼らに自分を責めてはいけないよ、と言うかもしれません。しかし子どもたちは、それでも償いをしなくてはいけないと思うでしょう。

自分自身を許していくプロセスはほとんど、前述の癒しのプロセスに似ています。私たちが、自分自身の痛みや自己防衛のために、あるいは無知のために、ほかの人を傷つけたとしましょう。最初に自己防衛反応が起こります。否認―「私はやっていない」、非難―「私がそうしたのはあなたのせいだ」、合理化―「あなたによかれと思ってそうしたんだ」、自責―「わかった、私が悪いんだ」。理想的には、こういった自己防衛反応のあと、すぐに罪悪感をもち、そこから内的成長の動機づけが起こります。しかしながら、罪の意識が完全になくなる前に、傷つけた人に対してなんらかの償いの方法を見つける必要があります。

医者の診察を受けた七歳のケイティは、誰に虐待されたか尋ねられて、自分の学校の教師の名前を言いました。のちに彼女は、父親が犯人であることを告白しました。しかし、そのときにはもうすでに、教師は彼女の陳述により職を失っていました。彼女は罪を感じ、その苦痛を軽くするための何か方法が必要でした。セラピストの助けを借りて、彼女はその先生に手紙を書きました。手紙の中で、先生にあやまり、最後にこう書きました、「先生が大丈夫かどうか知りたいんです」。私たちはのちにこの先生から話を聞き、彼が行ったすばらしい許しについて、すべて教えてもらうことができました。ケイティの行動は、手紙を書いたあと、著しく向上しました。できる限り一生懸命、罪を償うことで、ケイティは罪の意識から解放され、進歩を続けました。もしかすると、今後の彼女の成長段階において、その問題についての作業をもう一度やり直す必要が生じることがあるかもしれませんが、それは先のことでした。

人として安心できること、それが自分自身を許す必要がある人々の助けとなることがわかりました。子どもも大人も同じく、こう言われるとほっとするのです、「人はみんな、自分がやりたくないことでも、悪いことだと感じていても、間違ったことをやってしまうものです。

あなただけが特別なのではないのよ」。そして、このように付け加えます、「散らかしたときはそれを片づけなければいけないでしょう」「償いの方法を探しましょう。それで充分あやまったことになるかしら。手紙を書いたらどうかしら。壊れてしまった信頼をもう一度取り戻すにはどうしたらいいかしら。取り返しのつかないことをしてしまったあと、責任をとれることを証明するにはどうしたらいいかしら。謹慎が求められているのかしら。賠償しなくてはならないかしら。どうすれば償いができるかしら」。どういう方法がとられるにしろ、許されたと感じることができるためにはこの作業は大切です。

多くの大人のサバイバーは、子どもを責め、虐待の原因さえ子どものせいにしてきた自分の親を内面化しています。「お前が私をぶたせたんだ」、あるいは「お前もセックスを望んだんだろう」、このような子どもに虐待の責任があるかのような親の言葉を受け入れる必要はありません。しかし、自分が世界をコントロールできるという感覚を維持するために、子どもはある程度責任を感じる必要があるのです。「自分がそうさせたということは、そうさせないこともできるはずだ」というように。このように責任を引き受けた代償が、罪なのです。

大人のサバイバーは、内在化した親の声のテープをもち続け、無力感と怒りを感じている自分を軽蔑しているのです。羞恥心、罪悪感、自分は人と違っているという感覚、こういった重荷から解放される前に、子ども時代からもち続けてきた感情を受け入れ、許さなければならないのです。

大人の対処方法を少しはもっているサバイバーは、インナーチャイルドを通して、自分自身を慰め、励ますことができます、「あなたの中の子どもは何を望んでいたの？」「今なら、あなたはその子のほしいものを与えてあげられるかしら」「大人のあなたは、子どものあなたが自分を罰し続け、自己破壊的な方法で罪滅ぼしをしようとするのをやめさせることができるかしら」「あなたはインナーチャイルドがそんなにいやな気持ちになっているのを許すことができるかしら」。このように自分を育てるプロセスを通して、サバイバーは自分の傷ついた自己を受け入れられるようになるのです。

もし、自分を育むサバイバーの対処能力がまだ発達していないなら、セラピストが代わりにやってあげます。時間はかかりますが、しかし次第にクライエントがなんとか自分を育むことができるようになり、そして自分を許すことができるようになります。

一旦、自責と自己嫌悪の感情を経験し、それを認めることができるようになると、自己の許しへの段階に進んでいくことが可能になります。自責と自己嫌悪の感情を利用し、セルフヘルプグループなどで他者を助けることで健康に向かって成長し、その結果、自分自身への許しが起こるのです。そしてそれと同時に、他者への許しが起こるのです。

結論

悪いことをしたという激しい罪悪感は、それを認めないと決して充分に解放されることはないことを、私たちは確信しています。悪事の責任を否定する人は、その経験に直面しそこから学ぶ人たちよりも長くその悪事の影響をこうむる運命にあることを、私たちは見てきました。

私たちの見解では、許しは癒しへのカギとなります。時にはそれはとても難しいことですが、到達できることであり、心の平安のためには、努力する価値があることです。私たちは加害者を許すことを要求することはできないし、またしようとはしませんが、クライエントのこれからの長い間の健康を考えると、戦いの道から許しへの道に向かうことの大切さをセラピストが信じていることが重要だと私たちは考えています。

◆　◆　◆

償いをし、許しを行うということ

クララと私は仲間や友達と、許しのプロセスについて話し合いました。その中で、一つ意見が一致しなかったのは、どの時点で許しが起きたということができるか、という点でした。

プロセスの段階に関しては、みんなそれぞれだいたい似たようなものでした。しかし許しが起きたといえる時点に関しては、許すと決めたときであると言う人もいれば、恨みを感じなくなったあとだと言う人もいました。また、再び加害者との接触をもつ（それがうまくいく、いかないにかかわらず）という努力をし始めたあとだ、とさえ言う人もいました。

許しとは、加害者との関係をもう一度築きあげることを、つまりこれまでのギャップを埋めることを含んでいなくてはならないのでしょうか。私たちは、特に家族のメンバーの間でこういった再構築が起こるのを見てきました。しかし、これも私たちが被害者に要求することはできません。それには、加害者と被害者の過去の関係、傷の深さ、そして加害者がこれまでとは違った健康な関係を受け入れ、その準備ができているかどうかに大きくかかっています。被害者は、再び虐待を受ける危険を冒してまで和解のための努力をしなくてはならないのでしょうか。なかにはそうしようとする人もいます。それが、加害者との心理的距離を確立するのに必要なステップとなる可能性もあります。しかし、そのためには、よくても悪くてもどんな結果が返ってこようと、それに対処できるくらい強くなっている必要があります。

償いは、過去の自分のあやまちを改める努力をすることであり、自分自身を許すため大切な要素です。親が子どもをぶつのをやめればいいというだけではありません。私たちは、彼ら親たちがやったことを、大したことではないと言うことはできないし、また子どもたちの状態がよくなったからといって、「すべて過去のことだ」と言いきることもできません。しかし、罪の意識から生じる自責の重荷から解放されるための方法が彼らには必要です。なぜなら、その重荷がさらなる害を生じさせるからです。償いは、「申し訳ないことをした」とあやまるシンプルな行為であるともいえるし、組織的な機関を設立するほどに複雑なことでもあります。

児童虐待のプログラムは、子どもを傷つけた親を扱います。親が虐待の状況の中でしたことがなんであれ、その罪を扱うわけです。ともかくも、彼らがしたこと、あるいはしなかったことに対する償いの機会を提供することは重大なことです。

償いや許しの必要は、もちろん虐待した親に限定されているわけではありません。それはまた、ほかのクライエントや、人間である以上、私たちすべてに共通した課題でもあるのです。

25章 からっぽのコップ

からっぽのコップから水を飲むことはできない

私たちは、「自分が与えられていないものを人に与えることはできない」という仮説を立てました。子ども時代に、親やあるいは親代わりとなる人から抱きしめられていたなら、彼らが親になった今、自然に自分の子どもを抱きしめることができるでしょう。抱きしめるという行為は、親としての技能と関係する行動の一つなのです。また子どもの頃、親から本を読んでもらった経験があったなら、親となった今、自分の子どもに本を読んであげることが自然のことと感じられるでしょう。しかし、彼らは抱きしめられもしなければ、本を読んでもらったこともなく、そのため、こういう親としての技能をもたずに育ってきたのです。彼らが自分の親から愛情のある養育をほとんど、あるいは全く受けてこなかったとしたら、親としての技能を何も身につけることができず、愛情をもって自分の子どもを育てることができないのは当然のことといえるでしょう。からっぽのコップから水を飲むことはできないのです。

「私は人に与えられるものは何ももっていないの」

シダーハウスにはからっぽで空虚感を抱えた親たちがやってくるのですから、スタッフは親たちに「与える」ということが大切だと考えました。

すべての親に対して、特別のことをする必要はありませんでした。やってくる親が全員、からっぽだったわけではなかったからです。スタッフがしばらくの間、充分注意して見ていてあげるだけで大丈夫な親もいました。親たちが、スタッフの与える以上に相手に与えることができるようになる日もありました。シダーハウスでは、クライエントが自分が与えてもらったように、自分もスタッフに与えてあげられること、そしてスタッフもほかの誰にでもつらいときがあるのだという気づきが起こることがあります。それはシダーハウスでの優しく穏やかな時間の一こまでした。

親たちがもっと何かを欲しがっているということが、私たちにわかる手がかりがあります。「私は人に与えられるものは何ももっていないの」と言えるクライエントもいましたが、たいていの人はそれを表現する言葉をもっていません。はっきりした理由もないのに泣きだしたし、ボーッと一カ所を見つめていたり、自分に関わる重大な出来事に対して無関心なようすであったり、自分の中の空虚感を埋めるためにけんかをしたり、病気になったり、ドラッグやアルコール、過食、たび重なる妊娠、さらには内的世界に複数の人物を創りだしたりしていました。

静かな時間というものに耐えられない人たちもいました。なぜなら、静かな時間は彼らにさまざまな気づきをもたらし、彼らを絶望の淵に追いやってしまう危険があったからです。そういう人たちは、少しの間、黙っているよう言われると、すぐ泣きだしたり、あるいは、もっと大きな声で、こちらの言っていることなど無視してしゃべり続けるのでした。そして、それを聞かせられている人を辟易させ、よけいに自分自身の孤立を強めてしまうのでした。

自分の中の空虚感を認めることが第一歩

私たちは情緒的にからっぽのためだと考えているのですが、彼らの行動の多くはほかの人からは操作的、あるいはゲームのように見えます。確かに彼らの行動は、自己破壊的であったり、人に迷惑をかけたりします。セラピーでは時には、彼らの自己破壊的行動に対し、正面から対決する場合もあります。しかしそのような症状がなくなると、クライエントには傷つきと激怒が残るのがわかりました。彼らの症状は、「内面が死んでいる」感覚を鈍らせるための必死の努力なのです。私たちは、クライエントが次第に自分の情緒的空虚感への気づきが高まっていくことを快く思う必要があります。それができなければ、クライエントが空虚感を認め、それを感じるつらい段階にあるとき、セラピストはクライエントをサポートできず、単に症状と対決することになってしまうからです。これは、不安定な段階ともいえます。

例えば、コーラという女性がいました。彼女は子どもの頃になぐられ、わいせつ行為を受け、あげく親から捨てられて育った人でした。彼女は最初のセラピストが休暇をとったとき、自分の手首を切ってしまいました。このことを知ったセラピストは、誰か自分の代わりにセラピーをやってくれることを希望しました。私には、セラピストが心配して怖がる気持ちが理解できました。ほかの人の命と健康に対して強い責任を感じる人にとっては、それは非常に重い心の負担になるのでした。しかし、ほかのスタッフには、コーラの非言語のメッセージが読めたのです。彼女がそのセラピストに伝えたかったメッセージは「あなたは私にとって、大切なのです」であると。私たちは、これは彼女にとって進歩であると考えました。というのは、コーラにとってほかの人との絆を結ぶことは、何カ月もかかる大変なことだったからです。セラピストはコーラの治療を続けました。そして、身体を傷つけるのではなく、言葉で自分の言いたいことを伝えられるように、コーラをサポートしていきました。そして、別れの痛みを不適切な形で表現したとしても、彼女が見捨てられることはありませんでした。

私たちは、クライエントがこれまでの破壊的な行動をすぐにやめてしまえると期待してはいませんでした。私たちみんな誰にとっても、過去の癖は容易にはなくならないものです。しかし空虚感、それ自体がだんだん埋まっていくにつれ、空虚感を埋めるための行動は少しずつ減少していきました。ポーラは自分の心の世界に想像上の友達をもっていました。しかし現実の人々に自分を表現することができるようになり、人からも受け入れられるようになるにつれ、だんだん想像上の友達を必要としなくなっていったのです。

人に受け入れられていると感じることの心地よさ

私たちは、人から与えられるもので、どんなものがからっぽの感情を満たすことになるのかを探りました。私たちがクライエントに与えなければならない最も強力な贈り物が受容であることはすでにわかっていました。しかし、その日一日、あるいは次の日も、私たちの心に何か違いをもたらしてくれるようなことはどんなことなのか、探しました。私たちを元気づけるのに役立つことは、どんなことでしょうか。もう一度、自分自身の経験をふり返り、クライエントにも聞いてみました。

多くのクライエントは、シダーハウスにやってきたときに喜んで迎えられるだけで、一日中明るい気持ちでいられるときもある、と言いました。私自身、自分の経験からも、人を歓迎するということのパワーの大きさを知っていました。こんなことがありました。あるとき、私は、何カ月も会っていない友人の一家を家族で突然訪ねました。私たちが訪ねると、友人一家は喜びに顔を輝かせ、私たちを抱きしめて歓迎してくれました。この楽しかった訪問のあと、私たち家族はある大きな集まりに招待されていたので、別の家庭を訪問しました。そのとき出てきた女性は、冷たい皮肉な言葉で私たちを出迎えました。普通だったら、私はとてもいやな気持ちになってしまったでしょう。でもこの日は、私にはあまりこたえませんでした。なぜなら、その前の訪問で受けた温かい歓迎が、私をとても強くしてくれていたからです。

ほとんどの人にとって、好意をもたれているという経験がそれにあたります。ある男性は子どもを預けていた友人宅に子どもを引き取りにいったときの話をしてくれました。彼は気分が落ち込んでいて、「三週間ほどここにいさせてもらおうと思っているんだけど」と言ってしまいました。すると友達は、「いいよ」と答えてくれたのでした。それだけで、父親は気分がよくなりました。実際には長く滞在するつもりがないことは、二人ともわかっていました。しかし、そこには「君が落ちこんでいるときは、いつでもここにいていいんだよ」という暗黙の受容があったのです。

別のある父親は、自分が混乱したとき、いつも母親が見守ってくれていたことを思い出しました。「ほんの少しの間かもしれないけど、必ず見てくれていることがわかっていたんだ」。「聞いてもらう」ということの力について話す人もいました。ほかの人も自分と同じようにコントロールできない激しい感情に襲われるときがあるのだということを知るだけで安心できると話しました。ほかの人に自分のことを聞いてもらっているという感覚と、激しい感情をお互いに話すことで自分が相手の力になれるんだという感覚を味わうことができるそうです。

また何もしゃべっていなくても、自分のことを「聞いてもらっている」と感じることがあると言います。例えばこんなふうに声をかけられたとき、「あなた、少し休んだほうがいいみたいよ」。そう言われるだけで、ほっとでき、力を得ることができると言います。その上、しばらく子どもを預かってあげるからと言ってもらえたときは大きな力になるそうです。

親の義務から解放される休息の時間

子どもに与えられる親の能力を豊かに増やしていくために、休息というものがどれくらい効果的なのでしょうか。もちろんそれは、親の空虚感の深さや、休息時間をどのように使うかによって変わってきます。まだ埋められない深い依存欲求をもった親は、子どもが帰ってきても、まだ与えられるものが何もないことがあります。せっかくの休息の時間も楽しくない雑用に疲れきってしまい、子どもが帰ってきたときもまだ心の中がからっぽのままである親もいます。私たちは、せっかく休息できるときには、自分が楽しいと思うことをして過ごすように、そうすることがあなただけでなく家族みんなのためでもあるのよと、親たちを励まします。多くの親は、自分は楽しいことなどする資格がないと感じており、自分が楽しいことをする罪悪感から解放されるためには、ほかの人からそうしてもいいのだと許可してもらうことが必要なのです。

以前うつ状態だったある母親は、同じような苦境にいる親たちと話すことも助けになるが、自分が本当にうつ状態から抜け出せたのは、夜間学校に行くようになってからだと話してくれました。親の義務から解放された休息の時間をもつだけでなく、その時間、自分が価値があると思える活動に参加することが、彼女には消耗でなく、心の中のからっぽのコップを満たすことがわかったのです。そのときから、彼女は前よりもよい母親になれました。

プレゼントにさまざまな思いをこめて

具体的な「物」の贈り物が、相手への親愛を示す場合もあります。贈り物をすることがセラピーにとってよいことかどうか、私たちはよく考えました。なぜなら、贈り物を受けとることで相手が負い目を感じてしまい、なんだか品物で操られているようなすっきりしない気持ちにさせてしまう可能性があるからです。

成熟の度合いがかなり高い人の場合は、気持ちを贈ること（相手に関心をもってその人のために時間とエネルギーを使うこと）がいちばん、その人との間にすばらしい交流を生みだします。しかし小さい子どもなどは、例えば、フレッドおじさんのどんなところが好きか、と尋ねられると、「おもちゃをもってきてくれるから」と答えるでしょう。シダーハウスで関わっている親の多くもまた、そういう子どもたちと同じように、目に見える具体的なものでないと伝わらないようです。形のある贈り物のほうが、セラピストの時間やエネルギー、関心よりも、親たちにとってははっきりしていてわかりやすかったのです。

誕生日や何か特別な日には贈り物をして、「私たちはあなたのことを気にかけているし、あなたは私たちにとって大事な人なのよ」と話します。これまで自分は、ほかの人の目の中に一つも存在していないと感じてきた親たちにとって、これは力強いメッセージを与えます。特に今まで一度も誕生日のプレゼントを受けとったことのない人たちにとって、大きな影響を与えました。

身体をじっとさせた動かないうつ状態の人にも、具体的に形のあるものを贈りました。プレゼントを受けとるためには、その人は身体を動かしてこちらにやってこなければならないのでした。自分の欲しいものがあるとき、それを受けとるためにはほかの人のところまで自分から動いていかなくてはならないのだということを、この単純な行動の中ででも、私たちはクライエントに教えようとしました。

セラピーが終了するときにも、プレゼントを贈りました。これは、クライエントに対する具体的に目に見える親愛の印として、また彼らが成し遂げたこと、ほかの人から受けとったサポートを思い出してもらうためのものでした。また彼らがここまで成長して、自立への道を進んでいる印でもありました。

また時には、ただ贈り物をするのが楽しいという理由だけでプレゼントをすることもありました。そんなときには、こんなふうに言いました、「使ってくれるとうれしいわ」。クライエントの反応に関係なく、プレゼントは自由にあげたほうがいいと私たちは考えていました。行動療法（望ましい行動が出現したら報酬を与え、望ましい行動を強化する方法）の考え方のように、贈り物は望ましい行動のための報酬でもないし、クライエントに感謝の気持ちを要求するものでもありませんでした。私たちは、クライエントに対してこうしてほしいと要求することもありましたが、それはプレゼントをあげたときにではありません。私たちの贈り物は、親が子どもに無償の贈り物をするように、なんの見返りがなくとも「与える」ということができるようになるための、大切なモデリングになるはずだと考えました。

私たちは、入浴剤や食べ物など、またそれぞれの好みのものを選んでプレゼントしました。例えば、好きな色や好きな歌、好きな動物などを考慮に入れて、品物を選びました。また時には、実際に必要なものをあげることもありました。朝起きられなくてしょっちゅう仕事に遅刻してしまう母親には、めざまし時計をもう一つプレゼントしました。ヨチヨチ歩きの子どもをもつ母親にベビーカーを探してきてプレゼントしてからは、その母親は前より頻繁にグループセラピーに出席するようになりました。

プレゼントを受けとったときのクライエントの反応を注意して見ることも意味がありました。喜んで受けとるか、それともプレゼントをもらってなんとなく居心地悪そうにしているか、あるいはもらっても全然無関心かに注意しました。自分がもらったら、それ以上に相手に何か返さなくてはいけないと感じる人もいましたし、あるいは、喜んで受けとって、その上もっと欲しがる人もいました。なかなか受けとってくれない人もいました。彼らは、自分はプレゼントを受けとる価値がない人間だと感じていたのです。こういった一人一人のそのときのようすは、他者との関係のとり方への手がかりとなり、セラピーのための大切な情報ともなりました。

セラピストもまた、プレゼントを受けとるときの感じ方は人それぞれさまざまに違います。プレゼントを受けとるということで、私たちの中のあるスイッチが押されることがあります。「私に、これを受けとる価値があるのかしら」「これをもらったら、どうなっちゃうのかしら」「ここでは私は与える側なのに、急に受けとる側になってしまった。クライエントと対等の立

場になってしまう。それでもいいんだろうか」

セラピストは自分自身の反応のパターンを知り、クライエントの病理からのみ物事を考えないようにすることが大切です。贈り物を受けとらないほうが望ましいときもあります。例えば、セラピストが法廷でクライエントに関する方針を出すときなどです。そういう状況では、クライエントとの境界（線）をそれまでよりも少し意識する必要があるでしょう。しかしこれまでの経験では、プレゼントのやりとりが問題になったことはめったにありません。たいていの場合、自由にプレゼントをあげたりもらったりすることは、治療的に役に立つことなのです。実際にやってみせなくては、教えることが難しいのです。

どうしたらからっぽのコップを満たすことができるのだろう

シダーハウスを辞めたあと、私たちは心の空虚感と依存との深い関係を充分認識するようになりました。私たちは依存の人たちへの仕事をしてきました。そして、匿名断酒会、匿名断薬会、過食防衛互助会や、ほかの機関に紹介もしてきました。この仕事に関わるうちに、私たちは感情麻痺だけではなく、精神的な空虚感にも敏感になってきました。そして、感情的な痛みだけではなく、身体の痛みもまた、依存と関わっていることもわかりました。

そして、私たちは今日まで、どうやったらからっぽのコップを満たすことができるのか、探し続けています。

26章 守秘義務

守秘義務の正しい理念とは

まえがきで、あるソーシャルワーカーが守秘義務ということをもちだして、私たちに家族を紹介するのをためらったことがあるということを書きました。つい最近も同じようなことがありました。ある児童虐待施設のクライエントを、訪米中のヨーロッパの心理学者に診てもらうように私が提案したとき、やはり守秘義務の問題から、気がすすまないとの反応が返ってきました（これは、逆もまたしかりで、あちらのクライエントをわが国の心理学者が診ようとする場合も同じことが起こります）。私はこのことに強い衝撃を受けました。守秘義務の理念がこんなふうに解釈され、クライエントを地域やもっと広い外の世界と接触させる機会を奪うだけではなく、クライエントの孤立を深めてしまう結果になっているのです。

このことから、シダーハウスでは、ガイドラインをはっきりさせることにしました。シダーハウスでの守秘義務のために、クライエントの記録は最小限度に留めること、そしてクライエントに見せられるような記録にすることにしました。そうであれば、私たちが裁判所の手先とは思われません。クライエントが私たちに語ってくれることを公の人に見せたいとは思いません。私たちは、スタッフが、クライエントに内緒で症例検討のようなミーティングをもつことには反対です。クライエントが話してもよいという許可をくれないなら、たとえそれが正式なものでなくとも、前もってクライエントに許可をもらえるように働きかけます。例外は、児童虐待を報告する義務を果たすときだけです。それでも、私たちは通報の過程で、できるだけ親を巻き込む努力をしてきました。クライエントにどのようにオープンになるかには細心の注意を払いました。それは彼らに秘密をつくるためではなく、また秘密にしている印象を与えないためでもありません。それは、信頼を得るためなのです。

また、クライエントから秘密を打ち明けられたときには、自分だけがその秘密をクライエントと共有することを望みませんでした。得られる情報はスタッフ全員で共有することが大事であると信じていました。クライエントから秘密を打ち明けられたとき、秘密を守ることを尊重はしましたが、しかし、たいていは、その秘密を自分からみんなに話すよう働きかけました。秘密を公にするのに長くかかることもありましたが、しかしそうしたほうが、いろいろな不和が起こることを防ぎ、ずっと長く信頼関係を維持することになるのです。

子どもたちが秘密を親に話せる日まで

同じことが子どもとの間でもいえました。以前あるセラピストに、子どもに秘密を明かされたときに、私たちはどのように対処しているのかと聞かれたことがあります。彼女は、守秘義務とは子どもが明かしてくれた秘密を子どもの親に隠しておくことだと思っていました。私たちの考えでは、家族を援助する上でいちばん大事な点は、家族相互の円滑なコミュニケーションを確立することでした。学童期前の子どもの場合、まず、子どもが秘密を話したことを親が知った場合、子どもが虐待を受ける危険性がどれくらいあるかを査定しました。虐待の危険性が低い場合は、子どもに前もって親に話すことを知らせた上で、親に子どもから聞いた話を話します。そして子どもから得られた情報がどんな内容のものであれ、それについて親と一緒に問題に取り組みます。虐待の危険性が高いと判断した場合には、親にすぐには話さずに、その情報を話しても危険でなくなるまで、親にさまざまな働きかけを行います。

学童期の子ども、または思春期の子どもの場合には守秘を尊重しますが、それでも、将来その時期がきたなら親に話す必要があると付け加えておきました。そして、話してもよいと思われる時期が来たら伝えるから、と。秘密を話してもよい時期がびっくりするくらい早く来ることに、私はよく驚かされたものです。一週間くらいでその時期が来ることがしょっちゅうありました。しかも、子どもが私たちに秘密を話したときには、絶対に親に話す日なんて来るわけがないと断言していたにもかかわらずです。

親も子どももサポートしてくれる存在を必要としている

ほとんどどのケースにおいても、私たちのゴールは、家族のみんながそれぞれの情報をオープンにして家族同士で分かち合うことによって、家族の関係を毒する隠し事のパワーをなくしてしまうことでした。デリケートな内容の秘密が明かされると、子どもも親も衝撃を受けます。そんなとき、子どもも親もサポートが必要であることを、私たちは実際に気づいていました。

これらは、家族の守秘の問題です。ですから、私たちは家族の秘密を地域や家族以外の人たちに明かそうとは全く思いません。私たちが個人の情報を世間に与えないように、どれだけ家族が自分らの情報を与えるかは、それぞれの家族次第です。彼らが人に知ってもらいたいと思う以上の情報開示を要求することは、誰にもできません。

一九七〇年代以降になってもしばらくは、家族虐待は複数の行政機関に知らされないままになっていました。なぜならば、守秘義務の名のもとに、ほかの機関と相談し合うことがめったになかったからです。ですから、支援機関は家族についての全体像をもたず、援助はバラバラであり、多くのクライエントは、サービスの割れ目からこぼれてしまっていたのです。私たちの訓練では、クライエントを孤立させてまで、守秘義務を破ることの恐怖を彼らに教え込んでいるのでしょうか、それとも、こういった守秘義務のあり方を恐れ、心配するのは私たちだけなのでしょうか。私たちはこれに対して回答できるほどには調査をしていません。

メディアとはどのように関わったらよいのか

メディアとの関わりでは、クライエントの守秘義務を守ることにより神経を使いました。私たちは時々、児童虐待の問題を世間に広く知らせるという目的で作られるテレビのドキュメンタリー番組制作のために、情報を提供する取材を受けることがありました。児童虐待についての市民の意識を高めるため、また今その問題に悩んでいる人たちに希望を与えるために、喜んでカメラの前に立って話そうとするクライエントもいました。しかし、次のような経験もあり、私たちのほうは、クライエントがメディアと接触することに手放しで賛成してはいませんでした。

私たちの心配にもかかわらず、キャロラインは、後ろ姿だけ写すという約束で、虐待の末に子どもを殺してしまった母親たちを取り上げた番組に出演しました。カメラは約束どおり後ろ姿だけを写したのですが、それにもかかわらず、番組を見たキャロラインの隣人には、それが彼女だとわかってしまいました。キャロラインは愕然としました。

ソフィーは、知的で美しい女性でした。彼女はあるテレビ番組のインタビューを受けることを承知しました。番組のディレクターは人当たりのいい人で、インタビューに先立って、放映されるときは前もって日にちと時間を知らせると彼女に確約しました。私たちはみんな食い入るようにその番組を見ていました。そして彼女がすばらしい仕事を成し遂げて、りっぱに一歩踏み出したことをとても誇りに思いました。

しかし、何カ月か過ぎて、ソフィーがあるビジネスを始め、まさにそれが成功しかかっていたとき、彼女になんの知らせもなく、あのインタビューが再放映されてしまいました。彼女の仕事の取引先の何人かがその番組を見て、彼女が子どもを虐待した母親だということを知ってしまいました。その結果、当然、彼女は仕事を断られ、ビジネスは失敗してしまったのです。

ソフィーのこの状況を伝えるため、私は例のディレクターに電話をし、再放映のために彼女がこうむった弊害について話しました。そして、テレビで放送されるときは彼女に知らせると約束したにもかかわらずインタビューが放送されてしまったことを抗議し、今後いっさいインタビューを放送に使わないように頼みました。あの愛想のよかったディレクターは冷たく、「自業自得」と言い放ちました。それに対して、私はこう答えました、「あなたは、何もせずに自分のほしいものを手に入れてしまっているから、そんなことが言えるのね」。

その後も同じように番組を作りたいという申し出がありましたが、残念ですが、私たちはもう彼らの目的のために自分たちのクライエントを紹介しようとはしませんでした。とても感じがよくて、熱心な若い男性がドキュメンタリーを作りたいということで協力を依頼してきたことがありました。そのときも彼に会って、この分野に関わっている人たちの名前と電話番号を教えましたが、自分たちのクライエントに彼を紹介するのは断りました。のちにサラセンターに移った私たちのところに、「アダム」を作ったリンダ・オットーもやってきましたが、彼女もなんの収穫も得られず帰りました。

しかし、家族が経験したメディアとの接触が、すべて否定的なものだったわけではありません。タミーという、売春をやっていた、はっきりものが言えて感受性の強い女性は、私たちを通さずにテレビのインタビューを受けて、一つのことをやり遂げた充実感を感じることができました。トミーの両親、ウェンディとハルは、テレビに出るということで興奮していました。自分も子どもも正面からカメラで写されることになんの反論もしませんでした。父親のハルは息子の腕の骨を折ったことを否定し続けてきたのですが、映像ではそのことを認めていたので、私たちは驚きました。

残らなかったフィルム

今でも残念に思う、あとに残らなかった一本のフィルムがあります。一九七七年にロングビーチ地域児童のトラウマ委員会がスポンサーとなって、子どもの性的虐待に関するトレーニングセミナーが行われました。ロングビーチ市民大学のキャリー・リーチが、トレーニングの目的のためにシダーハウスでそのようすを撮影しました。メンタルヘルスセンターの子どものための治療施設のジェイン・ゴールドが、私たちも知っている性的虐待を受けた少女数名にインタビューを行いました。ファミリーサービス（その当時、シダーハウスはその傘下にありました）の行政指導部のベティー・エドモンドソンが、控えめながらも、撮影は守秘義務の問題にひっかかると懸念を表明しました。この撮影に関しては、前もってそれぞれの親たちから子どもが写されることの了解を得て、証書も書いてもらっていました。映像はセミナーのあと、すぐに破棄されることも親に話して、同意してもらっていました。そういうはっきりとした説明をして、ようやくベティーはこの計画の進行を許可しました。

映像は、おしゃべりしながら粘土で遊んでいる十歳の少女を写していました。彼女は注意深く粘土でペニスを形作っていました。カメラは彼女の作るものに焦点を合わせながら、粘土に集中している彼女のようす、性的虐待されたときのようすを話す彼女の言葉を同時にとらえていました。そしてそのとき、突然彼女はげんこつで、粘土で作ったペニスをたたきつぶしました。とても衝撃的な映像でした。

セミナーに先立って、クララは自分の娘に性的虐待を行ったことが疑いようのない父親たちにその映像を見せ、向かい合いました。彼らはその映像を見て、否認することをやめ、自分たちのやったことを自ら認めました。クララが期待したとおり、虐待がどんなに自分たちの子どもの心を傷つけたかを目の当たりにしたからです。

映像はセミナーで使用されたあと、約束どおり破棄されました。何年もたったのち、セミナーに出席した女性と会うことがありました。彼女はクララがその企画に参加していたことを知らずにいたのですが、その映像を見て大きな衝撃を受け、それがきっかけで子どもの性的虐待の分野の勉強を始めたことを話してくれました。その映像が破棄されたことを知ると、彼女はとても残念がりました。

映像が人々の心に届くその影響力の大きさと、その暴露性を認め、私たちはとても複雑な心境になりました。まだ今も私たちはそのアンビバレンスを解決できてはいません。

27章 地域ネットワークの形成

さまざまな機関が協力し合うこと

シダーハウスを始めた当初から、家族にとって、私たちが提供する援助だけでなく、もっと広く援助が必要だということに、私たちは気がついていました。また児童虐待や家庭内暴力という複雑な問題を扱うには、地域のさまざまな機関が協力し合うことが必要だと考えていました。

ネットワークを広げる活動の一つとして、シダーハウスを開放し、家族問題を扱っている人たちや、私たちの活動に少しでも関心を示す人を招待していました。また私たちのほうからも、ほかで行われるいろいろな活動に進んで出かけていき、そこでいろいろな人とさまざまなことを話し合いました。効果的なネットワークというものは、一人一人の関係からできあがる人間同士の強いつながりをもとにして作られていくものであると、確信していました。

シダーハウスを続けるための基金がおりるかどうかを待っている間に、私たちはシダーハウスの最初の開放日を設け、私たちの活動に参加してくれる人々や家族を招待しました。やってきた人々がクリスマスツリーの飾りつけを手伝ってくれました。みんなそれぞれ一つか二つずつオーナメントを飾りました。しかし、ヘレンは喜びで顔を輝かせ、その日ずっとツリーの前に立って、なかなかオーナメントを飾りつけられずにいました。ヘレンにとって、クリスマスツリーの飾りつけは生まれてはじめてだったのです。

私たちの理事長は、膝に赤ちゃんを乗せて遊び、子どもたちは出たり入ったりしてはしゃいでいました。ソーシャルワーカー、保護監察官、行政の職員は、私たちの家族と顔を合わ

せました。そしてそこに、基金がおりたという知らせが届いて、みんなで喜び合ったのです。

ロングビーチ地域児童のトラウマ委員会の誕生

児童虐待の問題を扱うには複数の専門分野の協力が必要であることを、私たちは知っていました。一九七五年のはじめ、クララと私は児童トラウマ委員会の集まりに出席しました。そこでは児童虐待に取り組むさまざまな機関が出席していました。委員会はしばらく中断していましたが、一九七五年、ロングビーチ記念病院のソーシャルワーカー、デビット・ニーマンが「ロングビーチ児童のトラウマ委員会」として再開させました。委員会の初期には、クララは非常に精力的に活動を行いました。

最初、委員会は、ミラー子ども病院の小さな部屋で行われました。しかし、だんだん参加する人が増えてきたので、もっと大きな会議室を使えるよう要求しました。集まる人々の規模のわりに、委員会の名前がちっぽけな印象を与えるのでは、と思われたので、そのうち私たちはこの委員会を「ロングビーチ大地域児童虐待委員会」と呼ぶようになりました（機関というのは長い名前が好きなことに気がつきました）。結局、委員会は、「ロングビーチ地域児童のトラウマ委員会」という名前に落ち着き、今日まで続いています。それは一カ月に一回、開催されてきました。

デビット・ニーマンほか執行部のメンバーは、児童虐待問題に取り組むに当たって、市全域にわたって多くの専門分野からの協力を得ようと、野心的な計画をもっていました。計画には、病院、公共サービス、個人的な援助機関、教育機関の密接な協力を必要としていました。最初の執行部のメンバーである、ロングビーチ記念病院のデビット・ニーマン、シダーハウスのクララ・ローリー、ロングビーチ統一学区連合のオーター・クラフト、パブリックソーシャル援助機関のジョセ・マルチネス、ロングビーチ市民大学のキャリー・リーチが四つの分野を代表していました。彼らは、市のいたるところに顔を出し、熱心に活動し、講演をしたり、相談を受けたり、親教育のシンポジウムやワークショップを主催したりしました。委員会の最初の計画がすべて充分に実行されたわけではありませんが、多くの機関のオープンなコミュニケーションの実現に向けて、委員会はこれまで長い道を歩んできたのです。

援助機関の分裂を避けるために

一九七七年、ソーシャルワーカーのコニー・ミカエルと私は、児童のトラウマ委員会の前に、当時まだあった地域の援助機関の分裂の事例を発表しました。私は私見を交えることなく、その家族が援助機関と接したこれまでの経過を話し、各機関や公的機関がどのようにこの家族を扱ってきたかを列挙しました。たくさんの機関がこの家族に関わっていました。この家族について、互いに連絡し合った機関はほとんどありませんでした。結局、子どもたちは、統合失調症による極度の苦しみと幻聴に悩んでいる母親と一緒に危険な状態におかれたままでした。少し前には、まだ学校に行っていない二人の子どもが母親の精神安定薬を誤ってたくさん飲んで病院に収容されていました。一人の子は昏睡状態に陥ったほどでした。以前にも子どもたちは危険な状態をいくつも体験していました。コニーが裁判所に提出した報告書には、その家の床には汚れたオムツがいたるところに置かれ、ハエがたかっていることも述べてありました。判事は、この報告を単に「家が汚れている」というだけで片づけてしまいました。そのためコニーは再度、子どもたちの身体面での危険性について判事に強調しなくてはなりませんでした。

この事例を聞いている聴衆の中には、この家族に関わった多くの機関の人がいました。事例発表の終わりには、聴衆の心は強く揺さぶられ、もっとお互いの協力が必要であるということで全員の意見が一致しました。分裂はまだまだたくさんありましたが、少なくとも私たちは、この公開討論の場で、児童虐待問題を扱う人々にはネットワークが必要であるというメッセージを受け入れてもらえました。あれから何年も過ぎ、努力は実を結んできています。

ロングビーチ地域児童のトラウマ委員会が主催したさまざまなセミナー

ロングビーチ地域児童のトラウマ委員会は最初の十年、いくつかのセミナーを主催しました。最初のセミナーは、一九七七年の十一月に行われ、「近親相姦と性的虐待」を取り扱いました。性的虐待という言葉が確立する前のことです。パネリストとして、地域のこの分野のパイオニアの面々が集まりました。オレンジ郡児童性的虐待治療チームのジャニス・ブラウン、UCLA脳神経研究所のアン・シャレフ、ロサンジェルス地域保健サービスのマイケル・ダーフィー、"Van Nuys Psychiatric Hospital"の著者となるスーザン・フォワード、サンタクララ群児童虐待治療プロジェクトのハンク・ギャレット、子どものための治療施設のジェイン・ゴールド、ハーバーUCLA地域病院からはローランド・サミット、そして私でした。クララは話し合いの司会を行い、それぞれが準備してきた発表をただ読むのではなく、その場でお互いの対話を促しました。次の年には、私たちの委員会とロサンジェルス郡地域発展課が共催で、性的虐待についての二日間の会議を行いました。このときは、前にあげた数名に、大学からのパネリストも加わりました。スタンフォード医学センターのアルビン・ローズフィールド、ローマリンダ大学医学センターのアレン・エーツ、ヒューストン大学のアレクサンダー・ザフィリスの三名でした。

一九七九年には、子どものうつ病をテーマにした一日セミナーが行われ、一九八〇年には、法律制度における虐待児童の問題についてのセミナーが行われました。法制度のセミナーには、依存状態法廷から二人の裁判官がパネリストに入っていました。彼らの話に涙をこぼした聴衆もいました。一方、ソーシャルワーカーたちは、子どもたちを危険な状態にさらす裁判所の決定に不満の意を表明しました。それに対して、裁判官たちは、ソーシャルワーカーが不充分な報告を行っていたからだと反論しました。ソーシャルワーカーは、正しい判断をしてもらうための正確な報告をするために、法律上の指針を出してくれるように求めました。それに対し、裁判官が言ったのは、「そんな数時間で法律のことを全部教えるわけにはいかないよ」でした。ソーシャルワーカーは、裁判所の間違った判断の責任を問われ、また法制度の不足を改善する道も否定され、八方ふさがりの状況に追い込まれました。

委員会では、法制度の中での子どもたちの安全への懸念が残り、一九八六年には「児童虐待における法律と治療介入の相互作用」というテーマでワークショップが行われることになりました。このときには、法律と治療の専門家は、前よりもお互いに敬意を示しました。しかし、この両者の方針における緊張は、いまだに続いています。将来、もっとお互いに充分話し合えるワークショップが開かれることを期待しています。

ビデオ「切断されるべき連鎖」が届けたクララの言葉

一九七七年に、ロングビーチ地域児童のトラウマ委員会とロングビーチ記念財団の二つの機関の主催で、一つの映像が作成されました。「切断されるべき連鎖」は、児童虐待の問題を広く世間に知らしめるために、またもっと数多くの委員会が開かれるための刺激となるようにと、デビット・ニーマンがそのプロジェクトを始めたのでした。計画を現実に移すのは、必ずしもいつもスムーズにいくとは限りませんでした。FMSのテレビ制作の担当者は、児童虐待の問題をアピールすることには積極的でしたが、委員会の必要性のアピールに関しては急に消極的になりました。この道の専門家たちが話し合っているだけの映像は、決してドラマチックとはいえず、制作者たちの好みには合わなかったのです。しかし最後にはなんとか、委員会をもっと作ろうというメッセージを番組の中に入れることができ、番組制作のはじめの意図は達成されました。

ある朝、番組制作者たちが、シダーハウスでのグループの活動のようすを撮影しにきました。クララと私は胸にマイクをつけさせられ、それは全くはじめての経験でした。まぶしい強い照明が私たちのほうに向けられ、すぐそばにはカメラがまわっており、私たちのしゃべることやすることすべてを映そうと待ちかまえています。母親の一人が話しながら泣き始めたとき、聞いているグループの母親たちが温かくサポートしました。セッションが終わったとき、カメラマンはとてもいい映像が撮れたと喜びました。

一九八四年、クララと私はカナダのモントリオールで開催された児童虐待・児童放任国際会議に出席しました。大勢の出席者の中をウロウロしていると、全然知らない人たちがクララの名前を知っており、私たちを歓迎してくれました。私たちはわけがわからず戸惑っていたのですが、ニューヨークから来た一人の人が、「切断されるべき連鎖」のビデオを見たからだと説明してくれました。彼女は、クララがビデオの中で語った言葉に勇気づけられたと話しました。クララの言葉は想像以上に遠くまで届いていたのです！

みんながリーダーとなって

デビッド・ニーマンの、児童のトラウマ委員会の構想は、ロングビーチだけに留まりませんでした。彼は続いてロサンジェルス児童虐待委員会の設立を手がけ、ついには州単位でのカリフォルニア児童虐待委員会まで発展させていきました。彼やそのほか多くの人の、児童虐待を考える委員会をもっと発展させようとする努力は実を結んだのです。この本を書き始めたときには、ロサンジェルスには十六の児童虐待委員会がありました。あとに続いたこれらの委員会はロングビーチ地域児童のトラウマ委員会がさきがけとなり、モデルとなったことを忘れないでおこうと思います。

デビッド・ニーマンが引退したあと、ロングビーチ地域児童のトラウマ委員会は後任を見つけるのに苦労しました。結局、会則を変えて、副議長が次の議長の任に就く決まりにしました。不思議なことに、二年間同じ人が役に就いた場合、問題があまり起こらないということがわかりました。きっと副議長として一年間やることで、次の年には議長に就く心がまえができて、仕事にも慣れていくのでしょう。クララは一九七九年の途中から一九八〇年まで議長に就きました。クララの場合、彼女の前任者が任期の途中で辞めてしまったので、ほかの人より長くなったのです。私は一九八五年の一年間議長に就きました。この年に発足十周年を迎えました。

議長に就いていた年、私はロサンジェルス群児童虐待委員会連合に出席しました。そこでは、ロングビーチで起こったこととよく似たことが起こっていました。そして、私たちの委員会が毎年リーダーを変えていくことで、特別な力を身につけてきたことに気がついたのです。ロサンジェルス連合の人たちは、会の活動を維持していくのに必要な仕事を進んでやってくれる人を見つけるのが大変だとこぼしていました。私たちの会では、一人が全部の負担を担っていくことを避けたのです。さまざまなリーダーがいました。委員長としての力には人によって差がありましたが、しかし、毎年リーダーが変わっていくことをはっきりと決めたことが、全体としてのグループの力を高めたのです。

広がる活動の実態

一九九六年、ロングビーチ地域児童のトラウマ委員会とロングビーチ家庭内暴力予防委員会が合同で会議を開き、児童虐待、家庭内暴力、恋人間の暴力、少年非行、一般の犯罪が本質的に関連していることに合意しました。それ以来、委員会は協力し合って、ロングビーチの児童虐待と家庭内暴力を予防する委員会を作り、活動しています。おそらく近いうちに、この委員会は略してLBACADVPCとして知られることになるでしょう。

一九七八年に、私は、新しく作られた、幼児の性的虐待問題の最前線にいる人たちの集まりに出席しました。それは、ロサンジェルス保健サービスのドクター、マイケル・ダーフィー氏によって集められた性的虐待問題に関する専門家の集団でした。マイケルはこの何年かの間に児童に何が起こっているのかについて、問題意識を専門家集団に高め、人々を結集させる力を見せつけてくれました。これ以来、児童の性的虐待について焦点が当てられるようになってきました。

幼児の性的虐待に関するグループは月に一回、その後は二カ月に一回のペースで、八年間にわたり、会合がもたれました。そして、とうとう、『幼い子どもへの性的虐待』という本を出版するにいたりました。それは、キー・マクファーレン、ジル・ウォーターマン、ショーン・コネリー、リンダ・デーモン、マイケル・ダーフィー、スーザン・ロングの共著となりました。

マイケル・ダーフィーは、その後も、児童虐待と放任に関するロサンジェルス地域委員会のもとで、「子どもの死をもう一度考える委員会」を作りました。それは、理由がはっきりしない疑わしい子どもの死に焦点を当てたものでした。この「死をもう一度考える」仕事を通して、マイケルは今度は、虐待で殺された子どものきょうだいに目を向けるようになりました。そしてそういう家族への研究を深めることで、真実に迫っていきました。彼の最近のグループは「嘆きと悲しみのグループ」で、このグループは、愛する人を暴力で失い、トラウマに悩んでいる子どもや家族を治療する人々の集まりとして始めたものです。マイケルが幼児の性的虐待のグループを始めて、システムを変える必要があるという彼の考えが話題になるのに、三年はかかったそうです。彼は今でもその必要性を感じています。

児童虐待は人類の普遍的な問題

児童虐待への私たちの熱い思いは、ロングビーチの狭い地域に留まらず、いろいろな郡の、州の、国のさまざまな場所へと私たちをいざないました。貧乏な人、中流の人、富裕な人に関わり、時には同じ日に、いろいろな階級の人たちと接しました。また、モントリオール、シドニー、リオデジャネイロ、ブリュッセル、ハンブルグ、プラハなど、さまざまな国際会議にも出席しました。児童虐待の問題は、文化の違いによって違った様相も見せるけれど、多くは世界共通の、人類に普遍的な問題であることもわかってきました。どこに行っても、児童虐待問題に取り組む勇気ある人たちと出会うことができました。私たちをもたらし、この分野での孤独感を弱めてくれる集会が行われていることを、とてもありがたく思っています。

28章 財政とその影響

それでもシダーハウスを辞める気はなかった

どの機関にとっても、多かれ少なかれ、財政問題はいつでも重大な関心事です。なかんずく小さな機関にとっては、その影響は死活問題ともなってきます。

シダーハウスは、問題を抱えた青年期の人のためのプログラムを提供するトレイルバックロッジのサポートで始まりました。しかし、この機関がやろうとすることにはお金がかかることがわかりました。理事会では、しばらくの間はマリリンの給料は払えるけれど、クララと私には給料が支払われないことが決まりました。私たちは三カ月間無給で働かなければなりませんでしたが、それでも私たちは決してシダーハウスを辞めようとは考えませんでした。

今でもよく覚えているのですが、経済機会局のふかふかのカーペットが敷かれた、りっぱな机がある部屋で、私たちには給料が支払われないこと、その上、私たちがやっていることは家族への二重のサービスになるのではないかと言われました。局の人たちは、私たちが援助に関わっている人たちがどれだけのことを必要としているのかについて、なんの考えももっていなかったのです。当時、児童虐待の実態は、知られていませんでした。その後すぐに、豪華だったロングビーチの局の事務所がたたまれ、シダーハウスは生き延びることができたのです。

さまざまな援助の手

一九七五年の秋、女子青年連盟がシダーハウスのことを知りました。幸運なことに時期がちょうどよかったのです。女子青年連盟では新しいプロジェクトを探していました。彼女らは、理事会にこの事案を提出し、基金とたくさんのボランティアの供出、ファミリーサービスの管理下に入れるように要請してくれました。基金はそれほど多くはありませんでした。

クララも私もまだフルタイムの労働条件ではありませんでした（クララはフルタイムの六〇%、私は五〇%の支払いしかもらえませんでした）。私たちは二人とも報酬以上の時間を働きました。家族への責任を果たすためには、スケジュールの範囲を超えて、柔軟に動くことが必要でした。

女子青年連盟のボランティアたちは、シダーハウスに集まった市の委員会のメンバーのために、料理を作ってもてなしてくれました。九人のメンバーのうち八人が来てくれ、私たちスタッフやクライエント家族、ボランティアの人たちと食事をともにしました。私たちは自分たちの仕事の範囲をきちんと決めてはいませんでした。しかし、どこからも疑問の声は上がりませんでした。これは地域のサポートのおかげです。次には、市の予算が認められて、ロングビーチ市からいくらかの基金をもらうことができました。

クリスマスのシダーハウス開放日は続けていました。ある年、おしゃれなスーツを着てネクタイをしたある男性がエルクスクラブからやってきました。そしてたまたま、ある一人のクライエントの女性のそばに座りました。その女性は、これまで性的虐待を受けて育ち、売春をしたり、結婚した夫からまた虐待を受けてきた人でした。私は歩きながら、ちらちらと二人を見ていました。彼女は男性に向かって話しており、男性の目は大きく見開かれていました。彼女が男性に何を話したのかはわかりません。しかしその後すぐに、エルクスクラブから寄付金を受けとったのです。

ICAN連合のめざましい成功

一九七九年に、シダーハウスのことがICAN（Interagency Council on Child Abuse and Neglect）の目にとまりました。ICANは、児童虐待の子どもを扱う郡の諸機関の代表者が集まって新しく組織された機関でした。ICANは、社会福祉部のディーン・ティルトンは、郡のサービス機関の分裂をなくすため調整に力を尽くしていました。ICANができるまでは、家族が接触する警察、児童福祉施設、保護観察機関、養子縁組機関、郡の病院など、どこも守秘義務を盾に、お互いに情報を分け合おうとはしませんでした。ディーンは、組織の代表者たちの縄張り意識がなくなるように、巧みに先導していました。

ICANは、ロサンジェルスにおける虐待家族援助のモデルとなるような機関を探していました。ディーンはローランド・サミットを通してシダーハウスのことを知ったのです。一九七九年、シダーハウスは郡の近隣ファミリーセンターのモデルに選ばれました。

一方、二人の精力的な女性がICAN連合を作りました。それは、近隣ファミリーセンターのための財源を集める私的機関でした。彼女たちは、公的にも私的にもパートナーシップを発揮し、新しい試みをしていました。一人はエレン・トレベックで、ゲームショーホスト、アレックス・トレベックの元妻、もう一人は、広告業界の大物、バルネ・モリスで、二人がグループの共同の創設者でした。また作家のマミー・デアレストもＩＣＡＮ連合のリーダーの一人になりました。

バルネ・モリスは、マテルおもちゃ財団代表者のシダーハウスへの訪問を企画してくれました。私たちはその集まりに、数人の母親たちも参加するように招待しました。別々の二つの母親グループからエミリーとジェニファーが来て、その集まりの代表者の前で、シダーハウスが自分たちにどんな意味をもっているかを話してくれました。

お互いに話すことを聞きながら、二人は深い感銘を受け、そばにいる私たちの存在が目に入らないかのようでした。彼女たちは、マテルおもちゃ財団の人たちにシダーハウスのプログラムへ援助金を出すように説得するための大きな役割を果たしてくれたのです。

ＩＣＡＮ連合は、資金集めのために、洗練されたすばらしい方法を企画してくれ、資金だけでなく私たちの生活にすてきな彩りを加えてくれました。クララと私はＩＣＡＮ連合の資金集めの企画会議に一度参加したことがあります。そのとき、私たちはまるで、ハリウッドの世界の片隅にいるかのようでした。風船の色一つを決めるにもどれだけ多くの時間が費やされるのかに驚かされ、彼女たちがどれほど子どもたちを思いやっているのかがしのばれました。子どもたちの中には虐待を受けてきた子もいました。彼らの企画には、ダドレー・モアと目の見えない子どもが二台のピアノを使って連弾する特別企画もありました。それはすばらしい成功を収めました。

何度か乗り越えた財政難

時々ファミリーサービスから、もうこれ以上財政上の援助は続けられないといわれることがありました。しかし、虐待児童の問題は、人々の心に強く訴えかけ、資金集めは続けられており、その事務処理には大変な時間が必要でした。理事のベティ・エドモンドは疲れて見えました。理事会が優先するのはファミリーサービスであり（もっともなことですが）、シダーハウスではありません。シダーハウスのプログラムに名声と信頼性をもたせるために、資格をもった人を雇うようにプレッシャーをかけられました。そのため、一九七八年、クララと私は資格申請をしました。そして、私たちは博士号をもつラリー・ハンナを失うことになってしまいました。なぜなら、彼は自分の名前と資格がファミリーサービスのパンフレットに載せられては困ると明言していたにもかかわらず、載ってしまったからです。次のミーティングで彼から辞退を宣言されたときには、とても後悔しました。

財政困難のために、シダーハウスを続けていくことを何度かあきらめなくてはならなくなり、家族との別れの準備をしたこともあります。そのたびになんとか切り抜けてはきました。しかし、何度も繰り返される、シダーハウスを辞めなくてはならないかもしれないという恐れは、私たちのプログラムへの取り組みに微妙な影響を与えました。報酬もなく仕事をしていた頃に、一度目の危機に直面しました。それでも、私たちのシダーハウスへの思いは何も損なわれませんでした。二回目にシダーハウスを閉じなくてはならないかもしれなくなったとき、心の中で、お別れを言う準備を始めていました。再びその危機がなくなったときもまだ、仕事に傾けるエネルギーは一〇〇%損なわれていませんでした。3回目にシダーハウスが終わってしまう可能性が起こったとき、私たちの心の中では、嘆きとあきらめのプロセスが始まりました。愛するものを失うことを哀しんだ人が、思いがけずに愛するものが生き残れたことを知ったときには、安堵のあとに再適応の必要があります。私たちのスタッフは一度ならずこれを経験してきました。それは蓄積する澱のようなものを私たちの中に残していたのです。

最後にシダーハウスの終わりを救ったのは、一九八〇年のロサンジェルス郡からの基金でした。基金がおりたとき、ファミリーサービスの理事会で、シダーハウスを独立させようということになり、時期が決められました。そのため、私たちは自分たちを雇う機関の管理職候補と面接しなければならないという妙な立場におかれました。最初に管理職になったビル・マッキューはあまり長く務めることなく、もっと報酬の高いところに移りました。彼の後任者は、フレッド・ヒンチェが務めました。

私たちがシダーハウスを辞めた理由

奇妙なことに、基金が多くなり、もっとスタッフを雇うことができるようになると、これまで維持してきたバランスが微妙にくずれてきて、トラブルが起こるようになりました。クララはこれまで、自分の家族への義務を果たすために、フルタイムでは働けないと宣言してきました。プログラムのリーダーに支払うお金がほとんどないときには、フルタイムでないことは受け入れられてきました。しかし、そのお金が出るようになると、郡の役人とフレッド・ヒンチェは、プログラムリーダーはフルタイムで働ける人でないとならないという意見で合意しました。ある日、数カ月前にセラピストとして雇われたリン・セイザーが階段を下りてきて、「今日から私がプログラムの新しいリーダーです！」と部屋のみんなに宣言しました。クララはそれを聞いて愕然としました。クララは、プログラムリーダーになる人を訓練することには賛成でしたが、ほかの人が自分に代わってその地位に就くことも、代わる時期も、全く何も知らされていなかったのです。

新しいリーダー、新しいプログラムリーダー、新しく組織された会議、新しく雇われたスタッフは、それぞれが自分のやり方についての考えがあり、彼らの間に権力闘争が始まっていきました。私たちは報酬が充分に支払われていなくとも、プログラムに自分たちの全エネルギーを投入し、それでもまだ足りないといろいろ要求してくる人たちには慣れていました。しかし、この種の権力の抗争には慣れてはいませんでした。新しい基金の影響で、いろいろなことが展開してきました。クララはシダーハウスを辞めることを決意しました。マリリンと私は、クララが去ったあともしばらくは留まって、これまで私たちが作りあげてきたものを少しでも守ろうとしました。しかし、ついには、シダーハウスでの私たちの時代は終わりであることがはっきりしました。

その後、シダーハウスは難しい時期を過ごしてきたようです。しかし、援助を続けてくれた人々の強い意志のおかげで、その後も家族が支えられてきたこと、地域のサポートがなくならなかったことをとてもうれしく思っています。一九九六年に、シダーハウスはサラセンターとして再興することができました。ずっと前から私たちが意識していたように、身体的虐待と性的虐待は一対のものであるという考えのもとに、サラセンターは設立されました。シダーハウスがごたごたした時期に、傷つき、その傷を癒すためにシダーハウスを辞めていったスタッフみんなが平和を見出してくれることを祈ります。

これまでのことを振り返って、あとに続く人たちにどんなアドバイスができるでしょうか。どうぞ、チームで援助を行うという概念を理解してくれる管理者のもとで、プログラムの目的を見失うことなくゆっくりと進んでいってください。そして、多くの祈りを捧げてください。

29章 プログラムへの意見とクライエントの最新情報

一九七九年の末に、ほかの施設でも同じようなプログラムを導入するために、シダーハウスのプログラムの評価が行われました。しかし、その計画は最初の構想どおりには実現しませんでした。なぜならシダーハウスでは、その時々で臨機応変に物事が行われていたからです。しかし、インタビューを行ったクライエントと地域の代表者の人たちからのフィードバックを受けとることができました。彼らの言葉は、一九八〇年十一月に発行された『記述的分析』という雑誌に掲載されています。

クライエントへのインタビュー

新しいクライエント群、現在治療中のクライエント群（治療群）、終結したクライエント群（終結群）の三つのカテゴリーからアトランダムに、それぞれ五人ずつクライエントを選び、シダーハウスのスタッフ以外の観察者によってインタビューが行われることになりました。治療群、終結群では実際にインタビューが成立したのはそれぞれ四人だったので、結局全部で十三人のインタビューが行われました。新しいクライエント群とは、シダーハウスに来て二〜三カ月のクライエントであり、治療群とは、六カ月〜二年のクライエントです。分析では、終結群のクライエントが、何年前に、またどれくらいの期間シダーハウスにいたのか、記述、考察されませんでした。

クライエントには、次の一連の質問が行われました。

1　シダーハウスに来て、自分自身について何か学びましたか―十二人のクライエントが「はい」と答えました。一人（終結群）があまりよく考える間もなく、「いいえ」と答えました。

2　シダーハウスに来るようになって以来（来ていたとき）、あなたのパートナーに何か変化はありますか（ありましたか）―全員にパートナーがいたわけではないので、六人が「はい」と答え、「いいえ」と答えた人はいませんでした。

3　シダーハウスに来て以来（来ていたとき）、子ども（子どもたち）に何か変化はありますか（ありましたか）―十人が「はい」、「いいえ」はゼロ。

4　シダーハウスに来て以来（来ていたとき）、日常の生活状況に対処する能力に何か変化はありますか（ありましたか）―十二人が「はい」、一人が「いいえ」、しかしあとで、次のような補足がありました、「今、私たち夫婦はお互いにどならないでコミュニケートしています。子どもたちにもどなりません」。

5　あなたはこれまでシダーハウスに助けを求めたことがありますか（ありましたか）。そしてそのとき、いつも助けてもらえましたか―十二人が「はい」、「いいえ」が一人（この人は新しいクライエント）。

6　これまでの援助に加えて、シダーハウスがもっとできることはありますか（ありましたか）―八人が「はい」、五人が「いいえ」。

7　あなたがもう一度、今までのことに取り組まなくてはならないとしたら、またシダーハウスに来ますか―十二人が「はい」、一人が「いいえ」。

新しいクライエント群の親たちは、次のような援助を受けたと述べました。自尊の感情を高めるための効果的な援助（私はこれまで信じ込まされてきたような出来損ないの人間ではない）、孤独感の減少（こんなことが私一人に起こっているわけではない）、子どもへの対処のしかたでの援助（子どもが抱えている問題への対処のしかたを学んだ）、怒りへの対処のしかた（息子に何かしたり、ものにあたる前に、まず考えること）、そして感情を表現することとその感情の扱い方（彼を殺したいと思ってもいいのだ。私は自分のその怒りを受け入れることができる）の援助を受けたと答えました。

治療群もまた、自尊感情が改善されたと話しました（これまで私はいつも自分が悪い人間だと考えてきたけど、そうじゃない、私は私でいいのだということがわかった）。そのおかげで、以前より社会的になった、オープンになった、言いたいことが言えるようになった、自分もほかの人を助けることができるということがわかった、と話しました。また自分の中の怒りという感情にうまく対処できるようになり、そしてその感情を表現できるようになったと話しました。また自分に起こった問題やストレスに対処できるようになったとも話しました。自分の子どもに問題があるという見方をしなくなったと話す人もいました。人に助けを求めるという新しい能力を身につけたという人、自分自身を許し、少し成長できたという人。

終結群のクライエントは、自分と人との関係のとり方を理解する上で、シダーハウスから受けた援助に焦点を当てました、「妻や父との関係を理解するための援助を受けた」。またある人は、「なぜ私が母親に対して気が狂ったようになるのか。決して越えられないと思っていたが、そのことに取り組み、解決することができた」と話しました。コミュニケーションのとり方と感情の扱い方を学んだという人もいました、「私でも人を愛することができるのだとわかった」。この群のクライエントも自己イメージがよくなったことを話しました、「私はもう家に引っ込んでいないで、学校に行き始めたの。長いこと自分を恥じ、ずっと家で隠れていたかった私が！　これは大きな変化だったわ」。

新しいクライエント群の二人は、問題の根本的な原因はパートナーにあると言いましたが、治療群と終結群のクライエントからはそういう発言は出ませんでした。パートナーに何か変化があったかという質問に、治療群のあるクライエントはこう答えました、「これまでみたいに、夫婦の間で何か起こったとき、すぐに相手をなぐったりしないで、自分にもっと責任を感じるようになった」。

パートナーのことを口に出す人は全員、パートナーがよい方向に変わったと話しました。新しいクライエント群のある人は言いました、「彼女は私が家族と一緒に暮らすことを許してくれるようになりました。私を父親と認めてくれるようになりました」。何人もの人がパートナーが前よりも怒らなくなり、自分の話を聞こうとするようになったと話しました。ある人は、「彼の子どもたちへの接し方が変わったの。あんまり鞭でぶったりしなくなったわ」と話しました。ある終結群のクライエントは、「彼は私よりもゆっくりではあるけれど、確実に成長してきたわ。すばらしい進歩を遂げたわ」。

二人の新しいクライエント群の人は、子どもたちの就寝時の行動が改善され、前よりもぐっすり眠るようになったと話しました。五家族のうち四家族までが、子どもたちが前よりも落ち着き、よくしゃべるようになり、腹を立てたとき、それを建設的に処理できるようになったと話しました。一人がこう言いました、「子どもがもう親のベッドに入ってこなくなったの。それは私たち夫婦の関係にとてもよい影響をもたらしたわ」。

治療群の親たちはみな、子どもがあまりびくびくしなくなったと話しました。二人の人が、子どもたちが愛情豊かになり、社交的になったと言い、一人は、子どもが進んでルールに従うようになったと話しました。また子どもから、「困ったときには、誰かに助けてと言えるようになったよ」と言われた、と話しました。

終結群のクライエントは、子どもに変化があったかどうか尋ねられて、二人ずつ二つに分かれました。変化がないと述べたうちの一人は、シダーハウスに批判的でした、「親と子は、別々でなく、一緒に問題について話し合うべきだったわ」。もう一人は変化はなかったと言いましたが、それ以上詳しいことは話しませんでした。別の二人は、子どもたちに確実に変化が見られたと言いました、「最初はそうでもなかったけど、二カ月くらいたって、びっくりしたことがあったの。子どもが泣きわめくのではなく、言葉で話したのよ。息子はこう言ったの、『お母さんは、ちっとも僕の話を聞いていない』。そう言われて、彼がどんなふうに感じていたかがはじめてわかったの」。もう一人の人はこう言いました、「息子は自分のことを動物だと思っていたのだけれど、だんだん自分が人間だと気づいていったみたいよ。引きこもっていたのが、だんだん自分の殻から出てくるようになったの。シダーハウスは、彼を子どものための治療施設に入れるよう手続きをしてくれたの。そこもとってもいいところだったわ。でもシダーハウスの次くらいね」。

一人を除いて、プログラムを受けた全員が、効果的な援助を受けることができたと報告しました。例外は、終結群のクライエントで、シダーハウスは自分も子どものことも助けてくれなかったと感じていました。治療群のクライエントは、シダーハウスは自分たちをいつも援助してくれる、答えを教えてくれたり、答えを見つけるのを手伝ってくれると感じていました。終結群のクライエントはこう言いました、「助けてほしい問題があると、シダーハウスに電話をかけることができるようになったわ。電話できるようになるまで一年かかったけどね。しゃべっていると、だんだんほっとしてくるの。以前は援助を求められなかったのよね」。

改善してほしい点は、もっと家庭訪問をしてほしいということと、もっと人数の多い親のクラスを作ってほしいということでした、「とても前向きで助けてくれそうな人は大勢いるんだけど、最初はなかなか自分から声をかける勇気が出ないの。もし誰かが家まで来てくれていたら、もっと早くみんなに慣れることができたと思う」。治療群のクライエントは、プログラムがまだこれからも続けられるのかどうか心配していました（というのは、このインタビューの数カ月前に、シダーハウスを閉めなくてはならないかもしれない状況だったからです）。数名の終結群のクライエントは、現在抱えている問題についても援助してほしいと言いました。仕事を見つけるために子どもたちを一時的に預かってもらうことや、ソーシャルワーカーにどう話せばいいのか、などです。

終結群の一人を除いて全員の人が、もしもう一度これまでの問題に取り組まなくてはならないとしたら、またシダーハウスにもどってくると言いました、「もっと早くにシダーハウスを知っていたら」「シダーハウスのプログラムはすばらしいわ。私は同じような問題で悩み援助を必要とするほかの親たちに、声を大にしてシダーハウスのことを推薦するわ」「シダーハウスの人たちは、私の人生を救ったのよ。おかげで今私は生きていられるのよ！」。

常習性

シダーハウスに新しいクライエント家族が措置され、六カ月間の観察期間で再び虐待が起こったのは、四十三家族のうち一家族でした。その家庭の二人の子どもは、施設に措置されました。その同じ六カ月間で、七人の子どもたちが親元にもどりました。

地域へのインタビュー

八つの地域の機関が電話でのインタビューに答えました。パブリック・ソーシャル・サービス機関、ロングビーチ保護観察機関、ロングビーチ警察児童虐待防止連合、ロングビーチ記念病院、ロングビーチ地方裁判所、ロングビーチ学校教育連合、ロングビーチ地域児童のトラウマ委員会、そして、カリフォルニア児童虐待委員協会の八機関でした。全機関が、シダーハウスはよい仕事をしていたという意見（すばらしい、すぐれた、悪い点は一つもない）でした。これらの機関は、個人的なつながりや、仕事上での関係を通して、シダーハウスのことを知りました、「私は児童虐待防止課で裁判官をしていた四年の間に多くのケースを見てきた」「多くの人をシダーハウスに紹介し、よい事後報告を聞いている」。

唯一報告されたシダーハウスの問題点は、「いつもシダーハウスがいっぱいだ」ということと、「どれくらいの人数のクライエントをシダーハウスが受け入れることができるのか、もっと情報がほしい。この種の問題を抱えたクライエントは全員シダーハウスに紹介したいのだ」、でした。あとの六機関は、何も問題がないという意見でした。

地域の機関は、シダーハウスには効果的なプログラムが多種多様にあると強調しました。例えば、カウンセリングサービス、ケアリングスタッフ、親のクラス、援助の即時性、親から学ぶ姿勢をもち、必要であれば喜んでこれまでの自分たちの考えを修正すること、子どものためのセラピー、親と子が一緒にでも別々にでも治療を受けられること、そして家族に対する偏見のない受容的な接し方などでした。

何か変える点があるとすれば、シダーハウスをもっと大きくしてほしいということでした。もっと広いスペースが必要であり、シダーハウスが全部の紹介を受け入れることができないという点でした。またある人はこう言ってくれました、「シダーハウスがどういったことをしている場であるかを、地域はもっとよく知るべきだ。地方新聞がシダーハウスのことを緊急避難所としてしか報道していないから、そのことでしか、人々に知られていない」二人の人は、「何も悪いところはない」と言いました。一人は、「シダーハウスは、ここ数年の間に口ングビーチ市がもった最も大切な資源の一つである」と言ってくれました。

シダーハウスにクライエントを紹介した機関は、それぞれ独自でもクライエントの状態を査定していました。家族がどれくらい困っているか、変化の可能性と動機づけの強さはどれくらいか、治療を続けていく可能性はどうか。「裁判所でクライエントにカウンセリングを受ける命令が出たとき、リストの最初に名前を上げるとしたら、シダーハウスだ。シダーハウスは性的虐待のクライエントにもうまく対応できるだろう」。次の場合だけは、紹介されないことがありました、「家族がシダーハウスをいやがった場合。子どもの保護拘置が必要な場合。クライエントが統合失調症の場合」。

最近のクライエントの追跡調査

クララと私は、この本でとりあげるために、かつてのクライエント七人（女性が六人、男性が一人）にその後の様子について質問しました。その中の六人には、シダーハウスが彼らの生活に何か変化をもたらしたかどうか、もしそうならどういった変化か、質問紙に記入するようお願いしました。治療を受けていた期間の長さは、二、三カ月から三年の間、一人を除いて全員が一年以上でした。彼らは、それぞれ母親グループ、男性グループ、カップルグループから選ばれており、家族カウンセリング、個別セラピー、親業クラスを受けていました。全員、シダーハウスで催されたパーティーや社会的行事に参加していました。一人を除いて全員が公的な場で発表をしていました。それはテレビのドキュメンタリー番組で放映されました。また一人は、サクラメントにおいて、州の役人の前で、証言もしていました。七人のうち一人は、怒りのミーティングにも参加していました。

ほとんどの子どもたちは、グループセラピー、家族セラピーに参加したことがあり、個別セラピーは全員の子どもが受けていました。全員がパーティーに参加し、一人はシダーハウスで企画された、くじらを見にいく会に行ったことがありました。また一人は八歳のとき、母親と一緒に州の役人の前で証言したことがありました。この経験は彼にとても自信を与え、「よい思い出となったわ」と、母親は私たちに話してくれました。

「最も役に立った援助は何だったか」の質問に対する答えは、スタッフの態度、家の中のインテリア、いろいろなスキルを習得させてくれたこと、そして仲間のサポートでした。それに付け加えてのクライエントのコメントがあります。

「私を理解してくれる人がいた」
「自分がよい状態でなかったときの人々の態度」

「シダーハウスの雰囲気」

「私自身と子どもたちを守ることを学んだ」

「裁判に臨む準備をして、裁判の場で恐れていることを話させてくれたこと」

「似たような問題を抱えた人々と一緒にいられたこと、一人じゃないって思えた」

「すべてです。本当に大きな変化でした。なぜなら、もしシダーハウスがなかったら、夫は今ごろ死んでいたでしょう。私はきっと彼を殺していたわ。シダーハウスが私たち二人の絆を強くしてくれた。夫は今生きている。そして私は夫殺しの罪で刑務所で過ごさないですんでいるんです」。彼女は個別のインタビューで、これは冗談で言っているのではない、本当に夫を包丁で刺すところだった、と話しました。


「全然役に立たなかった援助は何か」の質問に、ほとんどの人が「何もない」と答えたり、空欄にしたりしていました。ある男性は、次のように強調して意見を書いてくれました、「シダーハウスに関して、否定的な言葉なんか思いつくはずないよ」。ある母親は次のように書きました、「苦しみから解放されることがないということを知っています」。この言葉は、大人になった息子が殺人罪での刑罰の宣告を待っている大変苦しい時期に書かれました。シダーハウスのプログラムの中で変えたほうがよいと思うところは何か、という問いに対して、彼女は苦しそうにこう答えました、「親と子がもっと話し合うこと」。

ほかの二人は、クララと私がシダーハウスを辞めたあと、もっとうまく引き継ぎをしてほしかったと言っていました。そして、一人は、裁判のあとにフォローアップのセラピーをしてほしかったということでした。フォローアップのセラピーは通常は行われていたのですが、私たちがシダーハウスを辞めたあと、手落ちがあったようです。もう一人の母親はこう書きました、「一旦信頼が確立したら、クライエントが承知するまでは、セラピストを変えないでほしい」。インタビューの中で、彼女はこんな話をしました、「引き継いだグループのリーダーが私たちにこう言ったの、『クララとボビーはもうここにはいないわ。これからは私があなたたちのセラピストです。承知しといてくださいね！』って」。この母親はシダーハウスに来るのをやめ、二度ともどらなかったそうです。彼女は新しいセラピストにも私たちにも腹を立てていました。それでも、彼女は質問紙の最後に次の言葉を書き記してくれました、「私の人生はあなたたちのおかげです！」。

「最も思い出に残っているのは何か」の質問に対して、クライエントに答えてもらいました。次のような個性的な答えもありました。

「人種について話し合いをした日」

「グループのとき、マリリンが立ち上がって、私の夫を床に座らせ、自分はテーブルの上に立って、彼を見下ろしながら大きな声でどなりつけたとき。あのときから彼は変わったの。彼はいつも自分がやっていることがどれほど恐ろしいことかがやっとわかったのよ」

もっと一般的な答えには、次のようなものがあります。

「全くどうしていいかわからない状態のときに、いろいろ面倒をみてくれ、どんなめちゃくちゃなひどいことが起こっても、私のことを喜んで助け、守ってくれようとする人たちがいるってことがわかったこと」

「自分自身であることと、自分を守ることを学んだこと」

自分の人生・生活のこういった変化は、シダーハウスのおかげだという事柄には、次のようなものがありました。

「とりかえしがつかなくなる前に、ちゃんと自分の思っていることを言葉にして、悪い状況を回避する方法を学んだこと」

「コントロールできなくなる前に、きちんと自分が怒っていることを感じ、それを認めることを学んだ。たたいたりしないで、しばらくタイムアウトの時間をとり、落ち着いてから、そのことを口に出して表現する。そうすることで、ほかの人ともっとコミュニケーションがとれるようになり、自分が自由になることができた」

「自分のことが好きです！　きちんと人の目を見ることができます。誰ももう私のことを傷つけることはできません」

「前よりも心を開いて、人のために何かをしてあげられるようになったことです。心を開いて、夫と家族を愛することを学びました。夫と別れなくてすみました。シダーハウスがなかったら、夫を殺して、刑務所で暮らしているところでした」

「自分が選んだ行動の責任をとれるようになりました。ほかの人がどんなふうに感じているか、わかるようになってきました。そして、ほかの人の気持ちを尊重できるようになりました。相手が子どもであろうと誰であろうと。表現の手段として、暴力を使うことはやめました。私は今、これまで味わったことのないような平和な気持ちでいます」

彼らは今どうしているか

キャロラインのフィードバックは、十五章で記されています。家族は今一緒に暮らしており、とてもうまくやっています。

虐待で、子どもを死なせてしまった母親、リリーは、その後三人の子どもに恵まれ、二人は今十代になり、学校に通っています。現在の夫とともに、家族がみんなで暮らしています。シダーハウスでの治療のあと、彼女はまた別の男性と一緒になりましたが、その人もまた暴力をふるう人でした。しかし今度は、暴力が始まるとすぐ、その人と別れることができました。以前は生活保護を受けていましたが、今は仕事に就き、暴力をふるわない男性と七年前に結婚して、幸せに暮らしています。

ロイスからは何年も連絡がありませんでしたが、この町を引越しする前にわざわざクララを探して会いにきてくれました。彼女は私たちに、自分たちの家族がまだ一緒に幸せに暮らしていることを知らせたかったのです。彼女の夫は以前は息子に対し、とてもひどいことをしていましたが、彼は変わったそうです。虐待を受けていたその息子は大きくなり、今では自分の子どもを愛する父親になったと、誇らしげに話してくれました。

クララは、偶然リックに会ったそうです。彼はまだ結婚はしておらず、自分の理想の音楽を続けているということでした。彼の創作活動は、有名なミュージシャンの間でだんだん認められてきています。

私はトレーシーと、彼女の息子が殺人を犯してしまった悲劇的な状況のときに会いました。私たちがシダーハウスを去ってから一年後に、彼女はシダーハウスを去りました。息子は子ども時代のほとんどを里親のところで育てられました。今、彼は執行猶予の可能性もなく、終身刑に服しています。そして、今トレーシーは路上生活をしています。

離婚して三人の小さな子どもを抱え、シダーハウスにやってきた母親、ジョアンは、その後もフルタイムで働きながら、子どもたちを育てました。三人の子どもたちは全員大学に進学しました。ジョアンは今やおばあちゃんになっています。

マーガレットの四人の子どもたちは再び虐待を受け、シダーハウスで彼女が治療を受けている間、彼女から離され、父親のところで育てられることになりました。父親のところでもまた虐待は起こりましたが、子どもたちはそこでなんとか暮らし続けました。マーガレット

は今は二度目の家庭をもち、二人の子どもを育てています。そして大きくなった前の夫との子どもたちからは、彼らの子どものしつけで困ったときに、いろいろ質問を受けたり相談に乗ったりしているそうです。

マーガレットのフィードバックは、特に歯切れのよいものでした。自分の母親が自分を銃で撃ったことまで語り、これまで自分が全く面倒をみてもらえずに育ったこと、何のしつけもされなかったことを話しました。そして、自分やグループのほかの母親のことをこう表現しました、「私たちは赤ちゃんなのです。あなたたちは、母親の代わりなんです。そして赤ちゃんが生まれるのを助けるお医者さんでもあります。私たちが大人になっていくのを助けてくれる人です！　あなたたちは、私たちに愛するということを教えてくれたのです。子どもを連れていかれたあのとき、私が死ななかったたった一つの理由は、あなたたちが止めてくれたからです！　そうでなかったら、私は自殺していたわ」。

一九九六年、マーガレットは私たちのところに詩を作ってもってきました。

あのとき、そして今

あの日、私はとてもつらくて恐ろしくて、傷ついていた。

私たちは言われるがままに

向き合い、そして告白した。
心を開きなさい
心を作り変えなさい
でも…あの時はそうだった。
今は…。
もっと心を開き
もっと両手を広げると
誰かが理解してくれる。
私の心を作り変えなさい
どうやればいいのかを示して。
あの子たちは一人ひとりが、かけがいのない私のもの
あの子たちを守り、導くために
今は愛をもっている
これもあの時とは違う
あの時と今。

最近の地域の意見・感想、フィードバック

一九九六年十二月、突然、私のところにベルニース・クーパーから電話がかかってきました。彼女は前市長の秘書で、シダーハウスの最も強力な支持者の一人でした。彼女は私たちにこう言ってくれました、「シダーハウスでのあの年月は、私の人生の中でいちばん幸せなときだったわ。傷ついた子どもたちのことを考えると、へんに聞こえるかもしれないけど。どうしてあんなに特別幸せだったと感じるのか、考えたの。それはね、シダーハウスのあのみんなを癒してくれる雰囲気だったと思う。そのことを言いたくて電話したの」。

そうなのです。私たちもそのことに気がついていました。シダーハウスのあの癒される雰囲気は、クライエント家族だけでなく、私たち自身も含め、ボランティアやスタッフみんなを癒してくれていたのでした。

30章

あなたはプログラムを始めたいですか

グループが何をするかが大事に見えるけれど、本当は一人一人に何が起きているのか、そのほうが大事なのだ。

アンソニー・カンポロ
社会的活動の理想

この章は、これから新しく児童虐待のためのプログラムを始めようと考えている人たちのためのものです。次のいくつかを提言したいと思います。そのうちのいくつかは、一九八〇年のシダーハウスの記述報告に載っています。

あなたの考えと哲学を打ち立てましょう。児童虐待を少しでも少なくするためにどんなサービスが役に立つと考えますか。それらのサービスをどんなふうに提供していきますか。財政上の支援をどこに求めますか。

あなたの援助哲学は、プログラムを進めていく上で迫られるすべての決定の大事な基礎となるものです。哲学は否定的なものでなく前向きなものであり、児童虐待そのこと自体に集中するよりむしろ、その家族の健康的な方向への変化に焦点を合わせる必要があります。家族の病理そのものよりも健康な面に目を向けることが、プログラム全体を通して必要です。

あなたの思っていることをはっきりさせるために、考えを実際に紙に書いてみることが大切です。そうすることで、考えの矛盾点にも気づくことができるでしょう。

あなたの計画を誰かに話して、聞いてもらいましょう。もし地域にそのようなサービスのニーズがあれば、そして、あなたの話したことに熱意が感じられれば、サポートしてくれる人が見つかるでしょう。時には思いがけないところからサポートが現れる場合もあります。その人たち（高い地位をもった人に限らずとも、その問題に一緒に取り組んでくれようとするさまざまな経験をもった人々）は、あなたが計画を進めていく上で、きっと役に立つ大切な助言をしてくれることでしょう。あなたの考えを否定する人であっても、時には考慮に値する疑問を出してくれる場合があります。「そんな考えなんかうまくいくはずがない」という彼らの言葉それ自体を心に留める必要はありません。しかし、あなたのプロジェクトをより深く考えさせる力になります。

地域の人々と話すことで、これまで何がなされており、何がなされていないか、またあなたがこれからどんな人に接触していく必要があるかが、わかってくるでしょう。あなたのプロジェクト計画に興味や関心をもつ人は、地方議会、自助グループ、医療分野、慈善団体、教育者、政治家、実業家、司法機関など、さまざまなところで見つかるでしょう。最初私たちがシダーハウスを始めたときには、地域に影響力のある人たちに知り合いはいなかったのです。それが、この仕事をやっていくうちに、一人のサポーターからまた別のサポーターへと広がり、いろいろな人の力を借りるようになりました。

一緒に打ち込んでくれる人たちを募集しましょう。中心となるグループは、地域のさまざまな領域から何人かの人々で構成されるかもしれません。それらの人々を団結させる要素は、クライエント家族と一緒に、そして家族のためにプログラムを発展させ、治療に打ち込む熱意でなければなりません。

専門家にしか耳を貸さない専門家集団で営まれるのならば、草の根プログラムが育つことはまずないでしょう。またそれと反対に、専門家による助言や指導がほとんどない自助グループが方向性を失って苦労しているのもいくつか見てきました。効果的に児童虐待プログラムが実行されるためには、専門家と草の根の人々がお互いに協力し合って、調和のとれた活動をすることが必要です。必ずしも同じ歌を歌う必要はないけれども、誰かが誰かを支配することのない、全体として調和が必要です。仕事の色調は、リーダーによって決まってきます。リーダーがその力を自分の権力のためではなく、クライエント家族のニーズに応えることに使おうとするなら、それが役に立ちます（時に、管理職の机の大きさで、その違いを見ることができる場合があります）。

また管理職は、右脳と左脳の両方を使って仕事をすることが必要です。つまり、知的レベルと情緒的、創造的レベルの両方をもっていることが必要なのです。左脳（知力）ばかりの人は、スタッフとの直感的な調和がとれなくなることがあります。反対に右脳ばかりを使っている人は、機関の運営に関わる実務的なニーズをうまくこなせなくなってくるでしょう。

ほっとできる空間を作りましょう。建物は大切です。建物自体が、治療のプロセスの一つです。

児童虐待プログラムの目的のためには、できるなら、家のセッティングは最もよいものを使うことが必要だと確信しています。なぜなら、家のセッティングは、家庭という性質の問題に関わる援助の中で、家庭環境を象徴するからです。センスのよいインテリアが必要です。しかし、かえってクライエント家族を萎縮させてしまうようなぜいたくなものである必要はありません。もらいうけたものや使い古した中古の家具は避けるべきです。それらがうまく全体的にまとまり、統一感を出していればまた別ですが。そしてどんな場合にも、心をひきつけないような家具や使い古した家具を使うことは、なんとかして避けてください。

もし使い古した家具しかなくて困ったときは、ボランティアやクライエントの中から協力してくれる人を募って、家具をリフォームすることもできます。

もし可能なら、単身でも夫婦でも、住み込みで家を管理してくれる人がいれば、さらにプログラムに家庭的な要素を付け加えることができます。自分の子どもを育て上げた年配のご夫婦で、まわりの人を楽しませることができる人なら理想的でしょう。

非営利団体の傘下に入るか、あるいは自分たちで非営利団体を作るか。自分で非営利団体を作ることは、考えられているほど面倒なことではありません。

州に非営利団体登録の手続きをする前に、まず団体のための条項を作り、役員会議に出席する役員を決めなくてはなりません。私たちが二つ目の機関を始めたときは、既存の別の機関の条項と会則を借りてきて、自分たちの目的に合わせて修正しました。特に法律家に頼まなくてもできました。

クララと私は、一つは別の非営利団体の傘下に入り、もう一つは自分たちで作ったので、両方を経験しています。(注) どちらのやり方にも、よい点と困る点があると思います。

大きな機関の傘下でプログラムをすると、より多くの幅広いサービスを利用できます。スタッフは、その機関の中のほかの人たちとも接触するようになるので、プログラムが孤立して進んでいくことも少なくなります。また、管理上にかかるコストは少なくなるでしょう。そしておそらく、資金集めのためのスタッフの時間も少なくてすむでしょう（しかし、これはあまり当てにしないほうがいいかもしれません。とはいえ、シダーハウスでは、資金集めにかなりの時間を使いました）。

大きな機関の傘下でいることのマイナス面をあげると、もし上の機関と自分たちのプログラムの計画に少し違いがあった場合、最終的な目標に矛盾が出る可能性があります。プログラムをやっていけるかどうかが、ほかの人の手にゆだねられているといえます。そして管理職や理事会との距離が遠くなります。別の機関の傘下でいる場合、出席しなくてはならないミーティングも多くなります。シダーハウスのときにあったことですが、私たちのプログラムがだんだん知られるようになると、ファミリーサービスの理事たちの中には、シダーハウスのプログラムのほうがファミリーサービスのプログラムよりも魅力的であることをおもしろく思わない人がいることに、クララは気がつきました。

独立した機関を設立する利点は、プログラムの裁量権が大きくなり、誰を担当させるか、どのミーティングに参加するかを、自分たちで決められる点です。応えなくてはならない、上からの要求も多くありませんし、それゆえに相対立する要求も少なくなります。独立していると、アイデンティティについての問題もありません。以前、私たちが、親機関であるテイルバックロッジ、ファミリーサービスではなく、シダーハウスの職員だと名乗ったことで、機関の上の人たちから注意されたことがありました。

独立した機関の欠点は、管理上の仕事の義務が多くなるということです。また、私たちの限られたエネルギーに照らし合わせて、提供しなければならないサービスが膨大なものとなってくると、もっぱら一つのプログラムに専念して、それに埋没してしまうことも起こります。そして、自分たちの力を誇大に過信してしまう誘惑に陥ることにもなりかねません。

スタッフについて。スタッフは、多くの専門分野にわたって資格をもった人がそろっていると理想的です。クリニカルソーシャルワーカー、結婚・家族・チャイルドカウンセラー、セラピーができることに加えて心理テストができる心理学者が少なくとも一人、嘱託の教育学者、子どもの専門家、そして、専門職ではない人生経験が豊富な人が一人はいてほしいと思います。かかりつけの医師や看護師も必要です。そのほか、相談に乗ってくれる人も必要でしょう。精神科医、歯科医、栄養士、財政上の専門家、法律家、ほかにも必要に応じて、さまざまな相談に乗ってくれる人を探す必要が出てくるでしょう。

スタッフメンバーのいちばん重要な能力は、チームとして働く能力です。温かく、人を思いやれる能力が必要ですが、だめなことはだめときちんと制限を表明できる能力も必要です。スタッフやボランティアの考えを積極的に取り入れるには、きちんとした判断力が必要となります。もし誰かが、スタッフの中に破壊的な力動をもち込んできたなら（陰で反対意見を言う、仕事をなまける、クライエントを卑しめる、敵意の渦を作り出すなど）、それはすぐに取り扱わねばならない問題です。それでも状況が改善しないなら、そのスタッフには辞めてもらわなくてはなりません。状況の改善がはかどらなければ、それは必ずクライエントへの援助に影響を与えます。彼らは、こういう緊張した雰囲気にとても敏感です。そういったどの機関にとっても起こりうる事態に対して、対処法を見つけださなくてはなりません。スタッフを雇うときは、資格をもった人であろうとなかろうと、質問紙に記入してもらうか、あるいは面接の中で、次のような質問をすることを勧めます。

1　あなたがこれまでしてきた仕事について話してください。ケースを一つ話してもらえますか—志願者のその話を聞いて、クライエントの姿が生き生きとこちらの心にイメージされるかどうか、クライエントへの愛情が感じられるかどうか、専門用語や型どおりの技能が多すぎないか、クライエントを見下す気持ちがないかを聞きとります。

2　クライエントに怒りを感じたとき、どのように対処したことがありますか。今はどう対処していますか。クライエントから露骨な怒りを示されたとき、あなたはどうしますか—クライエントや自分自身の怒りの対処の能力がない場合、児童虐待の分野での仕事は大変に難しいものになります。

3　チームで仕事をした経験はありますか。危機介入の仕事をしたことがありますか。自殺願望の強いクライエントにはどうしましたか。もしも母親から電話がかかってきて、今から子どもを虐待すると告げられたら、あなたはどうしますか。

4　あなた自身は何かの虐待を受けたことがありますか。受けたとしたら、どのような虐待ですか。それに対して、これまでどのように対処してきましたか—このことを聞くことは、志願者が親たちクライエントの過去の歴史を理解することができるかどうか、また、セラピーをやっていく中で、どれくらい逆転移の問題が表面化してくる可能性があるか、を考える示唆を与えます。私たちは個人的な問題を深く掘り下げるつもりはありません。しかし、児童虐待という、感情的に負担が大きい分野に入っていく人については、仕事のほかにもいくらかその人の個人的な情報を得ることは重要なことです。

5　これまでの経験で、あなたは自分の直感と、訓練で学んだ知識とのバランスをどのようにとってきましたか―この質問は、志願者に少し考える時間を与えることになるでしょう。型どおりの答えが出る質問と違って、志願者がどのような考え方をし、答えを出すかを見る機会になります。また彼らが、自分と同じ訓練を受けていない非専門家と一緒に仕事していく上でその人たちを尊重してやっていけるかどうかを知る手がかりにもなります。

援助プログラムの確立。治療は家族のニーズを取り巻きながら展開されていくものなので、柔軟性が必要です。基本的には、プログラムには、個別カウンセリング、グループカウンセリング、子どものための修正プレイセラピー、親業クラス、アウトリーチ的な援助が必要でしょう。ほかには、クライエントの必要に応じて、二十四時間緊急時の危機介入、クライエントの家に行って家事を手伝うヘルパー派遣、子どもの一時預かり、ストレス緩和のクラス、栄養指導のクラス、家計管理指導のクラス、怒りのコントロールを学ぶクラスなどがあるでしょう。

ボランティアの協力を得ること。いろいろな場で、協力してくれる人を得ることができます。女子青年連盟のようなボランティア団体、ボランティア派遣機関、学生の組織、市民シニアセンター（子どもが好きな退職後の人がたくさんいます）、ビジネス業界、あなたの知り合いの人など、たくさん資源があります。ボランティアのトレーニングのためのプログラムを行うことが必要です。コミュニケーションスキル、プログラムの理念、そして、虐待された子どもたち、その家族のためにどんなことをすることが期待されているかを学ぶ場が必要です。家族と直接関わる仕事をする人には、少なくとも六カ月間は続けて活動を行ってもらう必要があります。そしてスタッフミーティングに参加することも求められます。またそれとは別に、一カ月に一度くらいの割合で、何か食べ物を用意して、ボランティアでのできごとや自分の気持ちを話すミーティングをもつことを勧めます。家族に関わることで、強い反応を示す人も出てくるでしょう。その人たちの緊張を和らげる必要があります。この分かち合いのためのミーティングは、ボランティアが家族の行動をより深く理解するための継続したトレーニングの場ともなります。ボランティア証書を出すこともよいやり方です。しかし、みんなで集まることのより重要な意味は、自分の話を聞いてもらえるということです。私たちは、毎日なんとなく話してはいますが、彼らの話を聞く場をきちんと構造化し、保証することが大切です。

目標を目指していきましょう。 あなたの目標がどういったものであれ、あなたの真の目標を目指し続けてください。ささいな問題をうるさく言いたがる人たちに影響され、横道にそれてはいけません。また面倒な仕事をなるべくやりたくない人たちもいます。そういう人たちは、「家庭訪問をする時間なんてないわ！」と言うかもしれません。揺らいではいけません。あなたは、すぐに批判をしてしまう人にも会うでしょう。

あなたが一心にプログラムの目標を追求し続けるなら、自分の心に迷いが生じたときにも、これまで確実に自分がやってきたことを思い出し、ぐらつかないでいられるでしょう。混沌とした家族を相手にする仕事では、あなたの技能の限界まで挑戦がなされることがあります。これまでの経験や訓練を越える状況にも突き当たります。そんなとき、あなたは自分の目標を思い出し、混乱のときにはチームを頼り、そして、この状況は新しい考えへ続く道なのだと思ってください。

食べ物を用意して、人々を招待しましょう。 昼食会やオープンハウスを行い人々に食べ物でもてなすことで、来た人は気分がほぐれます。私たちの仕事の大好きなことの一つは、年齢や肌の色、いろいろなタイプ、また貧しい人から金持ちの人まで、さまざまな社会的階級の違う人たちを招待してもてなすことでした。そしてその人たちが、お互いに興味と関心をもって楽しそうに話をしているのを見るのが大好きでした。食事をともにすることで、お互いの冷たいわだかまりを溶かし、集まったみんなの心の中に共通の何かを芽生えさせてくれました。クライエント家族も加わってのこのイベントは、援助する側、される側、両方の固定観念を打開してくれるものとなりました。おまけに、プログラムを支持して、寄付をしてくれる人も出てきました。

地域との関わりを確立しましょう。プログラムの中で、クライエント家族と直接関わる地域の関係機関としっかりした関わりを確立することは重要です。ソーシャルワーカー、警察の捜査員、保護監察官、地域の病院の職員の人々です。こういった人々やほかにも地域の人々と良好な関係を保っていることは、新しいクライエントを紹介してもらうためにも大切です。またクライエントが問題を起こしたとき、それに対処する別の方法を提供してくれることがあります。

私たちの二の舞を踏まないためにも、地域の児童虐待委員会を探してください。地域に児童虐待委員会がないならば、委員会を立ち上げる計画をしてください。

会議に出席したり、講演の依頼を引き受けましょう。人前で話すことで、あなた自身の力が試されることにもなるかもしれませんが、しかし、それはあなたの考えを大いに深めてくれる機会ともなります。このプロセスを通して、この分野でほかの人がどんなことをしているのか、どういったことが役に立つのかを学ぶでしょう。

財源について。私たちは最初に、クライエントからは報酬を受け取らないと決めました。私たちが関わっていたのは低所得者層の人たちであり、ほんのわずかなお金さえ払うことができない人もいることがわかっていました。子どもたちが危険にさらされている家族を援助するのに、障害があってはならないと考えていました。報酬をとらないと有効な援助はできないと主張する人もいますが、私たちの考えは違っています。もちろん、児童虐待ではない場合や、生活に困っていないクライエントの場合には、報酬を請求しない理由はないでしょう。

新しいプログラムを始めるために、地域の政治的有力者や慈善団体、実業家、財団、そのほか、活動に興味を示してくれるさまざまな人（必ずしもその順番は関係なく）の支援を得ることは役に立ちます。彼らと近づきになるに当たっては、明確に自分の意思を伝え（型どおりの月並みな言葉ではなく）、家族への援助のために必要なもの、あなたの理念、あなたの目的や目標、その目標のための計画を紙に書いてもっていくとよいでしょう。

私たちの経験からいっても、プログラムを維持していくには、いろいろなところから支援を得ることが大事です。ロングビーチ市委員会（行政）は、最小限の事務手続きで資金を出してくれました。女子青年連盟（ボランティア団体）も同じように資金を出してくれ、またボランティアも派遣してくれました。私たちの二番目のプログラムの家をリフォームしなくてはならなかったとき、ロングビーチのいちばん大きい会社の一つである、マクドネル・ダグラス社（企業）が資材を提供してくれ、週末には人を出してくれて、リフォームの仕事をやってくれました。プログラムのために力を貸してくれた人は、プログラムの存続に関心をもつようになりました。

もちろん、公的・民間の機関のどちらに対しても、基金を要請するときには、その必要性と使い道を書面にて上手に説明できる技術をもった人に頼むことが大切です。財政的に安定するためには、基金の要請がどうしても必要なのです。しかし、そういったまとまった基金を受けとった場合、問題が一つ出てきます。ほかに財政援助をしてくれる可能性のあるところが、受けとれる基金が一定期間であるにもかかわらず、この機関ではこれ以上の基金は必要ではないだろうという判断をしてしまうことです。

同時に数カ所からの基金を受けとろうとする場合、ほかにもいろいろ問題が出てくる可能性があります。例えば、事務仕事が大幅に増え、それだけでうんざりさせられます。特に公的基金の場合は、税金から支払われているので、その使い道を報告するための書類が大幅に増えてきます。また基金を出してくれている機関が、運営に関して、自分たちの考え方を押しつけてくることもありました。横柄な口出しが同時に何カ所かの機関からも出てきたときには、差し控えた言い方をするならば、興味深いことになりました。そんなときは、私たちは自分たちの目標と照らし合わせて、機関が私たちに要請していることに従ったほうがよりよい方向に行くのか、あるいは私たちの存在価値から離れていくことになるのかを検討しました。

私たちのような機関にとっては、基金の要請に従ったほうがよいのではという誘惑にかられることがあります。しかし、基金には使い道が限定されているので、それに応じてプログラムの方向性を変えることにもなってきます。私たちはこの誘惑に抵抗しました。おそらく、私たちが今では基金に頼らず自分で開業している理由の一つは、それでしょう。

誠実さがカギとなります。家族の、また地域の信頼を維持していくためには、プログラムでやれることとやれないことをはっきりと正直に言うことが大切です。

新しいプログラムを思いきってやってみるとき、あるいは、既存のプログラムに新たに何かを付け加えようとするとき、失敗はつきものですし、ほかからの批判を受けることもあるでしょう。しかし、あなたの努力が、クライエントの心の重荷をとり、彼らを癒してあげられるなら、りっぱにプログラムを続けていくことができることでしょう。

（注）自分たちで非営利団体を作ったとき、一時八方ふさがりの状況に陥りました。二つ目の施設を始めるとき、郡の建物の中の一部を使うよう言われていました。しかし役所のほうでは、私たちを承認する前に、非営利団体番号を知らせるように言ってきました。番号を取得するためには住所を記載しなくてはなりません。数週間の間、私たちはどっちつかずの状態でした。しかしなんとか、もうすでに認められたかのようにして郡の住所を書き、その状態を切り抜けることができました。

31章 シダーハウスのプログラムの応用

私たちは幸運にも、小さいけれどくつろげる住居環境の中で、誠実なスタッフとたくさんのボランティアを得て、常に三十五組から四十組の家族の治療を行うことができました。さて、同じようなプログラムを、ほかの機関にも適応させることができるでしょうか。

基本理念

シダーハウスで経験したいちばん重要な要素は、33章の「ふり返り」のところにも書きましたが、それは心構えです。シダーハウスで実際にクライエントにとって何が役に立ち何が役に立たないか決めるときに、先入観を捨て去り、クライエント自身に聞くということを学びました。私たちはクライエントをプログラムや地域の活動に積極的に参加させようとしました。そして、彼らがそれに貢献できることを彼ら自身にわかってもらおうとしました。たとえ、社会のくずのように言われる人たちでも、成長することはできるし、成長したがっているということを、私たちはシダーハウスの活動の中で学びました。その成長への道を歩むことは、彼らにとって恐ろしいことであるにもかかわらずです。管理側からのサポートを得られるのなら、このスタンスはほかの機関でも応用できるはずです。

大事なのはクライエントだということを示す

クライエントの恐怖心を和らげようとしないプログラムは、成長の可能性を閉ざしてしまうでしょう。温かみのない事務的なようす、クライエントを迷惑がったり無視するようなサインは、「君はここでは重要ではないんだよ。君には慣れていなくとも正しく行動してもらわなくてはならない。それがいやなら、君を治療することはできない」と言っているようなものので、クライエントには成長を閉ざす大きな恐怖を引き起こします。成長というのは、次のような言葉で勇気づけられます、「あなたがここに来てくれてうれしい。あなたとあなたの家族にとって、もっと安心して気持ちよく生きていける道をあなたが見つけるまで、私はあなたと一緒にいますよ。あなたはちゃんとその道を見つけることができます」。これは、クライエントに笑顔を向けるだけで伝えられることもありますが、言葉で伝えることもできます。

しかし、私たちが対象とするクライエントはごまかしにはとても敏感なので、メッセージは正直なものでなければなりません。自分があまり元気でないとき、「今日は私、あまり調子よくないの。心配しないでね。あなたのせいじゃないのよ」と、こちらの事情を伝えることは差し支えないでしょう。こういう話をすることで、クライエントにスタッフの精神状態に気づいてもらうこともできるし、彼らの悲観的な受けとり方から起こる、自分のせいだという不安や罪悪感から解放することができます。正直であることは、それが善意から生まれていることである限り、決してクライエントを傷つけるものではありません。

シグナルというのは、微妙なものです。先にも述べたように、クライエントがやってきたとき、私たちは自分たちのほうから前に進んでクライエントを出迎えます。そうすることで、私たちがクライエントを歓迎していることと、あなたが抱えているどんな問題に対しても援助する準備はできていますよ、という二つのことを伝えます。

受付係が机に座っていたとしても、クライエントのほうに身体を傾ける動作一つで、あなたは大事な人ですよ、と歓迎されている感覚をクライエントにもってもらうことができるのです。小さい子どもに話しかけるとき、ちょっと上体をかがめるだけでも、あなたのしゃべることにとても関心をもっているのよ、ということを伝えることができます。

約束の時間をきちんと守ることも、個人を尊重していることを示します。私は以前ある機関の面接セッションで、ビデオテープを回すボランティアをしたことがあります。そのとき、私とクライエントの家族は、セラピストがのんきに昼食を食べに行っていたために、約束の時間より一時間半も待たされました。それが意味するメッセージは、セラピストの時間は大切でも、私たちの時間は大切じゃないということです。私はもう二度と、協力しようとは思いませんでした。クライエントが私のように思わないわけがありません。来ることを強制されているクライエントにとっては、そういう扱いは、単に自分には価値がないという思いを強化されられるだけなのです。

インテーク

危機状態に陥りやすいクライエントにとって、インテークはすでに治療の始まりであり、よくなっていくためのプロセスの一つであると思います。インテークでは、問題を浮き彫りにすることばかりに焦点を当てるのではなく、問題の解決のためにプログラムで何ができるかをクライエントに示すことも必要だと思います。家族に再び会うことのないインテークを専門にしている人が情報だけを得るために機械的に行うインテークは勧められません。クライエントは次にセラピストに会うまで、宙ぶらりんの不安定な状態におかれ、次にまたもう一度、セラピストに対して、なぜここに来なければならなくなったかを説明しなくてはならないのです。こういった治療プログラムに来ることさえ難しい家族もいるのです。その上、さらにまたもう一つハードルが加われば、私たちは彼らを失ってしまうでしょう。

インテークは、少なくとも二人、できればそれ以上の人数のチームで行うほうがよいでしょう。馬が合っているスタッフのチームによるインテークは、クライエント家族にとっても役に立つものであり、またスタッフにとっても互いの結束を強め、燃え尽きを防ぎます（問題は分け合ったほうが耐えることができるのです）。スタッフが少ないので全員がインテークに入れる場合でも、インテークチームを何人かで分ける場合でも、クライエントのために、数人からインテーク面接を受けられるように手配することができるはずです。

チーム治療

チームとして、どうやって接触を続けていくのかを考えてみましょう。もしクライエントが、数人のセラピストがいるグループにいるのなら、それがチーム治療の始まりです。クライエントが一つ以上の治療を受けているなら（グループ、個別、親のクラスやその他）、おそらく二人以上のスタッフを知っていることになるでしょう。チームでの家庭訪問は、クライエントが何人ものスタッフと知り合いになるよい機会です。パーティー、ピクニック、奉仕の集まりや特別な行事（ゲストを呼んで話を聞くような会など）は、スタッフにもクライエントにも、いろいろな人と知り合いになる機会になります。みんなで、一緒に何かの作業をすれば、より打ち解ける機会になるでしょう。これまでの人生のほとんどを機能不全な環境で育ってきたクライエント家族にとって、敵対し合う者の集団ではなくチームとしてスタッフが働いているのを見るのは、とても重要で役立つことです。

クライエントに付き添ってよその機関に行くときには、担当のセラピストよりも慣れ親しんでいるほかのチームのスタッフのほうがいいかもしれません。私たちのところでも時々、ボランティアの人が代役を務めてくれたときがあって、そのときに気がついたのですが、親たちはセラピストと一緒に行くよりもボランティアの人と一緒に行くときのほうが、のびのびと自分のことを話すようなのです。なぜなら親たちは、私たちセラピストが自分たちの子どもの処遇についての決定権をもっていると思っているからです。

付き添い

よその機関に出向くクライエントへの付き添いはボランティアができる仕事だと思いますが、またすべてのセラピストが経験すべき仕事の一つであるべきだとも思っています。

時間のかかることですが、セラピストの視野を広げてくれる仕事でもあります。私たちは、その人と一緒に歩かなければ、その人の経験を本当に知ることはできません。理想をいえば、児童虐待の施設に勤めるスタッフは全員、時々クライエントに付き添う経験をすべきだと思います。それは、家族へのサポートのためでもあり、またあえてこの仕事をしようとする自分自身の教育のためにも、必要なことだと思います。付き添いがいるために事がスムーズに運ぶこともあります。

怒りについての話し合い

児童虐待や、そのほか家庭内暴力を扱うプログラムでは、特に怒りに焦点を当てた話し合いを取り入れることを勧めます。クライエントの中には、自分たちの爆発的な感情から解放されることを願っている人々が決して少なくありません。そういった話し合いを行うことは時間のかかることですが、その効果を考えると、決してマイナスではありません。怒りに焦点を当てることで、彼らの怒りをかえって強めたり、新たに怒りを引き起こしたりするのではないかと心配するセラピストもいますが、私たちの経験では、クライエントたちは怒りに光を当てることを歓迎していました。話し合いの最中にクライエントの怒りが爆発したということもありませんでした。しかし、参加するかどうかは、クライエントに決定してもらうことを勧めます。自分の暗い感情を探求する準備ができているかどうかは、クライエントには感覚的にわかるようです。

施設内の環境

シダーハウスのような家庭的な雰囲気を作ることはなかなか難しいかもしれませんが、しかし、もっと公的な機関であっても、実現が不可能ということではありません。まず自分の五感に敏感になりましょう。気持ちのよい椅子とソファーは絶対に必要です。そしてできるなら、ソファーの一つは、触ると気持ちがよくてふわふわと沈み込むようなものだとよいでしょう。しかし、腰の悪い人のために、背もたれのついた硬い椅子も必要です。壁に絵が描いてあったり、絵画を飾ったりすることもすばらしいことです。しかし、そんなときでも、私は必ずこの施設の目的にあった飾りを選びます。手の届くところにテディベアのぬいぐるみを置いておくのは、視覚的にも触覚的にもよいことです。子どもたちの描いた絵や親子のポスター、写真、また親子に関する標語を書いたものを飾ることもかわいらしいし、また何のためにプログラムを行っているのかを思い起こすためにも役に立ちます。シダーハウスが火事で焼けて、一時的によその建物に移ったとき、スタッフと家族で、玄関ドアのガラスを子どもたちのハンドプリントで飾りました。そのおかげで、建物はビジネス街にありましたが、どこかの会社と間違われずにすみました。

コーヒーや熱いココア、サイダーの味や香りはたいていの大人が好きなものです。心地よさのためにも、コーヒーや紅茶をセルフサービスでいつでも飲めるようにしておくべきです。同じ目的のために、子どもたちにはジュースや熱いココアが必要です。財政的にそういう余分な経費が使えないとしても、なんとかすれば、コーヒーやココアくらいは誰かから気軽に提供し

てもらえるものです。

いつも言うことですが、どういったことが家にいるようにほっとできるか、クライエントがよくわかっています。彼らに尋ねてみてください。

児童虐待モデルプログラムの構成要素

効果的な通所児童虐待プログラムための構成要素は、チームとして働くことのできる能力をもった思いやりのある有能なスタッフがいること、建物の中が視覚的にできるだけさえぎるものがなく、クライエントを歓迎していることを示す雰囲気であること、セラピーの要素として、一般には、グループセラピー、個別セラピー、親業クラス、そして必要に応じたクラスです。そして、二十四時間対応できる危機介入、情報を共有できる地域ネットワークサービス、そして、家族を援助できるという強い信念、そのためにいろいろな答えを探していこうとする情熱が構成要素となります。

成長したいというクライエントの欲求と能力を信じ、一生懸命彼らの言葉に耳を傾けようとするなら、どの機関もそれぞれ、効果的な援助を提供できる独自の方法を見つけることができるでしょう。これまでの人生であなたがつらくて大変だったとき、誰がいちばんあなたを助けてくれたか、その人たちがどんなことをしてくれたか、自分自身の経験をふり返り、役立てていくことを勧めます。その経験を、訓練技術とともにプログラムの中に組み込みましょう。そして、何がクライエントの役に立つかに関しては、クライエント自身の言うことにしっかりと耳を傾けましょう。あなたを喜ばせようとしてクライエントが本心ではないことを言うことも考慮して、彼らの言葉と行動の矛盾をよく見極めましょう。しかし、自分自身の感覚を信頼してください。あなたの目標がはっきりしていて、あなたの信念に揺らぎがなく、あなたの心が誠実で、しっかりした訓練技術をもち、自分自身の経験を役立てていくなら、あなたの仕事は実を結ぶでしょう。

32章

今ならどのようにするか

この本を書くにあたって、私はクララに尋ねました、「シダーハウスでの経験から学んだことで、ほかの人に伝えておかなくてはならないことは何かしら」。即座にクララは、「そうね、弁護士を雇うこと！」と答え、ちょっと考えてから、まじめな顔で「あなたの目標にいつも忠実であること」と答えました。

さて、この章では、これからプログラムを実行していく人のために、私たちの反省点をふり返っていこうと思います。

治療チーム──チームメンバーの採用と訓練

チームは、効果的にプログラムを進めていくためのカギとなるものです。しかし、プログラムを始めた人のビジョンに心から賛同してくれる人を見つけるのは、なかなか簡単なことではありません。ふり返ってみると、私たちは協力してくれる人を雇うプロセスで、いくつか間違いをしたと思います。雇った人が無能で役に立たなかったということではなく、採用のときにとったプロセスがあまりよくなかったのです。

私たちの間違いの一つは、専門家のスタッフを雇うとき、その採用面接で私たちがあまりにもいろいろしゃべりすぎたということです。私たちが何を必要としているか、たくさんのことを話しすぎて、むりもないことだと思いますが、面接を受ける人はこれからの仕事に対して不安になってしまったり、あるいは私たちに何が聞きたいのかと問い返したりしました。採用後、シダーハウスのやり方に困難を感じた人たちも、この仕事への一生懸命な気持ちはもちろんもっていました。しかし、シダーハウスの求めるクライエントとの関わり方は、彼らが受けてきた訓練とは異なるものでした。彼らは自分とクライエントとの間に心理的な距離を保つ訓練を受けていました。私たちのアプローチでなんとかうまく育っていった人もいましたが、私たちのやり方についていけない人もいました。これまで専門家としての訓練を受けてきたということに期待しすぎて、私たちの彼らへの対処のしかたがあまり賢明ではなかったと思います。私たちは彼らがもっと直感で動いてくれるものと思い込んでいました。直感で動くということは、特にこれまで知的レベルで動かなくてはならない環境で訓練を受けてきたこれらの卒業生にとっては、特に難しいようでした。

今、あの当時を繰り返すことができるのならば、新しく採用した人に対して、何が期待され、何を期待してよいのかについての集中訓練を多くするでしょう。私たちのやり方を不快に感じる人たちは、彼らの才能、資質に合った職場を探すとよいでしょう。なぜなら、人間への援助の方法には、いろいろなやり方があるからです。チームの力動の重要性を考えるならば、私たちに不満をもっている人と長く仕事を続ける余裕はありません。

対照的に、ボランティアの人たちとはよい仕事ができたと思います。彼らは、クライエントと確固とした距離をとる訓練を受けてはいません。ボランティアの人たちには、あらかじめ質問表に記入してもらい、シダーハウスのアプローチに合った訓練を受けてもらいました。

私たちのもう一つの失敗は、短い期間に新しいスタッフを何人か雇ってしまったことです。それは、彼らがプログラムに完全に溶けこむ前に、また別の力動を作ってしまうことになりました。基金を受け、サービスの拡張を余儀なくされていた時期と重なり、そのような結果を招いたのでした。新しく雇った人たちは何かと結束する傾向があり、そのうち何人かは、私たちのあらを見つけました。彼らが見つけたあらは、そのとおりだったかもしれません。私たちは、あまりにもつながりが弱くなったスタッフのチームで、家族を援助しプログラムを続けていくことに疲れ、へとへとになっていて、彼らのニーズに焦点を当てるエネルギーがほとんどありませんでした。集中的にスタッフへの訓練の時間をとっていたら、問題が起こるのを防げたかもしれません。とにかく今度は、きちんとした訓練期間を設け、もっとゆっくりしたペースでスタッフの一員になってもらうでしょう。そして、本採用の前に、仮採用期間を取り入れるでしょう。

ボランティアたちは、スタッフミーティングにとても熱心に参加していました。一方、新しく雇った専門家の一人（心理学者）はとても打ち解けたミーティングにもかかわらず、そのミーティングを大変怖がっていることがわかりました。それは、ある家族について、それぞれ自分たちが心配していることについて出し合い、援助のための次のステップをみんなで考えるものでした。彼女は事例発表の準備をし、それについて専門家たちが専門的な議論をするやり方しか知りませんでした。もらったり、与えたりのブレインストーミングの会議では、専門家とボランティアの間にほとんど区別はありません。そこでは、資格はなんの役にも立ちませんでした。いい人ではありましたが、シダーハウスのミーティングのやり方は彼女には馴染めなかったのです。私たちは面接のときに、このミーティングのことを彼女に話してはいませんでした。おそらく、早い時期に質問紙に記入してもらったり、訓練期間を設けていればよかったのでしょう。

治療――クライエントこそが私たちがとるべき道を教えてくれる

私たちが行った治療に関してはそれほど変える必要はないと思いますが、それでもいくつかのことが浮かんできます。もしも私たちが性的虐待の加害者と関わる必要がなかったならば、セラピストとしては加害者の男性と子どもと一緒に会う機会をもっともったでしょう。私たちは、特別な問題を扱うときには、子どもを大人の部屋に連れてきて、一緒に話に参加させていました。しかし今なら、子どもたちのいるプレイルームに親を参加させるでしょう。もちろんそういうこともありましたが、充分ではなかったと思っています。

性的虐待の加害者がいるならば、私たちは加害者と子どもが言うべきことを言う機会を設けるでしょう。ここ数年、子どもたちには、加害者である親や継父たちに対して、質問したいことを何でも手紙に書いてもらっています。質問の下には加害者が質問に答えるための空白を空けさせます。字が書けない子どもの場合は、口述で手紙を書きました。子どもは一人の人間であり、自分の犯したことが子どもにさまざまな反応を残しているという事実に加害者が直面しているのかを検討することになります。ある父親は養女からの質問の手紙を読んだとき、「恐ろしいことだ」とつぶやきました（私には、その質問はかなり温和なものに思われましたが）。そして、娘に返事を書く彼の手は震えていました。

プログラムに関しては、今の時点でもう一度やり直せるならば、内容を変えるというよりプログラムを広げる必要があると思います。NA（匿名断薬会）、アルコール中毒の親をもったアダルトチルドレン、ANC（子ども時代にいじめを受けた大人の会）の自助グループなど、十二ステッププログラムをやっているところが増えてきました。地域で自助グループが活発になるにしたがって、私たちはいつもAA（匿名断酒会）やPA（親の会）に参加するように、クライエントを励ましていました。

今なら、アートセラピストやダンスセラピスト、また性的被害者の声が聞こえるメッセージセラピストを見つける努力をするでしょう。専門家の機関の中には、セラピーでクライエントの身体に触れることを疑問視したり、禁じるところさえありますが（時にはもっともらしい理由をつけて！）、身体的虐待や性的虐待を受けた人たちは、自分自身の身体にいつも違和感をもっていることがよくあるのです。ダンスセラピストもセンシティブメッセージセラピストも、緊張している身体の部分を癒すのを助け、癒しのプロセスを助けます。

またＰＴＳＤ（心的外傷後ストレス障害）やＡＤＨＤ（注意欠陥・多動性障害）や、ほかの治療に関するクラスを家族に提供するでしょう。虐待家族はほとんど、これまでの育ってきた過程で大きなトラウマを抱えています。ＰＴＳＤのクラスでは、自分の症状や反応を自覚するのを助け、自分はおかしい、気が狂っていると思っている人たちを安心させるでしょう。また過去の虐待が自分の子どもの行動にどんな影響を与えているかに焦点を当て、子どもたちに何が予想されるのかを知り、子どもたちへのより慎重な見方を養うでしょう。ＡＤＨＤのクラスでは、子どもたちの腹立たしい行動の原因について親たちの注意を喚起するでしょう。自分自身のあり方のせいで子どもが苦しんでいるのではないかと、疑問に思う親も出てくるでしょう。

今なら心理テストをもっと使うだろうとも思います。ある時期、私たちは心理テストを用いることに反対でした。それは、怖がって萎縮している親たちがまるで顕微鏡で調べられる標本のように感じてしまうのではないかと心配したからです。しかしその後、テストの結果から出た診断や分類が合っているかどうかを、クライエント自身に評価させてみました。セッションの中で、アメリカ精神医学会の診断基準が書かれたＤＳＭ-Ⅳをもってきて、そのクライエントの診断箇所の記述を読み上げ、そして尋ねます、「これを聞いて、自分に合っていると思う？」。クライエントは、その診断を認めてもいいし、それについて考えてもいいし、それは違うと拒否してもいいのです。そして、どの部分は合っているけど、どの部分は合っていないと言うこともできます。それを聞いて、私たちは、この診断の言葉がクライエントに何を意味しているのかを探索するでしょう。一回診断したからといって、この人はこういう人なんだと、ずっと決めつけることはありません。私たちの考えでは、診断は、クライエントを分類するために使われるものではなく、ただ単に彼らと一緒に考えていくための材料なのだと考えています。

もちろん、私たちは、クライエント家族自身こそが私たちがとるべき道を教えてくれるのだという確信をこれからももち続けていきます。そして、家族が必要だと私たちに指し示したことを、できるだけプログラムの中に付け加えていくことでしょう。

ネットワーク——サポートし合うことの大切さ

私たちは地域と連携してすばらしい仕事をすることができたと思っていますが、いくつかの反省点もありました。まず一つは地域の医療関係ともっとつながりをもったほうがよかったということです。ロングビーチ地域児童のトラウマ委員会を通じて、スクールナースや小児科医とも知り合いになりましたし、シダーハウスでは個別で何人かの小児科医に診てもらいました。しかし、肌についたあざやそのほか虐待の兆候をいち早く見つけられるように、意見を言ったり訓練したりしてくれる人がそばにいてくれたらよかったとも思います。

また学校の教師ともっと関わりがもてたらよかったと思います。たくさんのスクールナースや、ロングビーチ地域児童のトラウマ委員会でスクールナースや学校心理学者(注)のオーター・クラフトとは会うことができましたが、しかし、学校の先生たちは、会議があるときにはいつも授業をしていて、会うことはできませんでした。私たちにクラスで話してほしいという教師もいましたし、学校での会議に私たちが出席することもありました。しかし、普段からいつでも連携がとれる関係はもっていませんでした。学校の先生こそ、一日のうち、いちばん多くの時間を子どもたちと過ごしていて、多くの情報を得られる人なのですが。おそらく、虐待を受けた子どもに関わる教師たちには、燃え尽きで苦しんでいる教師たちのためのサポートグループを作るべきだったと思います。

命令系統——何ごともチームで力を合わせて

今後は二度とやらないと思うことがあります。それは、私たちに権威をふりかざすような所長は雇わないということです。権威は治療チームの機能に必要ではありません。私たちの場合は、創設者としてしかたなく受け入れなくてはならない状況でしたが、しかし、もう二度とそういうことはやらないでしょう。

私たちの治療チームはいつも循環思考で活動していました。それはすなわち、物事の決定はその問題に関わっているチーム全体でなされるということであり、どのスタッフも決定に関しては等しく重要な立場にいるということです。ファミリーサービスの所長はほかの仕事で忙しく、私たちの仕事に干渉してくることはほとんどありませんでしたが、シダーハウスに常駐するようになった所長は、階級組織を私たちのプログラムにもち込んだのです。

カリフォルニア州では、機関は階級組織でなければならないという法律が設定されました。理事会をトップに、所長、その下にプログラム長、そしてその下にスタッフがいます。どの機関を見ても、指令が上から下され、同等の立場での話し合いはありません。もちろん、給料は階級が高いほど多くなります。私たちが所長を選んだのですが（もちろん理事会の承認のもと）、そのために、どの程度私たちのプログラムを断念しなければならないのかについては充分理解していませんでした。これまでのところ、私たちが所長を選ぼうと、理事会が選ぼうと、階級社会において循環思考を維持していくための方法を、私たちは見出すことはできません。

一九九〇年に、私はドイツのベルリンにある児童保護サービスを訪問して、児童虐待プログラムを見学してきました。そこでは、治療スタッフ全員が理事役員として動くことが決められていました。全員が順番に役員の仕事を受けもっていました。そういう仕事は、おそらくスタッフの得意な仕事ではないだろうと思います。それにもかかわらず、彼らは高いモラルをもって、比較的少ない数のスタッフで驚くくらい多様な内容の仕事をこなしていたのです。この訪問で、私は、チーム全体で物事を決め、何ごともチームで力を合わせてやっていこうとする雰囲気の中では、人間は多くのことを成し遂げることができるのだという、これまでの信念を再確認することができました。

失敗もありましたが、シダーハウスの経験は、言葉につくせないほど私たちの人生を豊かにしてくれました。みなさんが、私たちの成功と失敗の両方からさまざまなことを学んでくださいますように。そして、みなさんも、私たちが仕事から得た喜びを経験し、傷ついた家族が必要としている援助に出会えるように祈っています。

（注）日本の心理士は修士号を修得していますが、アメリカでは心理学の博士号をもっているため、「心理学者」と和訳されています。

33章 ふり返り

専門的な知識より大切なこと

シダーハウスを始めたとき、クララも私も資格はもっていませんでした。一九七〇年代中頃は、私の知る限りこの新しい分野で資格をもっている人はいなかったと思うのですが、それでもすばらしい仕事をしている人たちもいました。

私たちが大学で受けた人間発達と家族力動についての訓練は、これまでの仕事に非常に役立つ貴重なものでした。しかし、必ずしも、大学の資格が他者への効果的な援助に必要だとは思っていません。ここ数年、セラピストたちが児童虐待は特別の専門分野だと言っているのを聞くことがあります。「専門」？　私たちはただ痛みをもった家族に関わっていただけでした。私たちが始めたときには、児童虐待についての授業などなく、また参考文献もほとんどありませんでした。私たちはクライエントの話すことをよく聞き、問題と格闘している人たちと私たちとのこれまでの経験を比べながら学んでいきました。児童虐待について書かれたものが膨大に増える中、私はマリリンとパムの力を考えずにはおれません。資格をもっていない彼女たちには、傷を負ってやってきた家族への共感にあふれた関わりを築ける、特別な能力がありました。しかし、それが見過ごされていました。

クララと私は、シダーハウスについて語るときに、ほかの専門家たちがマリリンを話し合いに入れるか入れないかをいつも気にかけていました。感情的にトラブルを多くもった人たちに接するときのマリリンの類まれな才能を充分認めている専門家たちもいましたが、児童虐待を自認する人たちの中には、マリリンにほとんど関心を示さない人たちもいたのです。もちろん、前者の人たちこそを私たちは歓迎していました。

クライエントへの誤解

児童虐待の問題を抱えた人たちは、社会的スキルが欠けているため、すぐにもめごとを起こし、パーティーのようなものには参加できないという意見を聞いたことがあります。それに対して私たちが言えるのは、私たちのアンケートでは、パーティーには特別の楽しみがあったことを書いている人たちがいたということです。温かく歓迎されたなら、クライエント家族たちはパーティーの雰囲気に溶け込んで一緒に楽しむことができました。もめごとはめったに起こりません。そういえば一度だけ、怒りまくっている父親がパーティーに来たことがありました。そのときはただ父親の怒りをしずめるために、私たちが横のほうに彼を連れていっただけでした。もちろん、誰かがちゃんとやってくれるとみんなが思えていることが大事でした。でも私たちの知る限りでは、不愉快な気持ち

を残したまま帰った人は一人もいませんでした。

ドメスティック・バイオレンスを扱わなかった理由

初期の頃から、シダーハウスで取り扱うケースの対象を「ドメスティック・バイオレンス」にまで広げてほしいという要請もありました。実際のところ私たちは、女性に対する暴力や、数は少数ですが男性に対する暴力のケースも扱ってはきました。しかし、子どもたちが虐待されており、保護が必要であることを、世間一般にもっと広く認識してもらうことがまだ必要でした。シダーハウスでは、そのことを重点的にやっていくことに決めました。虐待されている大人に対して無関心であるということではなく、大人が子どもよりも優先されてしまうのをこれまで何度も見てきたからでした。

最近、児童虐待の分野とドメスティック・バイオレンスの分野は、合流し始めています。現在、児童虐待は、一つの純粋な社会の問題として受け入れられるようになりました。子どもたちが見過ごされるのでは、という私たちの心配はいくらか減りました。しかし私たちはこれからも常に、大人の苦しみが子どもの苦しみに影を落としてはいないか、注意し続けていくでしょう。

燃えつきを避けるために

燃えつきをなくすために、私たちスタッフメンバーはそれ以上プレッシャーを増やさないようにお互いに気をつけ合っていました。金曜の午後はできるだけ遊びや笑うことのために使うようにしました。週末を前にして家族の状況を再検討しなくてはならないときでもそうしました。この仕事で味わう避けられない悲しみに誰かが圧倒されていることがわかると、それを癒すため、少し休んだらどうかと、お互いに声を掛け合いました。しかし、誰かほかの人に犠牲を強いてまでも、一日休める特権を濫用していたわけではありません。

のちに採用された何人かのスタッフメンバーは、このメンタルヘルスの日という考えに大変喜びました。そして、メンタルヘルスの日を使いすぎるようになりました。そのため、休みのとり方についての手続きや方針を立てる必要が出てきてしまい、融通性が失われました。そのとき、官僚主義というのがどのようにして始まるのかを見た思いでした。私たちは、自分たちの仕事を愛していましたが、ちゃんとした官僚主義者にはなれませんでした。

現場のスタッフへのサポートを

大切に心に抱いてきたこと、またやらずにすんだならすませたかった冒険、そして私たちの仕事の笑いと涙について書いてきました。しかし、私たちが経験した深い疲れと哀しみについては書くのを怠ってきました。時には、今、子どもたちが危険にさらされているかもしれないと思い、家にいても居ても立ってもいられないこともあり、きつい仕事でもありました。幸運にも私たちがシダーハウスで関わった子どもたちは一人も亡くさずにすみました。ただ、最初シダーハウスにやってくるきっかけになった虐待ほど厳しいものではありませんでしたが、再び虐待が起こってしまったケースはありました。

同じようなプログラムの管理職や理事会の方々にお願いがあります。どうぞ、現場で働いている人たちには、財政面でのサポートだけでなく精神的なサポートも必要だということを心に留めておいてください、と。意見の不一致は、オープンにして解決のための努力がなされるなら、実りをもたらすものとなります。しかし、もしそのまま放っておかれたなら、非常に有害なものになってしまいます。不和のためにスタッフのエネルギーが消耗されたら、スタッフがクライエントのために使うことのできるエネルギーが減少し、結局クライエントが被害を被ることになります。スタッフに関する決断を下す立場にある上の者がスタッフに価値をおいていないと、こういう事態に陥ってしまうでしょう。

管理職とスタッフがお互いに尊重し合う中で

援助を求めてやってくるクライエントのニーズに日々向き合っている現場の人たちと、機関のニーズに日々対処している管理職たちの間に、はっきりとした避けがたい緊張が起こるのを、これまで私たちは見てきています。それぞれの課題は異なっていても、どちらかが欠けたらこの仕事を続けていくことはできません。互いに、相手の役割を尊重するという基本がないならば、不和は決定的なものとなるでしょう。

一九八八年、クララと私は、リオデジャネイロで行われた「児童虐待と放任の国際会議」に出席しました。そこで、私たちは、チャイルドヴィレッジ（今は「チャイルドヘルプ」と呼ばれています）の設立者である、サラ・オマーラとイヴォンヌ・フェターソンに会いました。彼女らは、自分たちの知る限り、プログラムのコントロール権をもち続けてやってきているのは自分たちだけだろうと言っていました。それでも、二度ほど裁判所に行かなければならなかったそうです。

階級組織の機関の世界では、理事たちが治療スタッフを尊重し、スタッフが理事たちを尊重するかどうかのカギは、所長（館長、院長）にあります。私たちは所長とスタッフ間に葛藤が生じるような事態を緩和するために、組織的にどんなことができるのか、これまでずっと考え続けています。理事たちが所長を支持するのは当然です。少なくとも公には。シダーハウスで新しく作られた理事会は、突然なんの前ぶれもなく、クララをプログラム長に降格させました。シダーハウスは私たちが辞めたあと、しばらく大きな混乱が続きました。所長にとってもスタッフメンバーにとっても、同じくバックアップが必要です。しかし、もし所長が両者の調和よりも分裂を奨励するならば、理事会のサポートは両者の亀裂を広げるだけで、プログラムに害をもたらします。

スタッフ、所長、理事会をつなぐコミュニケーションチャンネルが必要です。これにも、チームの概念が当てはまります。思いやりのある一人の理事会のメンバーから所長とスタッフに、時折話し合いの機会をもつように指示してもらえるといいでしょう。それがうまくいくと、ミーティングはきっと楽しいものになります。何か問題があるときには、理事会はうまくいっていないことに気づく必要があります。そのようなときには、会議は、頭ごなしに片方の肩をもったり、叱ったり、罰を与えたりするためのものではなく、何を懸念しているのかを聞き、問題解決の道を探すことが目的となります。上下関係という考え方では、その人が位置する立場からの発言でしかなく、あとに恨みや怒りが心に残ってしまうことがよくあります。循環思考では、それぞれが互いの考えを分かち合い、必要に応じて、考えの違う点を調和させる試みが行われます。

創設者がクライエントに必要なサービスを提供することへの情熱をもっていないと、機関のニーズがクライエントのニーズよりも優先されるおそれがあります。「お金がないから、クライエントのニーズには応えられない」というのではなく、「クライエントのニーズに応えるために、どうやったら資金を調達することができるだろうか」と考える管理者と一緒に仕事ができると最高です。

二十年以上続いたプログラム

創設者のあとを継いでプログラムを続けることは、自分がそこに来る前からプログラムの名前が知られているということは簡単なことではないということに、私たちは気がついてきました。彼らには当然、自分自身のものをやりたいと思う気持ちがあります。しかし、創設者の支持者たちの忠誠心に出くわすのです。そんなとき、彼らは創設者にじゃまされているように感じ、敵対心をもってしまいがちなようです。私はシダーハウスを去るとき、そこに残る人に逆らうようなことは何も言わないと決めました。新しいスタッフの間には、多くのいざこざがありました。しかし、次第に「子どものために」という名のもとに、サラセンターと一緒になり、プログラムは二十年以上にわたり生き残ってきました。今もどちらのプログラムも続けられています。

記憶の中にだけ残っている出来事を確実にするために

ほかの機関が私たちを救ってくれました。ほかの機関で紹介されているシダーハウスの歴史を私はとても楽しんで読みました。女子青年連盟がプログラムを設立したことも読みました。ＩＣＡＮがシダーハウスのこれまでの全歴史を「若いプログラムの苦闘」という一文章で表していました。シダーハウスの背景について書かれた最近の著作では、マリリンのことが書かれておらず、シダーハウスは二人のソーシャルワーカーによって設立されたとだけ書かれていました。自分自身が経験したこの多くが消されてしまうのは、まるでミステリーのようです。でも、私も同じようなことをしていたと気づいたことがあります。

一九七五年、ロングビーチの記念医療センターに児童のトラウマ委員会が設立され、その会議に私は何度か出席していました。私のＵＳＣのクラスメイトであるベティ・リチャードがその会議の議長をしていました。その後、十年間、私はベティがその委員会を始めたのだと思い込んでいました。そして一九八五年に私はロングビーチ地域児童のトラウマ委員会の議長になったのですが、そこではじめて、この委員会の本当の創設者は、あの愛すべき小児科医のハリー・オルムだということを知ったのです。

自分が来る前の出来事は、いかに簡単に見過ごされてしまうかを実感しました。これが、シダーハウスに関して書かれたものがほかにある中、私がこの本を書いた理由の一つです。人々の記憶にシダーハウスが残っているならば、それを確かな存在として、その前に何があったのかを書きたかったのです。

「子どもを育てるためには、村が必要だ」

古いアフリカの言い伝えに次のような言葉があります、「子どもを育てるためには、村が必要だ」。家族に焦点を当てることで、私たちは、ある種の特別な村を創造してきたといえます。シダーハウスで試みられたことは、実現可能だと私たちは確信しています。シダーハウスを何度も繰り返し再生できない理由など、どこにもありません。それが、地域や家族、そしてもちろん、子どもたちに貢献することになるでしょう。

訳者あとがき

私と『シダーハウス』の出会いは、三鷹市の保健センターの小島美保さんを通してでした。虐待防止センターが出しているCAPニュースで小児科医、坂井聖二先生の「シダーハウスからの便り」という文章を読んだ小島さんが興奮して、「先生、お願い。『シダーハウス』を訳して！」と手を合わせて私に頼むのです。坂井先生の文章は、多くのカンファレンスに参加し、文献を読んでいても、元気がでず、何もかも行き詰っていて、悲観的な見通ししか浮かんでこない日々のなかで『シダーハウス』に出会い、この感動を一人でも多くの人に伝えたい、というような文章で始まっていました。とりあえず私はAmazonで入手しました。そして、私も『シダーハウス』にはまり、感動し、そして力づけられるのでした。

翻訳にはどれだけ時間とエネルギーがとられるのかわかっていたので、一人では無理と思い、翻訳に興味があると言っていた谷口美喜さんに頼んでみたら、その場で快く引き受けてくれました。それから谷口さんが一～二週間に一章のスピードで訳してくれるので、私はそのたびにそれを保健センターの保健師さんや事務の人に配って読んでもらっていました。読めば読むほど『シダーハウス』に感動し、これは内輪だけではなく、やはり日本中の人と分かちあうべきだという強い確信のもと、星和書店の石澤社長に打ち明けたところ、すぐに版権を入手してくださったのです。谷口さんが全文を訳すのに一年かかり、私がそれを監訳するのに半年かかりました。そして、さらにそれをオッズオンの曽根さんとの編集のやりとりに半年かかり、今回このような美しい本となり、日本のたくさんの人と分かち合えることとなりました。

この本は虐待防止に関わる専門家だけではなく、誰にでも希望と力を与えるでしょう。そして、シダーハウスの精神と哲学、地域との連携、ボランティアや非専門家の人たちの重要性、心理療法のあり方、専門家のクライエントへの姿勢、そのどれもが、将来の日本の子育てと親支援のあり方に大きく影響していってくれることを願っています。

私は五年前から三鷹市の保健センターで、小島さん、大川内智子さんら保健師さんたちと一緒に母親たちへの癒しのグループと個別セラピーをやってきました。同じく三鷹市の子ども家庭支援センターでは、佐伯裕子さん（保育士）や森田猛志さん（ソーシャルワーカー）らといっしょに、母親と子どもにかかわり、時には保育園や学童のスーパービジョンの出前を行なってきました。私もシダーハウスと同じように、保健師や保育士やソーシャルワーカーとチームで力を合わせてやってきたのです。母親たちを中途半端に依存させてしまっているのではないか、心の砂漠を歩いてきた彼女たちに私たちが一杯のコップの水を与えたことで、するどい乾きを自覚させているだけではないのか、麻酔もなく母親たちの心の蓋を開け、痛い思いだけさせてしまっているのではないか…、私たちもシダーハウスのボビーとクララとマリリンらのように、チームで悩み、励まし合ってきました。25章「からっぽのコップ」を読んでからというもの、前述のような悩みは吹き飛んでしまいました。そして今では母親たちに、「大丈夫。私たちからもらってください。あなたの心の泉が湧き出すまで、私たちからもらってください。心の泉が乾いていると、子どもを愛することも面倒をみることもできません」と躊躇なく言うことができるようになりました。心理療法の世界に「愛」という言葉を躊躇なく言えるようになったのです。

私たちの母親たちへの姿勢に迷いがなくなってからというもの、個別でも、グループでも母親たちの改善は確かなものになってきました。そして、心の泉が湧き出した母親たちは、自分の子どもには愛を、そして、心の泉が乾いてしまっている他の母親たちには深い共感を与えてくれるようになりました。でも、よくよく考えてみると、心の泉にたくさんの愛をもらっているのは、実は私たち援助者であること、だから私たち援助者の心の泉が枯れないのだということに、強く気づかされます。

私の誇るべき癒しのグループを代表して、一人の母親が書いた詩の一部を紹介させてください。これは、彼女が癒しのグループに来て五カ月後に書いた詩です。

誰か無条件に惜しみない愛情を私に下さい。

人の手の暖かさを教えてください。

その手で包まれている温度を感じさせてください。

そして私を欲してください。

私が居ないと生きていけないと言ってください。

私を一人にしないと約束してください。

これほどまでに飢えている私を許してください。

なんと吐き気のする言葉だろう。

でもこれが私の本心なのだ。

（省略）

自分を見つめ直すとやはり苦しい結論へと到達する。

蓋をすることも出来なくなり、溢れ出る事実に過去の私がついて行けなくなったという事に。

でも崩れそうな私が何かに支えられている。

（省略）

人の暖かさに体を包み、やさしいなげかけを子守唄に、何も怖がらず癒されて眠る幼い頃に欲した夢、失くしたはずの夢への思いに私は今支えられている。

「私の夢は定年後、日本でシダーハウスを作ることです」と、最近はよく言わせてもらっています。夢は心の中にあるだけで、それだけで嬉しくなります。夢は語るだけで、ワクワクさせてくれます。私はシダーハウスの精神を分かち合える人と出会うと、必ずと言ってよいほどこの夢を語り、「その時はボランティアで来てね」「シダーハウスの管理人になってね」「シダーハウスの財政面、頼むね」と、その人の持ち味にぴったりの役割をお願いしてしまいます。そうすると、どの人も「ぜひ、呼んでください」とワクワクした表情を見せてくれるのです。

内田　江里

○　○　○

今回、あとがきを書かせて頂くにあたり、あらためて『シダーハウス』を読み返し、再び深い感動に包まれています。この素晴らしいシダーハウスの活動の記録を翻訳するお手伝いをさせて頂けたことを、心から感謝します。

私は子どもが小さかった頃、子育てに悩む母親でした。悩みからなんとか抜け出そうともがき、自分なりに道を探りましたが、なかなか心の平安は得られませんでした（今、三鷹市の保健センターで実践されているような「癒しのグループ」を当時受けられていたら！）。そのため子どもが大きくなってからもずっと、後悔や罪悪感をひきずっていました。

そんなとき、三鷹市の保健師、小島美保さんを通じて、内田先生との出会いがあり、私は変わることができました。ようやく後悔や罪悪感を捨てることができ、親としての道を一歩前に進めたのです。内田先生にコップの水をいっぱいにしてもらった私は、自分の心の泉が湧きだしているのを今、実感できます。

シダーハウスには、多くの専門家も専門家でない人も、さまざまな人が関わっています。それぞれの役割は違っていても、共通して他者の幸せを願う心が、この素晴らしいチームワークを築き上げ、大きな支援の力となったのではないでしょうか。

日本のシダーハウスが作られたあかつきには、ぜひ私も、ボランティアで押しかけようと今から楽しみにしています。

谷口　美喜

索引

【あ】

アートセラピスト……426
愛情……5・64・68
赤ちゃん……113・387
アクティングアウト……32・95
悪夢……111・113・133・276・277・278
アルコール……33・323・426
言い争い……13・14
怒り……2・44・52・76・78・79・92・115・116・160・161・164・165・191・194・195・202・242・249・268・270・274・281・282・283・284・285・286・287・288・289・290・291・292・293・294・295・296・297・298・299・300・301・305・307・308・309・310・311・315・372・399・415・416
依存……41・215・268・328・333
依存心……268
痛み……3・79・85・86・104・148・161・300・305・306・307・308・309・310・311・313
犬……159・205
癒し……79・143・305・308・312・313・317・426
インテーク……27・28・30・31・37・266・277・412・413
インナーチャイルド……53・67・68・70・75・76・316
絵……96・107・111・115・116・127・131・132・146
エネルギー……16・47・88・309・329
援助技術……8・81
援助チーム……15・103
援助哲学……392
援助プログラム……31・34・37・137・400
エンパワメント……231・309
おもちゃ……20・21・22・23・68・98・99・107・109・140
親業クラス……245・246・247・250・251・252・281

【か】

解離状態……286
加害者……304・305・308・309・310・311・312・317・318・425・426
過食……43・276・323・333

家族セッション……149
家族彫刻……147
家族ネットワーク……247
家族力動……33・188・191・269・280
葛藤……1・16・100・144・278
カップルグループセラピー……63
家庭内暴力……203・355・415
家庭訪問……201・202・203・204・205・206・207・209・270・376・414
からっぽのコップ……321・322・329・333・334
歓迎……11・170・241・256・326・327・411・435
記憶……33・48・53・59・63・158
危機……31・44・173・183
危機介入……169・172・399・400・418
基金……346・361・365・366・367・405・406
休息……328・329
教育機関……246
境界(線)……63・70・171・172・232・268・333
共感……10・48・100・104・146・233・237
教師……12・314・429
緊張……1・145・150・261・288・289・291・292・298・426
空虚感……43・45・52・53・90・261・322・323・324・325・328・333
草の根プログラム……394
グループセラピー……51・70・71・72・95・126・132・267・418
警察……181・182・225・226・227・228・235・236・362・403
激怒……3・291・292・295・297・324
攻撃性……91・92・93・151
行動目標……248・250
コーヒー……28・52・69・175・179・417
心の傷……13・22・187
子どものためのセラピー……52・61・70・143・378
子どものための治療施設……100・120・220
個別セラピー……71・72・73・105・106
コミュニケーション……84・103・337・373
孤立……5・51・213・217
コントロール……34・173・179・194・195・249・251・269・270・277・288・295・315

【さ】

査定……76・78・79・150・180・202・220・298

里親……57・58・59
サポートシステム……7・46・177
サポートネットワーク……169
自我……62
資格……433・434
資金……396・405
自己評価……162・251・252
自己防衛……47・313
自己防衛反応……313
自殺……38・86・87
自尊心……233・252
児童虐待……2・6・31・39・45・51・139・166・304・305・347・348・355・357・416・434・435・436
児童虐待課……225・226・227・235・236
児童虐待プログラム……418
社会化……231・232・243・247
社会的スキル……51・435
十二ステッププログラム……234・426
受動性……93
守秘義務……254・335・336・337・339・362
受容……240・241・242・247・326・327
衝動……3・46・272・286
小児科医……8・190・195・428
職業訓練セラピスト……8
女子青年連盟……253・257・260・261・360・361・401・405・442
神経言語アプローチ……281
身体症状……272・276
身体的虐待……41・92・93・266・275・276・367・426
診断……241・427・428
信頼……7・8・18・25・26・29・45・46・79・336
心理学者……8・398・431
スタッフミーティング……254・256・257・262・401・424
精神科医……8・186・187・188・279・398
精神疾患……40
性的虐待……41・42・85・86・90・91・92・93・116・119・120・121・122・124・125・126・127・129・132・133・134・135・136・137・271・272・274・276・342・343・367・379・425・426
セッティング……17・19・23・25・26・395
センシティブメッセージセラピスト……426
ソーシャルサポート……33・74・78
ソーシャルワーカー……8・59・187・229・238・239・351・376・403

措置……180

【た】

退行……113・273・277
食べ物……52・83・84・402・403
ダンスセラピスト……426
男性グループ……67
地域……5・6・53・59・60・235・237・345・392・393・403・428
地域資源……32・53
地域ネットワークサービス……418
チーム……37・103・205・368・398・399・414・418・422・423・429・431・440
チームインテーク……27・32・37
チーム治療……413・414
チームワーク……12
チキンスープ……19・150
父親グループ……160
治療……265・266・267・275・278・279・425
治療チーム……30・422・430
付き添い……219・226・415
償い……303・313・315・317・318・319
電話……80・142・164・169・170・171・172・173・174・175・176・177・178・179・181・183・207・256・268
電話相談員……173
投影化……107・267
統合失調症……40
ドメスティック・バイオレンス……436
トラウマ……6・22・72・123・136・182・228・291・356・427

【な】

内的コントロール……288
人形……121・123・124・131・132・141・142
ネットワーク……7・345・346・349・428

【は】

罰……21・43・47・251
母親グループ……64・67
PTSD……63・427
被害者……304・305・306・307・308・309・310・311・312・318
非専門家性……10
フォローアップミーティング……298・300

プラスティックスマイル……85・86・276
ぶり返し……269・270・275・278・312
プレイセッション……106・107・137・138・140・142・143
プレイルーム……20・21・103・104
プレゼント……329・330・331・332・333
ペニス……42・127・128・130・343
法廷……162・222・223・225
放任……39・41・47・92・202・296
暴力……3・32・283・286・296・301・436
保護観察機関……193・362
哺乳瓶……10・19・47・114
ボランティア……8・69・97・103・104・172・237・253・254・255・256・257・258・259・260・261・262・263・401・414
ボランティア派遣機関……401

【ま】

マタニティーブルー……190・194
見捨てられ……41
無力感……4・191・195・292・309・310・315
メッセージセラピスト……426
メディア……339・340・341
メンタルヘルスセンター……100・154・220・222・234
毛布……122・150・151
燃え尽き……8・413・429・437
物語……54・116

【や】

誘拐……56
許し……241・303・304・305・308・310・311・312・313・314・316・317・318・319
養子縁組機関……362

【ら】

レクリエーションセラピスト……8・232
ロールプレイ……112・129・144・145・164・239

【わ】

わいせつ行為……42・271・272

□訳者略歴

内田　江里（うちだ えり）臨床心理士

米国ウエストバージニア州立大学、カウンセリング学科修士号取得
長谷川精神医療教育研究所、ポジティブメンタルヘルス代表
三鷹市保健センター（母親グループ）
三鷹市子ども家庭支援センター（スーパーバイザー）
目黒区役所職員（産業カウンセラー）

●

谷口　美喜（たにぐち みき）

同志社大学心理学専攻、埼玉大学カウンセラー養成コース心理分野修了
（職歴）児童福祉施設指導員、埼玉県さわやか相談員、在宅ホームヘルパー

虐待を経験した家族が癒される家 シダーハウス
－児童虐待治療プログラム－

2005年6月13日　初版第1刷発行

著　者　ボビー・ケンディッグ　クララ・ローリー
訳　者　内田江里　谷口美喜
発行者　石澤雄司
発行所　株式会社 星和書店

東京都杉並区上高井戸1－2－5　〒168-0074
電話　03(3329)0031（営業）／03(3329)0033（編集）
FAX　03(5374)7186

　Printed in Japan　ISBN4-7911-0574-5